한국연구재단 학술명저번역총서 동양편 285

영환지략 3-아프리카·아메리카

한국연구재단 학술명저번역총서
동양편 285

영환지략 3 - 아프리카·아메리카

초판 1쇄 인쇄 2024년 6월 10일
초판 1쇄 발행 2024년 6월 25일

저 자	서계여
역 주 자	이민숙 정민경
펴 낸 이	이대현
편 집	이태곤 권분옥 임애정 강윤경
디 자 인	안혜진 최선주 이경진
기획/마케팅	박태훈 한주영
펴 낸 곳	도서출판 역락
주 소	서울시 서초구 동광로46길 6-6 문창빌딩 2층(우06589)
전 화	02-3409-2055(대표), 2058(영업), 2060(편집) FAX 02-3409-2059
이 메 일	youkrack@hanmail.net
홈페이지	www.youkrackbooks.com
등 록	1999년 4월 19일 제303-2002-000014호

ISBN 979-11-6742-858-5 94900
ISBN 979-11-6742-443-3 94080(세트)

이 저서는 2020년 대한민국 교육부와 한국연구재단의 지원을 받아 수행된 연구임 (NRF-2020S1A5A7085442)

한국연구재단 학술명저번역총서 동양편 285

영환지략 3
아프리카·아메리카

瀛寰志略 권8~권10

서계여(徐繼畬) 저
이민숙 정민경 역주

역락

『영환지략』의 출판 배경과 서계여(徐繼畬)

1661년 중국은 마지막 태평시절을 누리고 있었다. 당시 중국은 정치적, 사회적, 사상적으로 가장 발달된 모델을 가지고 있다고 자부했기 때문에 다른 나라의 발전을 간과했다. 그러나 세계는 변화하고 있었다. 18세기에는 영국의 산업혁명, 미국의 독립전쟁, 프랑스의 대혁명, 해상 탐험을 통한 식미지 약탈 전쟁 등 인류 역사상 큰 변화를 보이고 있었으나, 중국은 아편전쟁 발발 전까지는 그들에 대해 어떤 특별한 관심도 없었고, 이들이 중국에 대해 어떤 생각을 가지고 있는지도 몰랐다. 19세기에도 중국인들은 여전히 자신들이 천하의 중심이고, 기타 국가들은 모두 '오랑캐'에 불과하다고 생각했다. 그러나 1840년 영국의 견고한 화륜선과 대포가 중국의 문을 열고 아편이 중국에 밀려들어오고 불평등한 문호개방을 하면서 중국의 지식인들은 참혹한 실패를 겪었다. 그 후에 지식인들은 중국의 당시 상황을 반성하고, 끊임없이 방법을 모색하기 시작했다. 임칙서(林則徐, 1785~1850)·공자진(龔自珍, 1792~1841)·위원(魏源, 1794~1857) 등은 새로운 사유방식과 시선으로 시대의 선봉에 섰고, 서계여(徐繼畬, 1795~1873) 역시 동시대의 지식인들과 함께 새로운 시각으로 세상을 바라보았다.

서계여는 산서(山西) 오대(五臺) 사람으로 전통적인 학자 집안 출신의 관리였다. 1813년 18세에 향시(鄕試)에 참가했고, 20세에 거인(擧人)에 합격했으며, 1826년 31세에 진사에 급제하여 한림원(翰林院) 편수(編修)로서 관계에 발을 들여놓았다. 그 뒤로 섬서도(陝西道) 감찰어사(監察御史), 광서(廣西) 심강(潯江) 태수, 광동 감운사(監運使), 광동 안찰사(按察使), 복건 포정사(布政使), 광서 순무(巡撫) 등을 역임했다.

아편전쟁은 서계여가 복건성의 연진소도도대(延津邵道道臺)로 있을 때 발발했다. 당시 서계여는 전쟁의 최전방에서 200년간의 전성기를 구가하던 중국이 7만 리 밖의 바다 오랑캐(洋夷)에게 곤욕을 치르는 사태를 목격하고, 화륜선과 대포를 결합시킨 영국 전함의 위력을 몸소 느끼면서, 강렬한 우환의식을 가지게 되었다. 이러한 우환의식은 중국을 침략한 서양각국에 대한 정확한 이해와 파악을 요구했고, 그 결과 『영환지략』의 편찬으로 이어지게 되었다.

서계여는 중국의 지리서를 바탕으로 본격적으로 해외 관련 자료를 수집하던 중 하문(廈門)과 복주(福州)에서 활동하던 미국인 선교사 데이비드 아빌(David Abeel)과 윌리엄 커밍스(William H. Cummming), 복주 주재영사 영국인 조지 레이(George T. Lay), 레이의 후임 알콕(Sir Rutherford Alcock) 부부 등을 만났다. 이들과의 만남을 통해 세계정세에 더욱 관심을 가지게 된 서계여는 결국 1844년에 『여도고략(輿圖考略)』을, 또한 같은 해 7월에 증보를 해 『영환고략(瀛寰考略)』을, 1848년에 최종적으로 『영환지략』을 완성해 세상에 내놓기에 이르렀다.

『영환지략』의 출판은 당시 우물 안 개구리였던 중국을 경악케 했다. 그들은 자신들이 살고 있는 이 땅이 원래는 지구라고 불리는 땅이며, 다른 국가들과 마찬가지로 중국 역시 세계의 한 구성원이고, 중국은 결코 '세계의 왕'이 아니라 낙후한 국가 중 하나라는 사실을 깨닫게 되었다. 역사적 사실에도 불구하고 당시 중국인들은 『영환지략』을 '요설로 대중을 현혹시키고', '국체를 손상시키며', '서양을 과대 포장하는' 책이라 비판했으며, 결국 서계여는 1852년에 조정으로부터 파면되었다.

서계여는 그 뒤로 산서성 평요현(平遙縣)에서 초산서원(超山書院)을 맡아 관리하면서 『퇴밀재시문(退密齋時文)』, 『고시원비주(古詩源批注)』, 『오대신지(五臺新志)』, 『거우집(舉隅集)』, 『후한서비주(後漢書批注)』 등의 책을 써냈다. 1865년 서계여는 다시 나라의 부름을 받고 북경으로 가 경사동문관(京師同文館: 지금의 북경대학)을 관리해 제1대 총장이자 외국어대학의 학장이 되어, 근대 중국의 신식교육을 이끌었으며, 대변혁시기의 전야에 놓인 학생들과 대중들을 계몽시켰다.

『영환지략』은 이후 일본에서 먼저 큰 반향을 불러일으키면서 1861년부터 출판본이 나오기 시작했고, 조선에서는 1850년에 『해국도지』와 함께 들어와 1880년대의 개국 혹은 개화 사상가들에게 큰 영향을 끼쳤다. 중국에서는 1860년 양무운동이 발생하면서 "중국 사대부들이 알고 있는 약간의 세계지리 지식은 이 두 책(『해국도지』, 『영환지략』)에서 비롯되었다.(梁啓超)", "근래에 해외에서 일어난 일들을 언급한 책으로는 『영환지략』과 『해국도지』가 그 효시이다.(王韜)"라는 문단의 평가를 얻어 그 가치를 인정받았다.

『영환지략』의 구성과 내용

『영환지략』의 구성은 다음과 같다.

권수	구성
권1	지구, 「황청일통여지전도」, 아시아, 아시아 동양 2개국, 아시아 남양 연안 각국
권2	아시아 남양 각 섬, 아시아 동남양 각 섬, 태평양 제도
권3	아시아 오인도, 아시아 인도 서쪽 이슬람 4개국, 아시아 서역 각 이슬람국가
권4	유럽, 유럽 러시아, 유럽 스웨덴, 유럽 덴마크
권5	유럽 오스트리아, 유럽 프로이센, 유럽 독일, 유럽 스위스
권6	유럽 터키, 유럽 그리스, 유럽 이탈리아, 유럽 네덜란드, 유럽 벨기에
권7	유럽 프랑스, 유럽 스페인, 유럽 포르투갈, 유럽 영국
권8	아프리카, 북아프리카, 중앙아프리카, 동아프리카, 서아프리카, 남아프리카, 아프리카 각 섬
권9	아메리카, 북아메리카 빙하지역, 영국령 북아메리카, 북아메리카 미합중국
권10	북아메리카 남부 각국, 남아메리카 각국, 카리브제도

각 권의 요지는 다음과 같다.

권1~권3에서는 지구의 모양과 위도, 경도, 5대륙 전반에 대한 개략적인 상황 및 아시아의 지리, 역사, 풍속 등에 대해 상술하고 있다. 이를 바탕으로 일본을 비롯한 동양 2개국, 루손, 수마트라를 비롯한 인도네시아 각 섬 및 오세아니아에 대해 기술하고 있다. 특히 스페인의 루손 식민화 과정과 이를 교두보로 해 스페인이 어떻게 아시아 각국에 침투하게 되었는지를 흥미롭게 서술하고 있다.

권4~권7에서는 유럽의 자연, 인문학적 상황을 개괄적으로 기술한 다음, 19세기 당시 번역자에 따라 달리 사용되던 유럽 각국의 명칭을 상세하게 정리하고 있다. 이를 바탕으로 중국과 지리적으로 가까운 러시아에서 부터, 열악한 자연환경을 이겨내고 강국이 될 수 있었던 스웨덴, 좁은 강역에도 불구하고 요충지를 장악해 강국이 된 덴마크, 유럽의 정중앙에 위치한 독일연방과 중국 봉건제도의 유사성, 서방의 이상향 스위스, 넓은 강역에 비해 그 위세와 역량이 다소 부족했던 오스트리아, 그리스의 신화에 서부터 그리스 페르시아 전쟁, 마라톤 전투, 델로스 동맹, 펠로폰네소스 전쟁, 종교적 견해의 차이로 두 나라로 분리된 네덜란드와 벨기에, 전통적인 유럽의 강호 프랑스, 대항해시대의 성공을 구가했던 스페인의 몰락, 포르투갈을 대서양국이라 불렀던 이유, 중국을 위기에 빠뜨린 영국에 대한 적대감과 동시에 오스트레일리아를 부강한 나라로 만든 영국의 원대한 기상까지 각국에 대한 저자의 독창적인 견해와 비판이 눈길을 끈다.

권8에서는 이집트와 에티오피아를 중심으로, 동아프리카(모잠비크, 소말리아, 케냐 등), 북아프리카(이집트, 모로코, 튀니지, 트리폴리타니아), 남아프리카(카르파리아, 나미비아 등), 서아프리카(기니, 콩고), 중앙아프리카(쿠르두판, 다르푸르 등) 각국의 연혁과 지리, 풍속, 외모, 언어, 문화적 특색에 대해 상술하고 있다. 나아가 로마와 카르타고와의 전쟁, 유럽 열강의 속지 및 희망봉에 대해서도 기술하고 있다.

권9~권10에서는 콜럼버스의 아메리카 대륙 발견 과정, 미국의 독립 과정과 역사, 26개 주의 설립과정, 헌법과 의회제도의 수립과정 및 정치, 종교, 교육, 복지, 경제 등에 대해 기술하고 있다. 특히 미국의 민주주의 제도와 그에 대한 조지 워싱턴의 역할, 그를 중심으로 한 미국인들의 인격 그리고 지도자의 중요성을 강조한 저자의 시각이 흥미롭다. 나아가 북아메리카의 남쪽에 위치한 멕시코, 텍사스와 남아메리카의 과테말라, 엘살바도르, 온두라스, 코스타리카, 파타고니아, 칠레, 콜롬비아, 페루 등의 지리, 연혁, 인구, 종교 및 물산 등에 대해 서술하고 있다. 여기서는 특히 스페인의 멕시코 식민화과정과 멕시코의 독립과정을 상세히 기술하면서, 미국을 본받아 독립을 한 멕시코가 강대국으로 발전하지 못한 원인과 '금광'으로 이름났던 페루가 빈국으로 전락할 수밖에 없었던 원인을 함께 비교 분석하고 있다.

『영환지략』 역주 작업의 경과 및 의의

『영환지략』 역주 작업은 한국연구재단 명저 번역 사업의 일환으로 진행되었다. 본 번역진은 2년에 걸쳐 초역을 진행했으며, 그 이후로도 계속된 윤독 과정을 거쳐 번역문에 대한 꼼꼼한 수정을 통해 출판하기에 이르렀다. 본 역주는 도광(道光) 28년본(福建巡撫衙門刻本)에 간행된 『영환지략』을 저본으로 삼아 기존의 다양한 판본을 비교 검토하면서 글자의 출입을 정리하는 것에서부터 시작했는데, 이 과정에서 송대천(宋大川)의 『영환지략교주(瀛寰志略校注)』(文物出版社, 2007) 와 현재 출간 중에 있는 『해국도지(海國圖志)』(세창출판사, 2021)의 도움을 많이 받았다.

『영환지략』의 역주작업은 결코 만만치가 않았다. 세계문명지리서인 『영환지략』은 말 그대로 세계의 수많은 인명과 지명, 개념어가 나온다. 또한 『영환지략』에서 인용하고 있는 자료가 기원전부터 19세기 초중반 이전 시대의 것이 많다보니, 실제 해당 국가의 지명이나 인명이 지금 존재하지 않는 경우도 있고, 해당 인명이나 지명을 찾지 못하는 경우가 제법 발생했다. 따라서 많은 시간을 할애하고 노력을 기울였음에도 불구하고, 여전히 찾지 못한 원어 지명이나 인명이 한자어로 남아 있는데, 이에 대해서는 독자들의 양해를 구하는 바이다.

『영환지략』은 중화중심주의에 빠져 있던 중국의 지식인들뿐만 아니라 당시 근대화를 앞둔 조선과 일본에도 전래되어 큰 영향을 끼쳤다. 따라서 『영환지략』의 출간은 국내 최초의 완역이라는 점에서 그 의의가 상당하며, 특히 인문지리서에 해당하는 세계 각국의 자료는 중국 근대사와 세계 근대사를 연구하는 데 있어 중요한 기초자료를 제공한다는 점에서 가치가 있다. 다만 역주 작업에서 번역진이 미처 발견하지 못한 번역상의 오류가 있을 수 있으니, 독자 여러분의 아낌없는 질정과 도움을 바라는 바이다. 마지막으로 어려운 출판 여건 속에서도 좋은 책을 만들기 위해 애쓰시는 도서출판 역락 관계자 여러분께 깊은 감사를 드린다.

역주자를 대표해서
이민숙 씀

◆ 차례

옮긴이의 말   4
일러두기   14
영환지략 자서(自序)   16

➤ 영환지략 3-아프리카·아메리카 ◄

영환지략 권8   아프리카 각국   21
                      아프리카   21
                      북아프리카   29
                      중앙아프리카   65
                      동아프리카   72
                      서아프리카   79
                      남아프리카   92
                      아프리카 각 섬   99

영환지략 권9   아메리카   111
                      북아메리카 빙하지역   124
                      영국령 북아메리카   127
                      북아메리카 미합중국   136

영환지략 권10   북아메리카 남부 각국   205
                      남아메리카 각국   225
                      카리브제도(Caribbean)   264

찾아보기   276

⟆ 1권 | 영환지략 1-아시아 ⟆

영환지략 권1

지구	21
「황청일통여지전도」	44
아시아	55
아시아 동양 2개국	64
아시아 남양 연안 각국	96

영환지략 권2

아시아 남양 각 섬	147
아시아 동남양 각 섬	277
아시아 태평양 제도	287

영환지략 권3

아시아 오인도	293
아시아 인도 서쪽 이슬람 4개국	370
아시아 서역 각 이슬람 국가	425

→ 2권 | 영환지략 2-유럽 ←

영환지략 권4   유럽   21

                  유럽 러시아   51

                  유럽 스웨덴   99

                  유럽 덴마크   113

영환지략 권5   유럽 오스트리아   125

                  유럽 프로이센   146

                  유럽 독일   163

                  유럽 스위스   191

영환지략 권6   유럽 터키   207

                  유럽 그리스   258

                  유럽 이탈리아   286

                  유럽 네덜란드   323

                  유럽 벨기에   343

영환지략 권7   유럽 프랑스   355

                  유럽 스페인   403

                  유럽 포르투갈   434

                  유럽 영국   455

◆ 일러두기

1. 본 번역은 『영환지략(瀛寰志略)』 도광(道光) 28년본(福建巡撫衙門刻本)을 저본
   으로, 일본 문구(文久) 신유년(1861) 「대미각본(對嵋閣本)」과 송대천(宋大川)이
   교주(校注)한 『영환지략교주(瀛寰志略校注)』(文物出版社, 2007) 등 『영환지략』
   관련 여러 판본을 참고하고 교감해 역주를 진행했다.

2. 『영환지략』은 다음 원칙에 준해 번역한다.

   ① 본 번역은 가능한 한 직역을 위주로 하고 직역으로 문맥이 통하지 않을 경우에
      는 본뜻이 벗어나지 않는 범위 내에서 의역하며, 문맥의 이해를 돕기 위해 필요시
      [ ] 부분을 삽입해 번역한다.

      예 속옷[즉 훈도시]은 비단 폭을 이용해 허리에 두르고, [발에는] 짧은 버선을 신고
         명주실로 짠 신을 끈다.

   ② 본 번역에서 언급되는 중국의 국명, 지명, 인명, 서명의 경우, 한국식 발음으로 표
      기하며, 조목마다 처음에만 ( ) 안에 한자어를 병기한다. 다만 홍콩, 마카오와 같
      이 한국인에게 널리 알려진 지명의 경우는 그대로 사용하며, 지금의 지명으로 설
      명이 필요한 경우는 중국 현대어 발음으로 표기한다.

   ③ 중국을 제외한 외국의 국명, 지명, 인명, 서명의 경우, 외래어 표기법에 의거하여
      해당 국가의 현대식 표기법을 따르고, 조목마다 처음에만 ( ) 안에 해당 지역 언
      어를 병기한다. 그리고 나머지 필요한 상황은 주석으로 처리한다.

      예 캘리컷(Calicut),[1] 알레니(Giulio Aleni)
      1 캘리컷(Calicut): 원문은 '고리(古里)'로, 지금의 인도 남서부에 있는 코지코드(Kozhikode)이다.

④ 외국 지명은 현대식 표기법을 따를 때 역사적 사건과 사실이 잘 드러나지 않는 경우가 있다. 안남(安南)의 경우, 오늘날의 베트남을 지칭하지만, 역사적으로 보면 베트남의 한 왕국 이름이다. 따라서 이 경우에는 부득이하게 한자음 발음을 그대로 따른다.

예 안남(安南)[2]

> 2 안남(安南): 지금의 베트남을 가리키는 말로, 당대에 이곳에 설치된 안남도호부(安南都護府)에서 유래되었다. 청대에는 베트남을 안남국, 교지국(交阯國) 등으로 구분하여 불렀다. 또한 안남국은 꽝남국을 가리키기도 한다. 따라서 본 역서에서는 역사 사실의 이해를 돕기 위해 원문에 입각하여 이 명칭을 그대로 사용한다.

⑤ 서계여의 '안(案)'은 번역문과 원문에 그대로 노출시킨다. 다만 본문과의 차이를 분명히 하기 위해 글자 포인트(9)를 줄이고 색깔을 입혀 처리한다.

예 살펴보건대 러시아의 영토가 아시아의 60%를 차지하고 있다. 그러나 러시아의 수도는 유럽의 발트해 연안에 위치한다. 터키 동부와 터키 중부는 아시아에 속하지만 수도가 있는 터키 서부는 유럽에 속한다.

⑥ 서계여의 '안(案)' 가운데 다시 안을 붙인 경우가 있다. 이 경우 서계여의 '안'과 구분하기 위해 다른 색깔을 입혀 처리한다.

예 아시아에는 아라비아해(Arabian Sea) 이란(Iran)과 아라비아(Arabes) 사이에 위치한다. 와 홍해(紅海) 서양에서는 레드 씨(Red Sea)라고 부른다. 가 있는데 모두 인도양을 거치면서 물줄기가 나뉜다.

⑦ 주석 번호는 권별로 시작한다.

◆ 영환지략 자서(自序)

　　지리는 지도가 아니면 명확하게 알 수 없고, 지도는 가보지 않으면 알 수 없다. 대지는 형체가 있어서 마음대로 늘리고 줄일 수 있는 것이 아니다. 서양인들은 원거리 여행에 뛰어나 배를 타고 사해를 일주하면서 가는 곳마다 번번이 붓을 꺼내 지도를 그리기 때문에 그 지도는 유독 근거로 삼을 만하다. 도광(道光)[1] 23년(1843) 계묘년에 공무로 하문(廈門)에 머물면서 미국[2] 사람 데이비드 아빌(David Abeel)[3]을 만났는데, 그는 서양의 박학다식한 사람이었다. 그는 복건 말을 할 줄 알았으며 지도책을 가지고 있었는데 그림이 아주 세밀했다. 나는 그 글자를 몰라 괴로워하다가 지도 10여 폭을 베끼면서 아빌을 찾아가 물어 번역하면서 각국의 이름은 대충이나마 알게 되었지만, 급한 나머지 자세히는 알 수 없었다. 이듬해 다시 하문에 갔을 때 군사마(郡司馬) 곽용생(霍蓉生)이 지도 2책(冊)을 구입했는데, 한 책은 2자 남짓 되고, 다른 한 책은 1자 정도 되었다. 그런데 아빌이 가지고 있던 책자보다 더 상세했다. 또한 서양인이 중국어로 쓴 잡서 몇 종류를 찾아내고, 내가 또 약간의 책을 구했다. 책이 속되고 문아하지 않아 점잖은 사람들은 차마 볼 수 없었지만, 나는 이들을 모으고 인용하며, 작은 쪽지라도 얻으면

1　도광(道光): 청나라 제8대 황제 선종(宣宗) 애신각라민녕(愛新覺羅旻寧)의 연호(1820~1850)이다.

2　미국: 원문은 '미리견(米利堅)'이다.

3　데이비드 아빌(David Abeel): 원문은 '아비리(雅裨理)'이다. 데이비드 아빌(1804~1846)은 1844년 중국에 온 미국인 선교사로, 서계여가 『영환지략』을 집필하는 데 많은 도움을 주었다.

역시 기록해 보존하면서 버리지 않았다. 서양인을 만날 때마다 번번이 책자를 펴서 묻고 고증했다. 그래서 해외 각국의 지형과 상황에 대해 조금씩 그 개요를 알게 되었다. 이에 지도에 근거해 체계를 세우고 여러 책에서 믿을 만한 부분을 가려 뽑아 부연 설명하고 책으로 엮었다. 한참 뒤에 이것이 쌓여 여러 권이 되었다. 책 한 권을 손에 넣을 때마다 간혹 새로운 소식이 있으면 번번이 고치고 증보해 원고가 수십 번은 바뀌었다. 계묘년에서 지금에 이르기까지 계절이 다섯 번 바뀌었다. 공무를 보고 남는 시간에는 오직 이 일로 시간을 보내면서 하루도 손에서 놓은 적이 없다. 방백(方伯)[4] 진자포(陳慈圃)와 관찰(觀察) 녹춘여(鹿春如)[5]가 이것을 보고는 남길만하다고 생각해 잘못된 부분을 잘라내고 고쳐 모두 10권으로 분권했다. 같은 뜻을 가진 사람들이 달라고 해서 살펴보고는 대부분 출판을 권유했다. 그래서 『영환지략(瀛寰志略)』이라 이름 짓고 이렇게 이 책의 서문을 쓴다.

도광 28년(1848) 무신년 가을 8월
오대(五臺) 사람 서계여(徐繼畬)가 쓰다.

---

4   방백(方伯): 『예기(禮記)』「왕제(王制)」에 따르면, 지방장관을 말한다.

5   녹춘여(鹿春如): 녹택장(鹿澤長)이다. 녹택장(1791~?)은 자가 춘여이며 산동사람이다. 서계여를 도와 『영환지략』의 교감작업에 참여해 책의 출간에 큰 도움을 주었다.

地理非圖不明, 圖非履覽不悉. 大塊有形, 非可以意爲伸縮也. 泰西人善於行遠, 帆檣周四海, 所至輒抽筆繪圖, 故其圖獨爲可據. 道光癸卯, 因公駐廈門, 晤米利堅人雅裨理, 西國多聞之士也. 能作閩語, 攜有地圖冊子, 繪刻極細. 苦不識其字, 因鈎摹十餘幅, 就雅裨理詢譯之, 粗知各國之名, 然匆卒不能詳也. 明年, 再至廈門, 郡司馬霍君蓉生購得地圖二冊, 一大二尺餘, 一尺許. 較雅裨理冊子, 尤爲詳密. 幷覓得泰西人漢字雜書數種, 余復蒐求得若干種. 其書俚不文, 淹雅者不能入目, 余則薈萃采擇, 得片紙亦存錄勿棄. 每晤泰西人, 輒披冊子考證之. 於域外諸國地形時勢, 稍稍得其涯略. 乃依圖立說, 采諸書之可信者, 衍之爲篇. 久之, 積成卷軼. 每得一書, 或有新聞, 輒竄改增補, 稿凡數十易. 自癸卯至今, 五閱寒暑. 公事之餘, 惟以此爲消遣, 未嘗一日輟也. 陳慈圃方伯·鹿春如觀察見之, 以爲可存, 爲之刪訂其舛誤, 分爲十卷. 同人索觀者, 多慫慂付梓. 乃名之日『瀛寰志略』, 而記其緣起如此.

道光戊申秋八月, 五臺徐繼畬識.

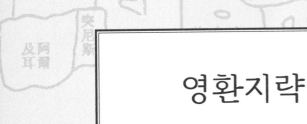

영환지략

권8

본권에서는 이집트와 에티오피아를 중심으
로, 동아프리카(모잠비크, 소말리아, 케냐 등),
북아프리카(이집트, 모로코, 튀니지, 트리폴리타
니아), 남아프리카(카르파리아, 나미비아 등), 서
아프리카(기니, 콩고), 중앙아프리카(쿠르두판,
다르푸르 등) 각 나라의 연혁과 지리, 풍속, 외
모, 언어, 문화적 특색에 대해 상술하고 있다.
나아가 로마와 카르타고와의 전쟁, 유럽 열
강의 속지 및 희망봉에 대해 서술하고 있다.

아프리카 각국
〖 아프리카 〗

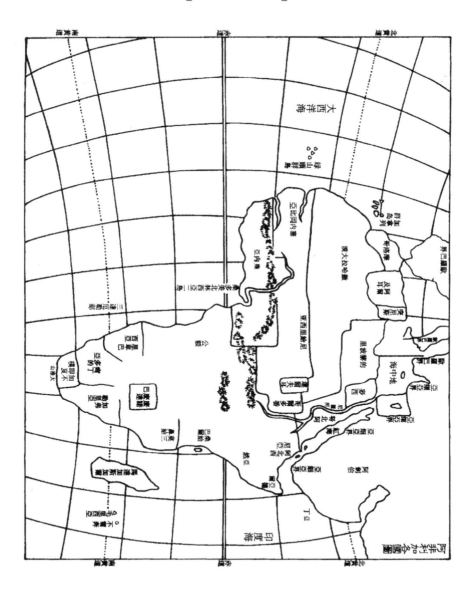

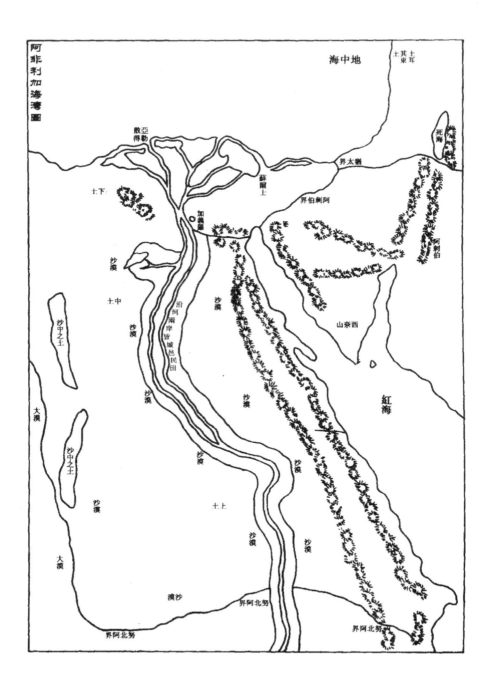

아프리카 각국 지도

구라파계(歐羅巴界): 유럽 강역이다.

아세아계(亞細亞界): 아시아 강역이다.

지중해(地中海): 지금의 지중해(Mediterranean Sea)이다.

돌니사(突尼斯): 지금의 튀니지(Tunisie)이다.

아이급이(阿爾及耳): 지금의 알제리(Algérie)이다.

마락가(摩洛哥): 지금의 모로코(Morocco)이다.

가나렬군도(加拿列群島): 지금의 카나리아제도(Islas Canarias)이다.

북황도(北黃道): 북회귀선이다.

아랄백(阿剌伯): 아라비아(Arabia)이다.

맥서(麥西): 지금의 이집트(Egypt)이다.

적려파리(的黎波里): 지금의 트리폴리(Tripoli)이다.

살합랍대막(撒哈拉大漠): 지금의 사하라사막(Sahara Desert)이다.

홍해(紅海): 지금의 홍해(Red Sea)이다.

노배아(努北阿): 지금의 누비아(Nubia)이다.

니라하(尼羅河): 지금의 나일강(Nile R.)이다.

아정(亞丁): 지금의 아덴(Aden)이다.

아북서니아(阿北西尼亞): 지금의 에티오피아(Ethiopia)이다.

가이다번(哥爾多番): 쿠르두판(Kurdufan)이다.

달이부이(達爾夫耳): 다르푸르(Darfur)이다.

니급리서아(尼給里西亞): 니그리티아(Nigritia)이다.

새내강비아(塞內岡比亞): 세네감비아(Sene-Gambia)이다.

녹산두군도(綠山頭群島): 지금의 카보베르데제도(Ilhas de Cabo Verde)이다.

23

인도해(印度海) : 지금의 인도양(Indian Ocean)이다.

아덕이(亞德爾) : 지금의 소말리아(Somalia)이다.

아연(亞然) : 지금의 케냐(Kenya)이다.

기내아(幾內亞) : 지금의 기니(Guinea)이다.

상급파이(桑給巴爾) : 지금의 잔지바르(Zanzibar)이다.

적도(赤道) : 지금의 적도이다.

공액(公額) : 지금의 콩고(Congo)이다.

모삼비급(莫三鼻給) : 지금의 모잠비크(Mozambique)이다.

상다미도(桑多美島) : 지금의 상투메섬(Ilha de São Tomé)이다.

북림서아도(北林西亞島) : 지금의 프린시페섬(Ilha do Príncipe)이다.

마낙마달파(摩諾摩達巴) : 지금의 모노무타파(Monomotapa)이다.

성비파서아(星卑巴西亞) : 지금의 짐바브웨(Zimbabwe)이다.

가불륵리아(加弗勒里亞) : 카프라리아(Kaffraria)로, 역사적 지명이다.
지금의 남아프리카공화국 나탈주(Natal)에 해당한다.

아정다적아(痾丁多的亞) : 지금의 나미비아(Namibia)이다.

가불(加不) : 지금의 케이프타운(Cape Town)이다.
-지도에서는 급박(发撲)으로 되어 있다. 급박은 희망봉(Cape of Good Hope)으로,
케이프타운 인근에 있어 이렇게 표현한 것으로 추정된다.

대랑산(大浪山) : 지금의 희망봉(Cape of Good Hope)이다.

삼달액륵나(三達厄勒那) : 지금의 세인트헬레나(Saint Helena)이다.

마달가사가이(馬達加斯加爾) : 지금의 마다가스카르(Madagascar
Island)이다.

모리서아(毛里西亞) : 지금의 모리셔스섬(Mauritius Island)이다.

불이분(不爾奔) : 부르봉섬(Île Bourbon)으로, 지금의 레위니옹섬(Île
de La Réunion)이다.

남황도(南黃道) : 남회귀선이다.

아프리카 인근 바다와 만(灣) 지도

토이기동토(土耳其東土) : 터키 동부이다.

지중해(地中海) : 지금의 지중해이다.

사해(死海) : 지금의 사해(Dead Sea)이다.

유태계(猶太界) : 유대(Judea) 강역이다.

아륵산득(亞勒散得) : 지금의 알렉산드리아(Alexandria)이다.

아랄백계(阿剌伯界) : 아라비아 강역이다.

소이사(蘇爾士) : 지금의 수에즈(Suez)이다.

가의라(加義羅) : 지금의 카이로(Cairo)이다.

아랄백(阿剌伯) : 아라비아이다.

서내산(西奈山) : 시나이산(Sinai Mountain)이다.

사막(沙漠) : 사막이다.

나일강 양안은 도시와 민간 소유 농지로 이루어져 있다.

하토(下土) : 하부 이집트(Lower Egypt)이다.

중토(中土) : 중부 이집트(Central Egypt)이다.

상토(上土) : 상부 이집트(Upper Egypt)이다.

홍해(紅海) : 지금의 홍해이다.

사중지토(沙中之土) : 오아시스이다.

대막(大漠) : 사하라사막이다.

노배아계(努北阿界) : 누비아 강역이다.

아프리카(Africa) 아비리가(亞非里加), 리미아(利未亞)라고도 한다. 는 아시아의
서남쪽에 위치한다. 나침반으로 보면 남서쪽 8시 방향[1]의 위치에 해당한다.
대지는 매우 넓어 아시아의 3분의 1 정도 된다. 남북의 길이는 1만 8천 리
이고, 동서의 너비는 1만 6천 리에 달한다. 동쪽으로는 인도양(Indian Ocean)[2]
에, 서쪽으로는 대서양(Atlantic Ocean)[3]에, 남쪽으로는 남극해(Antarctic Ocean)[4]
에, 동북쪽으로는 홍해(Red Sea)에, 북쪽으로는 지중해(Mediterranean Sea)[5]에 이
른다. 중간에 있는 좁은 육지 수에즈(Suez)[6]로 소엽(蘇葉)이라고도 하는데, 바로 이
집트(Egypt)[7] 이슬람 회교도의 땅이다. 를 통해 아시아와 이어져 있다. 땅은 비록
넓지만 사막이 절반을 차지하고 있고, 또한 적도의 남북에 위치해 찌는 듯
이 덥고 풍토병이 유독 심하다. 천시, 기후, 인물이 4대륙 가운데 가장 별로
이다. 북아프리카는 옛날에는 이름난 나라들이 많았으나, 지금은 모두 이
슬람 지역이 되었다. 동아프리카는 인도양을 따라 있으며, 이북에는 이슬
람인과 흑인이 함께 살고 있고, 이남에는 모두 흑인이 살고 있으며, 포르투
갈의 부두가 있다. 남아프리카는 뾰족하게 남극해를 향해 튀어나와 있으
며, 땅의 극단에 위치한 급박(岌樸) 속칭 희망봉(Cape of Good Hope)[8]이라고 한다.

---

1   남서쪽 8시 방향: 원문은 '곤신(坤申)'이다.

2   인도양(Indian Ocean): 원문은 '인도해(印度海)'이다.

3   대서양(Atlantic Ocean): 원문은 '대서양해(大西洋海)'이다.

4   남극해(Antarctic Ocean): 원문은 '대남해(大南海)'로, 남대양(Southern Ocean)이라고도 한다.

5   지중해(Mediterranean Sea): 원문은 '지중해(地中海)'이다.

6   수에즈(Suez): 원문은 '소이사(蘇爾士)'로, 소이사지협(蘇伊士地峽)이라고도 한다. 수에즈지협
     은 지중해와 홍해 사이를 가르는 좁은 땅으로, 아프리카와 아시아를 잇는 지협이다.

7   이집트(Egypt): 원문은 '맥서(麥西)'이다.

8   희망봉(Cape of Good Hope): 원문은 '대랑산(大浪山)'으로, 호망각(好望角), 올하협(兀賀峽), 대랑
     봉(大浪峰), 호망해각(好望海角), 협산(峽山), 과협(過峽)이라고도 한다. 1488년에 포르투갈인

은 유럽인이 동쪽으로 항해할 때 반드시 경유하는 루트로 영국의 부두가 있다. 서아프리카는 대서양을 따라 위치해 있다. 이북은 사막이 가로 걸쳐 있고, 이남에는 흑인이 살고 있으며, 영국·프랑스·미국·포르투갈·네덜란드·덴마크 등의 부두가 있다. 중앙아프리카는 이북은 모두 사막지대이지만, 그래도 간간히 이슬람족이 살고 있고, 사막 남쪽에는 흑인이 모여 살고 있는 곳도 있다. 총체적으로 보면 아프리카대륙은 이북에는 이슬람 왕국이 많은데 모두 아시아에서 흘러들어온 사람들이다. 이남은 모두 원주민들이 살고 있는데 니그로족(Negro),[9] 호텐토트족(Hottentots),[10] 아정다적(病丁多的)이라고도 한다. 쇼나족(Shona)[11]이 있다. 사람들이 검고 무지몽매해 여러 나라에서 주로 사들여 노예로 삼는다. 서양인들의 지도에 따르면 세 원주민 지역은 각각의 지도가 있으며,「아프리카분도(阿非利加分圖)」에는 북아프리카의 몇몇 나라만이 있고, 나머지 나라는 모두 빠져 있다. 아마도 이 땅의 기후환경이 열악해 유럽인들 역시 두루 다 가볼 수가 없었고, 부족명은 대부분 전해들어서 그런 것 같다. 각 왕국의 면적 역시 대충 계산한 것으로 그다지 정확하지 않다.

바르톨로메우 디아스(Bartolomeu Dias)가 발견하여 폭풍의 곳(Cabo Tormentoso)으로 명명했으나, 후에 포르투갈 국왕에 의해 '희망의 곳'으로 개명되었다.

9 니그로족(Negro): 원문은 '니각라(尼刻羅)'이다.

10 호텐토트족(Hottentots): 원문은 '합정돌(合丁突)'로, 지금의 코이코이족(Khoikhoin)이다. 이들은 본래 '사람 중의 사람'이라는 뜻의 코이코이라고 불렸으나, 네덜란드인이 이들의 독특한 혀 차는 소리[Click sound]를 비하해 호텐토트족이라 불렀다

11 쇼나족(Shona): 원문은 '성비파사(星卑巴斯)'이다. 반투족의 일파로 짐바브웨의 주요 민족을 이루고 있다.

阿非利加各國
〚 阿非利加 〛

　　阿非利加 一作亞非里加, 又作利未亞. 一土, 在亞細亞之西南. 以羅經視之, 正
當坤申之位. 其地極廣, 約得亞細亞三分之一. 南北一萬八千里, 東西闊處一萬
六千里. 東距印度海, 西距大西洋海, 南抵大南海, 東北距紅海, 北面距地中海.
中間有陸地一綫, 地名蘇爾士, 一作蘇葉, 系麥西回部地. 與亞細亞回部相連. 地雖廣
而沙磧居半, 又當赤道南北, 炎燺特甚, 瘴癘尤毒. 天時·地氣·人物, 在四大
土中爲最劣. 其北境古多名國, 今皆回部. 東境沿印度海, 迤北回族與黑夷雜
居, 迤南皆黑夷, 有葡萄牙埔頭. 南境銳入大南海, 地盡處之岌樸, 俗名大浪山.
爲歐羅巴東來必由之路, 有英吉利埔頭. 西境沿大西洋海. 迤北大漠橫亘, 迤南
皆黑夷, 有英·佛·米·葡·荷·嗹諸國埔頭. 其中央, 迤北皆沙漠, 間有回族,
沙南乃見壤土, 有黑夷部落. 統計阿非利加一土, 迤北多回部, 皆從亞細亞轉徙
而來. 迤南皆土番, 其種人或稱尼刻羅, 或稱合丁突, 一作呴丁多的. 或稱星卑巴
斯. 其人黑而蒙, 諸國多買爲奴. 泰西人地圖, 三土皆有分圖, 獨「阿非利加分圖」, 止有
北境數國, 餘皆缺略. 蓋其地氣毒劣, 歐羅巴人亦不能遍歷, 部落之名, 大半得之傳聞. 各部
地界之廣狹, 亦約略計算, 不甚確也.

[북아프리카]

북아프리카는 홍해의 남쪽해안에 위치하고, 지형이 서북쪽에서부터 동남쪽으로 뻗어있다. 이곳에는 이집트(Egypt)[1]·누비아(Nubia)[2]·에티오피아(Ethiopia)[3] 세 나라가 있다.

이집트[麥西] 액일다(厄日多)·액입다(扼入多)·액일도(厄日度)·애급다(埃及多)·이지비다(以至比多)·이지비다(迤至比多)·이읍(伊揖)·이제불탁(伊齊不托)이라고도 한다. 는 옛날에는 액일다라 불렸으며, 홍해와 지중해 사이에 위치했다. 북쪽으로는 지중해에 접해 있고, 동쪽으로는 홍해에 이르며, 동북쪽 구석은 아시아의 유대(Judea)[4]·아라비아(Arabia)[5]와 인접해 있고, 서북쪽으로는 트리폴리타니아(Tripolitania)[6]와, 서남쪽으로는 사막과 인접해 있으며, 남쪽으로는 누비아와 경계하고 있고, 면적은 1700여 리에 이른다. 이 땅은 본래 사막으로, 나일

---

1   이집트(Egypt): 원문은 '맥서(麥西)'이다.

2   누비아(Nubia): 원문은 '노배아(努北阿)'로, 노비아(盧比亞), 노비아(努比亞)라고도 한다. 지금의 이집트 남부 나일강 유역과 수단(Sudan) 북부에 위치했던 고대 왕국이다.

3   에티오피아(Ethiopia): 원문은 '아북서니아(阿北西尼亞)'로, 아필치지(亞必治地), 아매사니국(阿邁斯尼國)이라고도 한다.

4   유대(Judea): 원문은 '유태(猶太)'이다. 고대 유대왕국으로, 옛 땅은 지금의 팔레스타인(Palestine) 지역에 위치한다.

5   아라비아(Arabia): 원문은 '아랄백(阿剌伯)'이다.

6   트리폴리타니아(Tripolitania): 원문은 '적려파리(的黎波里)'로, 적려포리국(的黎布里國), 적려파리탑니아(的黎波里塔尼亞)라고도 한다. 지금의 리비아 북서부에 위치한 역사적인 지역으로, 중심도시는 지금의 리비아 수도인 트리폴리이다.

강(Nile R.)[7]이 남쪽에서 발원해 홍해의 서쪽 해안을 따라 북쪽 지중해로 유입된다. 양쪽 해안은 진흙탕인데, 이 진흙이 옥토가 되었다. 나일강은 매년 한 번 불어나는데, 이때 논밭을 기름지게 하고 물을 댈 수 있다. 강물이 너무 많이 불어나면 흉년이 들고 적당하게 불어나면 풍년이 든다. 그래서 나일강 인근 지역은 논과 밭이 구름처럼 이어져 있고, 인구도 많다. 반면 나일강에서 조금이라도 멀리 떨어져 있으면, 모래펄이 끝없이 펼쳐져 있어 휑하니 인적도 드물다. 이 땅은 비오는 날이 드물고 사막은 뜨거우며 폭염에 사람이 지친다. 이 나라는 하(夏)나라 초기에 건국되었는데, 당시 유럽과 아프리카 두 대륙은 미개해서 아직 개화되지 않은 때라 오직 이집트만이 홀로 뛰어났으며, 서양의 문물제도는 모두 이 나라에서 창시한 것으로, 인근의 왕국들이 모두 와서 신하로서 복종했다. 상(商)나라 중엽에 그리스(Greece)[8] 도시국가가 일어나자 이집트의 권력이 분산되었다. 주(周)나라 말에 이집트는 페르시아(Persia)[9]에게 멸망당했다가 후에 그리스의 마케도니아(Macedonia)[10]의 차지가 되었다. 서한(西漢) 때 이탈리아(Italia)[11]의 로마(Roma)[12]가 일어나자 이집트는 로마에 투항해 속국이 된지 수백 년이 되었다. 당(唐)나라 초에 아라비아가 그 땅을 차지하면서 이로부터 이집트는 이슬람[13] 지역

---

7   나일강(Nile R.): 원문은 '니라하(尼羅河)'로, 니록하(泥祿河)라고도 한다.

8   그리스(Greece): 원문은 '희랍(希臘)'이다.

9   페르시아(Persia): 원문은 '파사(波斯)'이다.

10   마케도니아(Macedonia): 원문은 '마기돈(馬基頓)'으로, 마색다니아(馬塞多尼亞), 마기돈(馬其頓)이라고도 한다.

11   이탈리아(Italia): 원문은 '의대리(意大里)'로, 의대리(意大利)라고도 한다.

12   로마(Roma): 원문은 '라마(羅馬)'이다.

13   이슬람: 원문은 '회회(回回)'이다.

이 되었다. 명(明)나라 초에 터키(Turkey)[14]가 차지해서 별도의 지역으로 만들고 파샤(Pacha)[15]를 두어 다스렸다. 가경(嘉慶)[16] 3년(1798)에 프랑스 장군 나폴레옹(Napoléon)[17]은 이집트를 공격해 차지했다. 3년 뒤에 이 땅은 다시 터키에 귀속되었다. 근년에 이집트의 파샤는 터키왕을 배반하고 스스로 나라를 세웠다. 터키왕이 무리를 이끌고 이집트 정벌에 나서 몇 년 동안 전쟁을 치렀지만 이길 수 없었다. 이집트가 터키 동부의 여러 왕국을 공격하자 모두 항복했다. 터키왕이 이웃 국가들에게 위급함을 알려 도움을 청하자 페르시아는 터키를 도와주고자 이집트를 협박해 속국으로 만들었다. 러시아가 대군을 이끌고 터키를 도와준다는 명분으로 터키의 강역에 들어왔으나 터키를 차지할 생각이었다. 영국과 프랑스 모두가 전쟁을 반대하며 화친을 권유하자 파샤는 약탈한 땅을 돌려주고 다시 터키에게 통공하면서 속국이 되었다. 이 땅은 상·중·하 세 지역으로 구분되며, 상부 이집트(Upper Egypt)와 중부 이집트(Central Egypt)는 홍해에 이르며, 강 언덕과 층층의 산봉우리가 길게 이어져 있어 마치 그 사이에 끼인 좁은 골목 같다. 하부 이집트(Lower Egypt)는 지중해에 이르며 옥토가 광활하게 펼쳐져 있고 지류가 얽혀 흐르고 있는, 이집트의 비옥한 땅이다. 이 땅은 모두 25개의 주로 구분

---

14 터키(Turkey): 원문은 '토이기(土耳其)'로, 토이기(土耳基)라고도 한다. 지금의 튀르키예(Türkiye)이다.

15 파샤(Pacha): 원문은 '대추(大酋)'이다. 역사적 사실에 따르면 파샤로, 파샤는 오스만 제국과 북아프리카에서 신분이 높은 사람이나 고위직에 있는 사람을 가리키는 칭호이다.

16 가경(嘉慶): 청나라 제7대 황제 인종(仁宗) 애신각라옹염(愛新覺羅顒琰)의 연호(재위 1796~1820)이다.

17 나폴레옹(Napoléon): 원문은 '나파륜(那破侖)'으로, 나파륜(那波倫)이라고도 한다.

되는데, 카이로(Cairo)[18]는 이 나라의 수도이다. 칼리우브(Qalyub),[19] 빌베이스(Bilbeis),[20] 시베(Shibeh),[21] 미트가므르(Mit Ghamr),[22] 만수라(Mansoura),[23] 다미에타(Damietta),[24] 메르스엘케비르(Mers-el-Kébir),[25] 탄타(Tanta),[26] 메리그(Melyg)[27] 미누프(Menouf),[28] 네그렉트(Negyleh),[29] 푸와(Fouah),[30] 다만후르(Damanhur),[31] 알렉산드리아(Alexandria),[32] 기자(Giza),[33] 아트피(Atfih),[34] 베니수에프(Beni Suef),[35] 파

18 카이로(Cairo): 원문은 '가의라(加義羅)'로, 가이라(加以羅), 개라(開羅), 니라도(尼羅都)라고도 한다.

19 칼리우브(Qalyub): 원문은 '급리오파(給里烏波)'로, 길리오파(吉里烏波), 길리우복(吉利尤卜)이라고도 한다. 지금의 이집트 북부에 위치한 칼리우비야(Qalyubia)이다.

20 빌베이스(Bilbeis): 원문은 '배이비의사(北爾卑義斯)'로, 배이비의(北爾卑義), 비륵배사(比勒拜斯)라고도 한다. 이집트 나일 삼각주 남부에 위치한다.

21 시베(Shibeh): 원문은 '사비(師卑)'이다.

22 미트가므르(Mit Ghamr): 원문은 '미가마이(米加馬爾)'로, 미잡마이(米卡馬爾)라고도 한다.

23 만수라(Mansoura): 원문은 '망소랄(芒蘇辣)'로, 망소랄(忙蘇辣), 만소랍(曼蘇臘)이라고도 한다.

24 다미에타(Damietta): 원문은 '달미야대(達迷也大)'로, 달미야대(達迷耶大), 달미애탑(達米埃塔)이라고도 한다.

25 메르스엘케비르(Mers-el-Kébir): 원문은 '급비이(給比爾)'로, 지금의 알제리 북서부에 위치한다.

26 탄타(Tanta): 원문은 '당달(當達)'로, 탄탑(坦塔)이라고도 한다.

27 메리그(Melyg): 원문은 '미려(美黎)'로, 매리격(梅利格)이라고도 한다.

28 미누프(Menouf): 원문은 '미노(美奴)'로, 미로(美路), 미노부(米努夫)라고도 한다. 모노피아주(Monufia Governorate)에 위치한데서 이름이 나왔다.

29 네그렉트(Negyleh): 원문은 '내일륵(內日勒)'으로, 내격래(內格萊), 내격래특(內格萊特)이라고도 한다.

30 푸와(Fouah): 원문은 '복아(福阿)'이다.

31 다만후르(Damanhur): 원문은 '달마노이(達馬奴爾)'로, 달마로(達馬路), 달만호이(達曼胡爾)라고도 한다.

32 알렉산드리아(Alexandria): 원문은 '아륵산득려아(亞勒散得黎亞)'로, 아륵산덕려(亞勒山德黎), 아력산대(亞力山大)라고도 한다.

33 기자(Giza): 원문은 '덕기새(德基塞)'이다. 계이가(季爾加), 길택(吉澤), 길살(吉薩)이라고도 하는데, Djizeh, Jizah이다.

34 아트피(Atfih): 원문은 '아덕비(亞德非)'로, 아특비(阿特菲)라고도 한다.

35 베니수에프(Beni Suef): 원문은 '백니수불(白尼隋弗)'로, 백니수불(白尼隋佛), 패니소위부(貝尼蘇韋夫)라고도 한다.

32

이윰(Faiyum),[36] 미냐(Minya),[37] 만팔루트(Manfalut),[38] 아시우트(Asyut),[39] 기르게(Girgeh),[40] 케나(Qena),[41] 에스나(Esna)[42]가 있다. 가장 큰 항구는 알렉산드리아로, 마케도니아의 알렉산드로스대왕(Alexander the Great)[43]이 건설한 곳이다. 과거 지중해의 제1항구로, 지금도 여전히 유명하다. 이 나라의 인구는 250만 명이고, 수도에 거주하는 사람은 30만 명이다. 군사는 12만 명이고, 대형 전함14척을 보유하고 있다. 군사가 많아 군비가 많이 들며 조세가 번거롭고 까다로워 백성들이 안심하고 생활할 수가 없다. 이 땅에서는 곡식·과일·삼베·인디고·꿀·면화·약재가 난다

서양인이 쓴 고대 이집트 이야기에 의하면 다음과 같다. 홍수가 난 이후로 시조 노아(Noah)[44]가 메소포타미아(Mesopotamia)[45] 아시아에 위치하며 지

---

36   파이윰(Faiyum): 원문은 '발옹(發雍)'으로, 법우모(法尤姆)라고도 한다

37   미냐(Minya): 원문은 '미니아(迷尼亞)'로, 명아(明亞)라고도 한다.

38   만팔루트(Manfalut): 원문은 '몽발록(蒙發祿)'으로, 맹법로특(孟法盧特)이라고도 한다

39   아시우트(Asyut): 원문은 '서간덕(西干德)'으로, 서우덕(西於德), 아서우특(阿西尤特)이라고도 한다.

40   기르게(Girgeh): 원문은 '제이일(齊爾日)'로, 제이백(齊爾白), 길이철(吉爾哲)이라고도 한다. 지금의 기르자(Girga)이다.

41   케나(Qena): 원문은 '급내(給內)'로, 기납(基納)이라고도 한다.

42   에스나(Esna): 원문은 '애사내(挨斯內)'로, 이사납(伊斯納)이라고도 한다.

43   알렉산드로스대왕(Alexander the Great): 원문은 '아륵산득(亞勒散得)'이다. 알렉산드로스대왕(B.C.356~B.C.323)은 마케도니아의 수도 펠라에서 필리포스 2세의 아들로 태어났다. 페르시아 전쟁을 일으켰으며, 지중해에서 인도에 이르는 광대한 제국을 건설했다. 그리스와 페르시아의 문명을 융합한 새로운 문화를 창출하고자 노력했으며 동·서양 융화 정책으로 결혼 정책 등을 펴 나갔다. 기원전 323년 열병으로 급작스럽게 사망했고, 그의 사후 알렉산드로스 제국은 격렬한 혈투 끝에 분열되고 말았다.

44   노아(Noah): 원문은 '낙위(諾威)'로, 노해(努海)라고도 한다. 아랍어로는 '누흐(Nūh)'라고도 하는데, 노아의 방주 이야기로 유명하다.

45   메소포타미아(Mesopotamia): 원문은 '미색부달미아(美索不達迷亞)'로, 미색부대미아(美索不大米亞)라고도 한다.

금의 터키 동부에 해당한다. 에서 살고 있었다. 그는 장남 셈(Shem),[46] 차남 함 (Ham),[47] 차남 야벳(Japheth)[48] 세 아들을 두었다. 함의 아들 미스라임(Mizraim)[49] 은 하후(夏后) 계(啓)[50] 7년에 아프리카 북쪽 경내에 이집트를 건국했다. 처음으로 백성들에게 농사일을 가르치고 관직을 설치하고 문자를 만들었다. 또 테베(Thebes),[51] 아케타텐(Akhetaten),[52] 멤피스(Memphis),[53] 티니스(Thinite)[54] 네 도시를 건설했다. 몇 대를 지나 아파랑(亞羆郞)[55] 대에 왔을 때가 하나라 왕 불강(不降)[56] 57년 때로, 페르시아왕 찰적로마(札的勞摩)[57]가 처음으로 전쟁의 단초를 제공하며 사람들을 이끌고 이집트를 약탈했다. 전쟁에 익숙하지

---

46 셈(Shem): 원문은 '승(僧)'으로, 구약성경에 등장하는 노아의 세 아들 중 한 명이다. 대개는 장남으로 알려져 있으나 차남으로 보기도 한다.

47 함(Ham): 원문은 '강(剛)'으로, 노아의 세 아들 중 한 명이다.

48 야벳(Japheth): 원문은 '일비덕(日肥德)'으로, 노아의 세 아들 중 한 명이다.

49 미스라임(Mizraim): 원문은 '미사랍응(迷斯拉應)'으로, 이집트를 세운 인물로 알려져 있다.

50 계(啓): 사계(姒啓)이다. 하나라 제2대 군주로, 계(B.C.2022?~B.C.1983?)는 하나라의 시조인 우(禹)임금의 아들이다.

51 테베(Thebes): 원문은 '덕파사(德巴斯)'로, 비비사(庇比斯), 제불(提佛)이라고도 한다.

52 아케타텐(Akhetaten): 원문은 '덕리(德利)'로, 지금의 나일강 동쪽 해안에 위치한 아마르나(Amarna)로 추정된다. 아마르나는 이집트 제18왕조의 파라오였던 아크나톤(Akhnaton)시대의 수도이다.

53 멤피스(Memphis): 원문은 '문비사(門非斯)'로, 기원전 2925년 무렵 메네스가 세웠다고 전해지는 고대 이집트의 수도이다.

54 티니스(Thinite): 원문은 '달니사(達尼斯)'로, 이집트의 제1·2대 왕조(B.C.3100경~B.C.2686)로 추정된다.

55 아파랑(亞羆郞): 미상.

56 불강(不降): 사불강(姒不降)이다. 하나라 제11대 군주로, 하나라 왕 설(泄)의 아들이다. 불강(B.C.1831~B.C.1753)은 부친이 돌아가신 후에 19세의 나이로 왕위에 올랐다. 하왕조에서 재위 기간이 가장 긴 군주이자 하나라의 영토를 가장 많이 넓힌 왕이기도 하다.

57 찰적로마(札的勞摩): 미상.

않았던 이집트가 황망해하며 급히 달아나자 페르시아는 크게 약탈하고 돌아갔다. 아파랑이 사람들을 이끌고 추격해가 약탈해간 것을 모두 되찾아 돌아왔다. 이로부터 비로소 군비를 강구하고 법도를 세우자 약소국가들이 한뜻으로 받들며 주인으로 모셨다. 왕위를 계승한 대부분의 현철(賢哲)들은 더욱 법제를 닦고 품계를 구분하고 관청을 세우고 창고를 건설하여 안락하고 풍족하게 지낸지 거의 수백 년이 되었다. 이때 유럽은 모두 원주민들이 여기저기 흩어져 살며 숲이 우거지고 짐승이 출몰하는 미개 지역이었다.

하나라 말에 아시아인 카드모스(Kadmos)[58]가 비로소 그리스에 와서 사람들에게 예의를 가르쳤으나, 일설에는 상(商)나라 반경(盤庚) 시기[59]에 가나안(Canaan)[60] 사람 길목(桔木)이 처음으로 사람들을 교화했다고 하는데, 누가 맞는지 모른다.[61] 사람들이 무지몽매해 여전히 다 개화되지는 못했다. 상(商)나라 왕 외임(外壬)[62] 2년에 이집트 사람 케크롭스(Cecrops)[63]가 사이스(Sais)[64] 사람들을 인

---

58 카드모스(Kadmos): 원문은 '의납고(義納孤)'로, 의납고(議納孤)라고도 하는데, 테베를 세운 카드모스로 추정된다.

59 상(商)나라 반경(盤庚) 시기: 그리스의 이민 시기는 반경이 은(殷)으로 천도한 시기보다 몇 세기 늦다.

60 가나안(Canaan): 원문은 '가남(迦南)'으로, 지금의 발티스탄(Baltistan)이다. 여기서 가나안 사람들은 페니키아인을 가리키는 말로, 카드모스는 페니키아 출신이다.

61 일설에는…모른다: 여기서는 의납고(義納孤)와 길목(桔木)을 서로 다른 인물로 보고 있으나, 『영환지략』권6 그리스 부분에서는 동일인물로 보고 있다.

62 외임(外壬): 복임(卜壬)이라고도 한다. 상나라 제11대(재위 B.C.1400~B.C.1386) 군주로 자발(子發)이다. 15년(10년이라고도 함) 동안 재위했다고 하는데, 연대가 불분명하다.

63 케크롭스(Cecrops): 원문은 '쇄가락(灑哥落)'이다. 이집트 사람으로 아테네를 세우고 결혼과 종교를 전했다고 한다.

64 사이스(Sais): 원문은 '쇄적사(灑的斯)'로, 지금의 이집트 나일강 삼각주 가르비야주(Gharbia)에 위치한 고도이다.

솔해 그리스의 아테네로 옮겨가서 아테나이(Athens)[65] 아지나(亞地拿)라고도 한다.를 건설하고 풍속을 대대적으로 변혁시켰다. 이로부터 그리스의 도시국가들은 날로 번창해진 반면 이집트의 명성과 위세는 차츰 쇠퇴해져 갔다. 이집트는 아메노피스 2세(Amenophis II)[66]에 와서 그가 홍해를 건너다 빠져 죽었다. 상나라 왕 조신(祖辛)[67] 12년에 세소스트리스(Sesostris)[68]가 왕위를 계승했는데, 각고의 노력 끝에 군사상의 치적을 세우고 문치로 다스려 일시의 성세를 누려 '중흥의 시대'로 불렸다. 자손들이 그 뒤를 이어 공을 세우면서 서방의 대국이 되었다. 7백여 년 뒤에 와서 날로 쇠약해져갔다. 프삼티크 3세(Psamtik III)[69]에 와서 페르시아의 왕 캄비세스 2세(Cambyses II)[70] 건비서(乾庇西)라고도 한다. 에게 멸망당했는데, 주(周)나라 위열왕(威烈王) 16년(B.C.409) 때의 일이다.[71] 이집트가 페르시아에 예속된 지 수십 년 뒤에 그리스의 마케도니아 왕 알렉산드로스대왕이 대군을 이끌고 페르시아를 정벌하고 이집트를 차지했다. 알렉산드로스 대왕이 군영에서 죽자 대장 프톨

---

65 아테나이(Athens): 원문은 '아덕납사국(亞德納斯國)'으로, 바로 아테네를 가리킨다.

66 아메노피스 2세(Amenophis II): 원문은 '아미노비사(亞美奴非斯)'이다. 아메노피스 2세(재위 B.C1425~1400)는 이집트 제18왕조의 7대 파라오인 아멘호테프 2세(Amenhotep II)로, 홍해에 수장된 것으로 알려져 있다.

67 조신(祖辛): 상나라 제14대(재위 B.C.1357~B.C.1342) 군주로, 자단(子旦)이다. 갑골문에는 '차신(且辛)'으로 되어있다.

68 세소스트리스(Sesostris): 원문은 '서색사적려(西索斯的黎)'로, 서색사적리(西索斯的里)라고도 한다. 발음은 유사하지만, 시대가 크게 차이나 고찰이 필요하다.

69 프삼티크 3세(Psamtik III): 원문은 '파가려사(波哥黎斯)'이다.

70 캄비세스 2세(Cambyses II): 원문은 '강비사(岡比斯)'로, 감비스라고도 한다.

71 프삼티그 3세…일이다: 역사적 사실에 따르면 캄비세스 2세가 이집트를 정복한 것은 기원전 525년으로, 주나라 경왕(景王)(재위 B.C.545~B.C.520) 때의 일이다. 주나라 위열왕(재위 B.C.425~B.C.402)은 주나라 32대 왕이다.

레마이오스(Ptolemaeos)[72]가 부대를 이끌고 이집트를 차지해 스스로 왕이 되었다. 서한(西漢) 때에 로마가 이집트를 정벌해 로마에 예속된 지 수백 년이 되었다. 당나라 초에 무함마드(Muhammad)[73]가 아라비아에서 이슬람교를 일으켰는데, 이집트가 아라비아의 접경지대에 위치해 있어 결국 침탈당했다. 처음에 이집트는 서방 국가의 시조로 문물이 성해 그에 비할 나라가 없었다. 수도에 있는 큰 서고에는 70만 권의 책이 소장되어 있어 서방의 '예림(藝林)'이라 불렸다. 이슬람이 이집트를 공격해 그 책을 가져가 모두 밥 지을 때의 땔나무로 사용해서 진시황의 분서갱유에 비견되었다고 한다. 수도 밖으로 고대 왕들의 무덤이 몇 곳 있는데 모두 터가 넓고 위는 뾰족하고 날카롭다. 관안에 향유(香油)를 넣어두면 시신이 몇 천년동안 부패하지 않는다. 무덤 하나의 터는 너비가 5리이고, 높이는 50길이며, 꼭대기는 산봉우리처럼 뾰족하며, 가운데에 있는 동굴의 깊이는 3길 4자이고, 너비는 2길 7자이며, 석관(石棺) 하나가 내장되어 있는데 어느 시대에 어떤 왕이 만들었는지는 알 수 없다. 서양에서도 이를 장관으로 여긴다. 페르디난트 페르

---

72 프톨레마이오스(Ptolemaeos): 원문은 '백덕라묵(伯德羅墨)'이다. 프톨레마이오스 1세(B.C.305~B.C.285)는 알렉산드로스대왕의 휘하에 있다가 훗날 프톨레마이오스 왕조를 열었다. 포톨레미 1세라고도 한다.

73 무함마드(Muhammad): 원문은 '마합맥(摩哈麥)'으로, 목한묵덕(穆罕默德), 마합묵(馬哈墨), 마합밀(麻哈密), 모한맥덕(謨罕驀德)이라고도 한다. 영어식 표기인 마호메트(Mahomet)(571?~632)로 널리 알려져 있으며, 이슬람교의 창시자이다.

비스트(Ferdinand Verbiest)[74]의 「세계7대 불가사의」[75]에도 이 무덤 즉 피라미드에 대한 기록이 있다.

누비아[努北阿] 노비아(奴比阿)·노배(怒北)·뉴필아(紐必阿)라고도 한다. 는 이집트의 남쪽에 위치하며, 동쪽으로는 홍해와, 남쪽으로는 에티오피아·쿠르두판(Kurdufān)[76] 두 나라와, 서쪽으로는 니그리티아(Nigritia)[77]와 접해 있으며, 남북의 길이는 3천 리이고 동서의 너비는 2천 리이다. 동남쪽은 험준한 산이 중첩되어 있고 계곡과 하천이 사이사이에 있으며, 서북쪽은 사막이 끝없이 펼쳐져 있다. 나일강 상류의 물들이 굽이굽이 돌아 모여 든다. 그래서 나일 강변에는 옥토가 많고, 나머지는 모두 풀도 자라지 않는 불모지이다. 기후는 이집트보다 훨씬 뜨겁다. 옛날에는 본래 이집트의 남쪽 강역이었으나, 이슬람이 할거한 뒤로는 몇 개의 작은 부락으로 분할되었다. 도광(道光)[78] 2년(1822)에 이집트에 합병되었다. 사람들은 모두 이슬람교도이고, 별

---

74 페르디난트 페르비스트(Ferdinand Verbiest): 원문은 '남회인(南懷仁)'이다. 페르비스트 (1623~1688)는 벨기에 출신으로 1659년 중국에 와서 전도에 일생을 바쳤다. 서양의 천문학과 수학에 통달해 예수회 수사 아담 샬(Adam Schall)을 도와 흠천감(欽天監)에서 근무했다. 강희 원년(1662) 양광선(楊光先)을 중심으로 하는 보수파의 반대 운동에 부딪혀 아담 샬과 함께 북경 감옥에 갇혔다가 보수파 실각이후 다시 흠천감의 일을 맡게 되었다. 궁정의 분수 등을 만들어 강희제의 신임을 받아 공부시랑(工部侍郎)의 직위를 하사받았다. 또한 서양풍의 천문기기를 주조하고 해설한 『영태의상지(靈台儀像志)』(1674) 16권을 출판했으며, 같은 해에 『곤여도설(坤輿圖說)』이라는 세계 지도를 펴냈다.

75 「세계7대 불가사의」: 원문은 '우내칠대굉공기(宇内七大宏工記)'이다. 장조(張潮)의 『우초신지 (虞初新志)』에도 페르비스트의 「칠기도설(七奇圖說)」이 실려 있는데, 같은 내용을 다루고 있다.

76 쿠르두판(Kurdufān): 원문은 '가이다번(哥爾多番)'으로, 가이다분(哥爾多分), 과이다범(科爾多凡)이라고도 한다. 코르도판이라고도 하며, 지금의 수단 중부에 위치한다.

77 니그리티아(Nigritia): 원문은 '니급리서아(尼給里西亞)'로, 니길리서아(尼吉里西亞)라고도 한다. 과거 흑인들이 거주했던 서아프리카 내륙에 해당한다.

78 도광(道光): 청나라 제8대 황제 선종 애신각라민녕(愛新覺羅旻寧)의 연호(1820~1850)이다.

도로 원주민들은 약탈로 먹고 살아 수시로 여행객들의 물건을 강탈한다. 또한 누비아의 아이들을 꼬드겨 이집트에 팔아넘기지만, 이집트의 왕들도 이들을 막지 못했다. 이 나라는 4개의 주로 나누고, 각각 족장을 두어 다스렸는데, 누비아, 동골라(Dongola),[79] 센나르(Sennar),[80] 베자(Beja)[81]가 그것이다. 이 땅에서는 삼베·담배·쌀·술·보리·사탕수수·면화·단향(檀香)·오목(烏木)·상아·금사(金砂) 등이 나며, 낙타와 말이 특히 좋다.

에티오피아[阿北西尼亞] 아팔사니아(阿八思尼阿)·합북(哈北)·아매사니(阿邁司尼)·아비심역(亞毗心域)·마팔아(馬八兒)라고도 한다. 는 누비아의 남쪽에 위치하며, 동쪽으로는 홍해에 이르고, 남쪽으로는 소말리아(Somalia)[82]와 경계하며, 남북의 길이는 2300여 리이고 동서의 너비는 2천여 리에 이른다. 산봉우리가 휘감고 있고 구릉지와 언덕이 섞여있다. 큰 강인 청나일강(Blue Nile R.)[83]은 람하(藍河)라고도 하는데, 하류가 나일강에서 모인다. 토지는 비옥하고 기후는 따뜻하다. 오직 홍해 근해 일대만은 상당히 뜨겁고 벼락이 자주 치며 비가 많이 내린다. 5월에서 10월까지는 거의 절반이 장마라 여행을 다니기가 힘들다. 예로부터 원주민이 살던 지역으로 대국과 왕래한 적이 없기 때문에 연혁을 고찰할 수 없다. 전해오는 이 나라의 오랜 제도에 따르면

---

79 동골라(Dongola): 원문은 '당가랄(當哥辣)'로, 동고래(棟古萊)라고도 한다. 지금의 수단 북부에 위치한다.

80 센나르(Sennar): 원문은 '새나이(塞那爾)'로, 삼납이(森納爾)라고도 한다. 지금의 수단 동부에 위치한다.

81 베자(Beja): 원문은 '찰일사(札日斯)'로, 배일사(北日斯), 패사(貝査)라고도 한다.

82 소말리아(Somalia): 원문은 '아덕이(亞德爾)'로, 아안(亞安)이라고도 한다.

83 청나일강(Blue Nile R.): 원문은 '파륵나새각(巴勒那塞各)'이다. 아랍어로는 바르알아즈라크라고도 한다.

왕족들은 모두 높은 산 위에서 모여 살면서 나라 사람들과 접촉하지 않음
으로써 역심을 품는 것을 막았다. 제위를 이은 사람은 비로소 산을 내려올
수 있었으며, 그렇지 않은 사람은 평생토록 산위에서 갇혀 지냈다. 천주교
와 대진교(大秦敎)를 신봉한다. 대진교는 바로 페르시아가 옛날에 신봉했던 조로아
스터교(Zoroastrianism)[84]이다. 대진이라는 이름은 당나라 사람들이 잘못 전한 것이다. 『페
르시아도설(波斯圖說)』에 자세하게 나와 있다. 민간에서는 싸우고 살육하고 약탈
하는 것을 좋아하며 소를 잡아먹으면서도 도살하지 않고 살점을 잘라 날
것 그대로 먹는다. 별도로 원주민은 혈거생활을 하며 벌레를 잡아먹고 산
다. 들짐승을 잡으면 고기는 먹고, 창자와 짐승의 발바닥은 몸에 묶고 다
니면서 보기 좋다고 여겼다. 이 나라는 7개의 주로 나누고, 각각 족장을 두
어 다스렸는데, 티그레이(Tigray),[85] 곤다르(Gondar),[86] 앙코베르(Ankober),[87] 암하
라(Amhara),[88] 앙고트(Angot),[89] 나레가(Narega),[90] 세메라(Semera)[91]가 그것이다. 이

---

84 조로아스터교(Zoroastrianism): 원문은 '화현교(火祆敎)'로, 배화교(拜火敎), 파사교(波斯敎)라고
    도 한다. 635년 여러 명의 선교사가 페르시아로부터 당나라 장안(長安)에 도착했는데, 중
    국인들은 그들의 신앙 및 사상을 경교, 조로아스터교, 마즈다교(Mazdaism)라 불렀다.

85 티그레이(Tigray): 원문은 '적급륵(的給勒)'으로, 제격뢰(提格雷)라고도 한다.

86 곤다르(Gondar): 원문은 '공달이(公達爾)'로, 공덕이(貢德爾)라고도 한다.

87 앙코베르(Ankober): 원문은 '앙가비이(昂哥卑爾)'이다.

88 암하라(Amhara): 원문은 '앙합랍(昂合拉)'으로, 안합랍(安哈拉), 아모합랍(阿姆哈拉)이라고도
    한다.

89 앙고트(Angot): 원문은 '앙가(昂哥)'로, 안과특(安戈特)이라고도 한다. 에티오피아 북부에 위
    치했던 역사적 지역이다.

90 나레가(Narega): 원문은 '나륵아(那勒亞)'로, 에티오피아 북서부 바히르다르(Bahir Dar)내에 위
    치하는 것으로 추정된다.

91 세메라(Semera): 원문은 '살마랍(薩馬拉)'으로, 지금의 에티오피아 북동부에 위치한 아파르
    주(Afar)의 주도이다.

땅에서는 보리와 밀·조·삼베·꿀·면화·목재 등이 나며, 산에는 사자·표범·너구리가 많이 산다.

　살펴보건대 북아프리카의 동쪽 변방은 대부분 사막지대로 애초에 풀도 자라지 않는 불모지이다. 오직 이집트만이 나일강의 물을 끌어들여 옥토로 변했다. 서북쪽 강역에 위치한 수에즈[蘇爾士] 소엽(蘇葉)이라고도 한다. 는 또한 아라비아·유대국과 인접해 있다. 그래서 동방의 오랑캐들이 상고시대에 이곳까지 흘러들어왔다. 이집트는 제도와 규범을 만들어내고 마침내 유럽 문명의 시작을 열어 몇 대를 거쳐 천 몇 백 년에 이르기까지 번성했다. 다만 나라를 세우고 백성들을 규합함에 오직 구불구불한 나일강 일대에만 의지했을 뿐 넓힐만한 땅도 없고, 지킬 만한 요충지도 없었다. 그래서 페르시아·그리스·로마 등의 대국이 일어났을 때 이집트는 늘 그들의 신하국이 되었다. 이슬람이 강성해졌을 때 결국 점령당해 이름난 땅이 야만의 땅으로 바뀌었다. 누비아는 본래 이집트의 남쪽 강역에 위치해 있었으며, 종족은 비록 야만족이 섞여 있기는 했지만 옛날부터 따로 나라를 세우지는 않았다. 에티오피아는 유럽도 아니고 이슬람도 아닌 예로부터 원주민 부락이었다. 어떤 사람들은 에티오피아가 본래부터 규모가 있는 나라로 서양인들이 말하는 그런 야만적 나라는 아니었다고 한다. 그러나 에티오피아를 이집트와 비교하면 중국과 오랑캐의 구분에 지나지 않는다. 또 원나라 세조(世祖)[92] 때 마팔이(馬八爾)와 구람(俱藍) 두 나라에서 일찍이 조공 왔다. 마팔이는 에티오피아이고, 구람은 누비아인 것 같다. 이것이 아프리카가 중국과 왕래한 처음이다.

　서인도에서 서쪽으로 가면 아덴(Aden)[93]이라는 작은 섬이 나오는데 영국이 차지하고

92　세조(世祖): 원나라 세조 쿠빌라이(1260~1294)이다.

93　아덴(Aden): 원문은 '아정(亞丁)'이다.

있다. 여기서부터 홍해로 들어가 서북쪽으로 4천 리를 가면 뱃길이 끝난다. 이집트의 수에즈에 이르러서 육로로 170리를 가면 바로 지중해의 동남쪽 끝이 나온다. 다시 배를 타고 7천 리를 가면 지브롤터 해협(Strait of Gibraltar)[94]이 나오는데, 바로 대서양이다. 이를 우회해서 남쪽으로 가 아프리카의 서쪽 강역을 둘러서 최남단인 희망봉에 이르러서야 비로소 키를 돌려 동북쪽으로 가는 경우와 비교해보면 1리(里) 당 약 2만 리가 줄어들어 대략 한 달 거리로 계산된다. 다만 수에즈는 육로에서 170리 떨어져 있어 배로 지나갈 수없다. 『해국문견록(海國聞見錄)』에서 "칼로 잘라내지 못하는 것이 한스러울 따름이다"라고 했는데, 바로 이것을 가리키는 것이다. 근래에 영국이 화륜선을 제작하고는 문서를 보내왔다. 인도양에서 출발해 배를 몰고 아덴에 갔다가 홍해로 들어가서 수에즈에 도착했고, 육로로 지중해 동남쪽 끝에 도달했다고 했다. 그곳에서는 화륜선으로 화물을 주고받으며 서쪽으로 배를 몰아 지브롤터 해협을 빠져 나온다. 화륜선은 운항 속도가 매우 빠르고 풍랑도 두려워하지 않아도 되며, 또한 이동 거리도 2만 리 정도 되기 때문에 50일이면 영국 수도에 도착할 수 있다. 명나라 이전부터 유럽은 중국과 교류할 때 모두 이 길을 통해 왔다. 이와 관련된 이야기는 「이슬람 4개국」에 자세히 나온다.

지중해 남쪽 해안에 위치한 북아프리카는 동서의 길이가 약 1만 리에 이르고, 남쪽으로는 사하라사막(Sahara)[95]과 경계하는데, 사막이 띠처럼 끊임없이 이어져 있다. 동쪽은 대부분 사막이고, 서쪽은 산봉우리가 얽혀 있

---

94 지브롤터해협(Strait of Gibraltar): 원문은 '직포라타(直布羅陀)'로, 위아달해협(危亞達海峽), 파이득협(巴爾得峽), 의팔탑해협(義八塔海峽)이라고도 한다.

95 사하라사막(Sahara): 원문은 '살합랍대막(撒哈拉大漠)'으로, 살아랍사막(薩阿拉沙漠)이라고도 한다.

으며, 옛날에는 총칭해서 매디터레니언(Mediterranean)[96]이라고 불렀다. 주나라 성왕(成王)[97] 중엽에 페니키아(Phoenicia)[98]라는 나라가 그리스에서 이곳으로 옮겨와 살면서 국명을 카르타고(Carthage)[99] 가대기(迦大其)라고도 한다. 라고 바꾸고, 지중해의 이권을 독차지하면서 적수가 없을 정도로 부강해졌다. 또 폰투스(Pontus)[100]·누미디아(Numidia)[101] 두 왕국 역시 강대국이다. 『이탈리아 도설(意大里圖說)』에 상세히 나와 있다. 서한 초에 모두 로마에게 멸망당해 로마의 속지가 된지 수백 년이 되었다. 당나라 초에 이슬람교가 아라비아에서 일어났는데, 군사력이 한창 강성했다. 이집트를 장악한 뒤 점차 서쪽으로 강역을 확장하기 시작해 지중해 남쪽 해안에 있는 왕국까지 남김없이 잠식했다. 또한 바다를 건너 스페인을 침략해 그 땅의 80%를 차지했다. 이 당시 포르투갈은 스페인의 서쪽 강역으로, 아직 건국하지 않은 상태였다. 후에 아라비아가 쇠퇴하자 왕국들의 절반이 터키의 차지가 되었다. 이 땅은 네 개의 왕국으로 나뉘는데, 동쪽으로 이집트와 인접한 나라인 트리폴리타니아와, 서

---

96 매디터레니언(Mediterranean): 원문은 '미적덕랍학(美的德拉虐)'으로, 묵력특이륵니안(墨力特爾勒尼安)이라고도 한다.

97 주나라 성왕(成王): 원문은 '성주(成周)'이다. 원래는 서주(西周)의 도성인 낙양(洛陽)을 가리키나, 주공이 성왕을 도와 다스리던 시기에 낙양이 건립되었기 때문에 내용상 성왕으로 번역한다.

98 페니키아(Phoenicia): 원문은 '비니서아국(非尼西亞國)'으로, 비니서아(斐尼西阿), 비니기(腓尼基)라고도 한다.

99 카르타고(Carthage): 원문은 '가이달액(加爾達額)'이다.

100 폰투스(Pontus): 원문은 '분다(奔多)'로, 빈다(賓多), 붕다(崩多), 본도(本都)라고도 한다. 흑해 연안 아나톨리아 지방 북동부에 있던 옛 왕국의 이름으로, 지금의 튀르키예에 위치한다.

101 누미디아(Numidia): 원문은 '입점이달(入占爾達)'로, 옥고이달(玉古爾達), 주고달(朱古達)이라고도 한다.

쪽의 튀니지(Tunisie)[102]는 모두 터키의 속국이다. 더 서쪽에 위치한 알제리(Algérie)[103]는 과거에는 터키에 속했으나 지금은 프랑스에 속한다. 지중해 해구에 위치한 최서단의 모로코(Morocco)[104]는 수니파 이슬람으로 터키에 속해 있지 않다.

트리폴리타니아[的黎波里] 적려불리(的黎不里)·특리파리(特利破里)·직파리(直波里)라고도 한다. 는 이집트의 서쪽에 위치하며 터키의 속국이다. 남북의 길이는 4천 리이고, 동서의 너비는 2500리이며, 땅이 평탄하고 산이 없다. 적내하(的內河)라는 큰 강이 해안을 휘감고 돌아 옥토가 상당히 많으며, 나머지는 모두 사막이다. 사막 중간에 간간히 삘기가 자라는 아주 좁은 땅도 있는데 이슬람이 그곳에서 유목하면서 낙타를 타고 사방에서 출현해 약탈하는 통에 인근에서 이를 걱정한다. 왕위는 대대로 세습되며 여전히 터키의 명을 따르고 있다. 이 나라는 4개의 주로 나뉘는데, 트리폴리(Tripoli)[105]는 수도로 해변에 건설되었다. 또한 바르카(Barca),[106] 페잔(Fezzan),[107] 가다메스(Ghadames)[108]가 있다. 기후가 아주 뜨거운데, 낮에는 덥고 밤에는 추우며, 흉

---

102 튀니지(Tunisie): 원문은 '돌니사(突尼斯)'로, 도니사(都尼司), 토닉국(土匿國)이라고도 한다.

103 알제리(Algérie): 원문은 '아이급이(阿爾及耳)'로, 아이니아(阿爾尼阿), 아이급리아(阿爾及利亞)라고도 한다.

104 모로코(Morocco): 원문은 '마락가(摩洛哥)'로, 마라과(摩羅果), 마록국(馬鹿國)이라고도 한다.

105 트리폴리(Tripoli): 원문은 '적려파리(的黎波里)로, 지금의 리비아 수도이다. 레바논에 위치한 트리폴리와 구별해서 서트리폴리라고도 한다.

106 바르카(Barca): 원문은 '파이가(巴爾加)'로, 파이잡(巴爾卡)이라고도 하며, 키레나이카(Cyrenaica)로도 불렸다.

107 페잔(Fezzan): 원문은 '비삼(非三)'으로, 비찬(費贊)이라고도 하며, 지금의 리비아 남서부에 위치한다.

108 가다메스(Ghadames): 원문은 '아달미(亞達美)'로, 가달매사(加達梅斯)라고도 한다. 지금의 리

년이 자주 든다. 이 땅에서는 가죽·깃털·밀랍·면화·유황·활석(滑石)·단삼
(丹參)·사금이 난다.

튀니지[突尼斯] 도니사(都尼斯)·토닉(土匿)이라고도 한다. 는 트리폴리타니아의
서쪽에 위치하며, 역시 터키의 속국이다. 지형이 북쪽으로 돌출되어 있고,
동쪽과 북쪽 양쪽은 모두 지중해와 인접해 있으며, 남북의 길이는 1500리
이고, 동서의 너비는 8백 리이다. 지세가 평탄하고 사막이 많다. 하천을 따
라 펼쳐져 있는 땅은 아주 비옥하며 해변에는 소금이 넘쳐나고 담수가 부
족하다. 인구는 3백여만 명으로, 모두 편안하게 살면서 무역에 종사하며
강도가 없어 살기 좋은 이슬람 국가로 알려져 있다. 왕은 세습하지 않고 대
중들의 추천을 받아 뽑지만 여전히 터키에게 하명을 청한다. 이 나라는 적
리기아(的里幾亞), 달랍기사(達拉幾斯) 두 지역으로 나뉜다. 수도는 튀니스호
수(Lake of Tunis)[109]가의 높은 언덕 위에 건설했으며, 이름은 국명과 마찬가지
로 튀니스이다. 인구는 10만 명으로, 대부분이 방직으로 먹고 산다. 기후는
후덥지근하며, 이 땅에서는 곡식·보리·올리브유가 나고, 더불어 은·구리·
주석·밀랍·수은·염화암모늄[110] 등의 산물이 나며, 짐승으로는 사자·원숭
이·노루·너구리가 많다. 유럽 각국은 모두 이 나라와 통상한다.

알제리[阿爾及耳] 아이일이(亞爾日耳), 아리액(阿利額)이라고도 한다. 는 튀니지
의 서쪽에 위치하며, 역시 과거에는 터키의 속국이었으나, 지금은 프랑스
의 지배하에 있다. 남북의 길이는 2100여 리이고, 동서의 너비는 1800리이

비아 북서부에 위치한다.

109 튀니스호수(Lake of Tunis): 원문은 '파가사호(波加斯湖)'로, 돌니사호(突尼斯湖)라고도 한다. 튀
니스호는 튀니스와 튀니스만 사이에 위치한 천연석호이다.

110 염화암모늄: 원문은 '요사(硇砂)'이다.

다. 산이 가파르고 산등성이가 굽이굽이 이어져 있으며, 동남쪽의 산봉우리는 하늘높이 치솟아있고 항상 얼음과 눈이 쌓여 있으며, 깎아지른 듯한 연해의 산비탈은 쉽게 오를 수가 없다. 경내에는 사막이 많지만 토양은 아주 비옥하다. 이슬람이 할거한 뒤로 농사일에 더욱 게을러져 논밭이 대부분 황폐해졌다. 이에 앞서 아라비아 이슬람이 스페인을 지배한 지 7백여년 동안 인구가 수백만을 넘어섰다. 명나라 초에 스페인 북부에서 군대를 일으켜 주권을 되찾자 이슬람인은 대부분 알제리로 도망쳐 왔다. 후에 스페인이 다시 항복해온 이슬람인 1백여만 명을 국경 밖으로 몰아내자 이슬람의 대부분이 알제리로 흘러들어왔다. 이슬람인들이 일없이 여기저기 돌아다니면서 도둑질을 해 입에 풀칠하면서 도둑질이 풍속이 되었다. 육지에서는 날랜 기병들이 말을 타고 다니면서 여행객을 노략질하고, 해상에서는 비행정[111]이 출몰해 상선을 약탈했다. 이는 수백년이래로 지중해의 큰 골칫거리였다. 프랑스·영국·미국이 일찍이 해군을 연합해 그들을 소탕한 적이 있었는데, 해안에 올라 그들을 공략하면서 사람은 죽였지만, 재물을 빼앗지는 않았다. 이슬람은 두려움에 수십 년 동안 종적을 감추었다가 얼마 뒤에 다시 횡행하기 시작했다. 도광 초에 프랑스가 대군을 이끌고 정벌하면서 도성을 격파하자 이슬람은 모래벌판으로 달아나 숨었다. 프랑스가 총독을 두어 진수하면서 프랑스 법으로 알제리 국민을 다스리자 도둑이 점차 줄어들었다. 모래벌판에 사는 이슬람이 종종 날랜 기병을 보내 침략해서 재물을 약탈하자 프랑스는 대군을 두어 방비했는데, 이로 인한 비용이 상당했다. 근년에 들어 이슬람 수장이 무리를 모아 공격하면서 재기를

---

111   비행정: 원문은 '비정(飛艇)'으로, 수상기의 일종이다.

도모하고자 했으나, 프랑스가 그들을 물리치고 수장을 죽였다. 이 땅의 인구는 3백만 명이다. 과거에는 7개의 지역으로 구분되었는데, 알제(Alger)[112]는 이 나라의 수도로 산비탈에 건설되었다. 그 밖에 콩스탕틴(Constantine),[113] 마스카라(Mascara),[114] 티터리(Titerie),[115] 슐레프(Chlef),[116] 베르베르(Berber)[117]가 있다. 기후는 온화하고 지진이 많이 일어나며, 이 땅에서는 오곡백과가 많이 난다. 또한 금·은·구리·주석·명반·초석·산호가 난다.

모로코[摩洛哥] 마라각(馬羅各)·마락가(馬落可)·마락가(摩樂哥)라고도 한다. 는 알제리의 서쪽에 위치하고, 북쪽으로는 지중해에, 서쪽으로는 대서양에, 남쪽으로는 사하라사막에 이른다. 지세는 동북쪽에서 서남쪽으로 뻗어 있으며, 남북의 길이는 2500리이고, 동서의 너비는 1500리이다. 아틀라스산맥(Atlas Mountains)[118]이 나라의 중앙을 횡단하고 있다. 사막이 빙 둘러 있어 전답은 적지만 비옥해서 곡식과 과일이 모두 잘 되고 낙타와 말도 많다. 여름철의 혹독한 더위는 바다 바람이 식혀주고, 사막의 뜨거운 열기는 험준한 봉우리가 막아준다. 그래서 기후가 온화하며 사람들이 병에 잘 걸리지 않는다. 인구는 6백만 명으로, 모두 수니파 이슬람이다. 본래 과거에는 아라비

---

112 알제(Alger): 원문은 '아이급이(阿爾及耳)'로, 아이일이(亞爾日耳), 아일이(亞日耳)라고도 한다. 지금의 알제리 수도이다.

113 콩스탕틴(Constantine): 원문은 '강사단적납(岡士丹的納)'이다.

114 마스카라(Mascara): 원문은 '마사가랍(馬斯加拉)'으로, 마사잡랍(馬斯卡拉), 마사잡랍(馬斯卡臘)이라고도 한다.

115 티터리(Titerie): 원문은 '적덕리(的德利)'로, 적특리(迪特里)라고도 한다.

116 슐레프(Chlef): 원문은 '살포(薩布)'로, 지금의 알제리 북부에 위치한 슐레프로 추정된다.

117 베르베르(Berbers): 원문은 '비이배이(卑爾北耳)'로, 패이백사(貝爾伯斯)라고도 한다.

118 아틀라스산맥(Atlas Mountains): 원문은 '아덕랍사(亞德拉斯)'로, 압랍산(押臘山)이라고도 한다.

아의 속국이었으나, 터키가 흥성한 뒤에 지중해 이남의 여러 지역을 남김 없이 차지했는데, 오직 모로코만은 멀리 달아나 온전하게 살아남을 수 있었다. 또한 아라비아가 쇠락한 뒤로 더 이상 모로코를 지배할 수 없자 마침내 모로코는 독립하여 지중해 서쪽의 이슬람 국가가 되었다. 민간에서는 노략질을 즐겨하고 다른 나라 사람을 사로잡으면 억지로 이슬람교로 개종시켰는데, 이를 따르면 풀어주고 그렇지 않으면 감금시켜서 노예로 삼았다. 근년에 들어 영국과 프랑스 두 나라의 사람이 체포되어 투옥된 경우만도 수천 명이었다. 두 나라에서는 병선을 이끌고 모로코를 공격해 도성을 포위했다. 모로코의 왕은 두려움에 떨며 사로잡은 사람들을 모두 풀어주고 점차 물러나기 시작했다. 국왕이 있으며, 전체 6개의 주로 나뉘는데, 바로 모로코, 페스(Fes),[119] 수스(Souss),[120] 달랍합(達拉合), 타필랄트(Tafilalt),[121] 시길메사(Sigilmessa)[122]이다. 수도는 예전에는 모로코였으나 근자에 페스주의 메크네스(Meknes)[123]로 천도했다. 풍속에 따르면 천으로 온 몸을 감싸고, 위에는 허리띠를 묶고, 두건으로 머리를 감싸고 붉은 색 모자를 쓰고, 다양한 색깔의 신발을 신고, 허리에는 도검이나 조총을 찼으며, 말을 타고 누가 빨리 달리는지, 누가 활을 정확하게 쏘는지 시합하기를 좋아한다. 아녀자들은

---

119 페스(Fes): 원문은 '비사(非斯)'이다.

120 수스(Souss): 원문은 '소사(蘇斯)'로, 소새(蘇塞)라고도 한다. 지금의 모로코 중부에 위치하는 수사마사드라(Souss-Massa-Drâa)로 추정된다.

121 타필랄트(Tafilalt): 원문은 '달비륵(達非勒)'으로, 탑비랍륵(塔菲拉勒)이라고도 한다. 모로코 남동부에 있는 사하라사막의 최대 도시이다.

122 시길메사(Sigilmessa): 원문은 '서일이미새(西日爾美塞)'로, 서일미새(西日美塞), 석길이미새(錫吉爾美塞)라고도 한다.

123 메크네스(Meknes): 원문은 '미기내사(美幾內斯)'로, 지금의 모로코 중북부에 위치한다.

꽁꽁 숨겨두었으며, 외출을 할 때는 수건으로 온 몸을 가린 채 두 눈동자만 내놓았다. 돼지고기를 먹지 않고 금주하며, 담배를 즐겨 피우는데 담배는 마 잎으로 만들었다. 이 땅에서는 구리·주석·백랍(白蠟)[124]·약재·면화·목재가 나며, 통상은 활발하지 않다.

서양인이 쓴 페니키아 이야기에 의하면 다음과 같다. 페니키아는 고대 상업 국가이다. 하나라 이전에 서방 사람들은 늙어 죽을 때까지 서로 왕 래하지 않았다. 하나라 중엽에 지혜로운 자가 처음으로 선박과 수레를 창 안해 서로 필요한 것을 교역해서 재화를 축적해 이로써 부를 이루었다. 서 양에서 그 사람들을 페니키아라고 했는데 이를 번역하면 객상이라는 말 이다. 처음에는 바니야스(Baniyas)[125] 해변에서 거주하다가 나중에 그리스에 테베라는 나라를 세웠으나 그리스가 너무 좁아서 페니키아인을 다 수용 할 수 없었다. 『그리스도설(希臘圖說)』에 상세히 나와 있다. 주나라 여왕(厲王) 10년 (B.C.868)에 지중해 남쪽 해안 즉 매디터레니언 묵력특이륵니안(墨力特爾勒尼安) 이라고도 한다. 으로 이주했는데, 번역하면 바로 지중해이다. 토라(土羅) 지금 의 튀니스(Tunis) 땅에 해당한다. 에 수도를 정하고, 다시 나라 이름을 카르타고 [加爾達額] 가대기(迦大其)라고도 한다. 로 개명했다. 당시 지중해 남쪽 해안은 황 폐하고 아직 개발되지 않아 인구도 매우 적었다. 페니키아인이 돈을 내어 도시를 건설하고 시장을 열고 전답을 개간하자 무직자들이 사방에서 무리 지어 몰려왔다. 널리 선박을 정비하고 온갖 상품을 유통하면서 지중해 남 북 양쪽 해안의 이권 대부분을 장악하게 되었다. 다시 바다 건너 스페인을

---

124 백랍(白蠟): 주석합금으로, 로마 시대부터 사용했다.

125 바니야스(Baniyas): 원문은 '파니사적납(巴尼斯的納)'으로, 파니아사(巴尼亞斯)라고도 한다. 지 금의 시리아 북서부에 위치한다.

개척해 속지를 건설했다. 나라는 부유해지고 군사력이 강해져 일시에 그들의 앞길을 막을 자가 없었다.

수십 년이 지나 이탈리아의 로마가 일어났다. 로마가 처음 일어났을 때는 매우 미약했으며 또한 전쟁도 할 줄 몰라 카르타고는 그들을 멸시했다. 지중해에는 두 개의 큰 섬이 있는데 하나는 코르시카(Corsica)[126] 가이서가(可耳西加), 곽사객(郭士喀)이라고도 한다. 이고, 다른 하나는 사르데냐(Sardegna)[127] 사력니아(沙力尼阿), 살지니(撒地尼), 살정(撒丁)이라고도 한다. 로, 모두 로마의 인근에 위치해 있다. 카르타고가 이곳을 점거해서 로마를 핍박하자 로마는 감히 다투지 못했다. 또한 로마의 남쪽 강역과 접하고 있는 시칠리아(Sicilia)[128] 서기리도(西基利島), 서서리아(西西里亞)라고도 한다. 는 본래는 로마에 속했으나 카르타고가 무력으로 강탈했다. 로마가 이를 되찾지 못하자 카르타고는 더욱 교만해졌다.

주나라 현왕(顯王)[129] 연간에 그리스의 마케도니아 왕 알렉산드로스가 대군을 거느리고 페르시아를 정벌했는데, 일부 군대가 카르타고에 이르러 수도인 토라(튀니스 일대)를 공격해 물리치고 8천 명을 죽여 나라가 거의 망할 지경에 이르렀다. 이로부터 카르타고의 명성과 위세는 점차 쇠퇴해진 반면 로마는 날로 강성해졌다. 이 일이 있기 전에 로마는 지상전은 익숙하고 해전에는 익숙하지 않았다. 카르타고가 유리하면 진격하고 불리하면 배를 타고 철수해서 로마는 어찌할 도리가 없었다. 카르타고에서 물이 새

---

126 코르시카(Corsica, Corce): 원문은 '가이새아(哥爾塞牙)'로, 과서가도(科西嘉島)라고도 한다.

127 사르데냐(Sardegna): 원문은 '살이적니아(薩爾的尼亞)'이다.

128 시칠리아(Sicilia): 원문은 '서치리도(西治里島)'이다.

129 현왕(顯王): 주나라 제35대 왕 희편(姬扁)(재위 B.C.368~B.C.321)이다.

는 한 전함을 해안에 버렸는데, 로마가 이를 손에 넣어 그 방식을 모방해서 3개월 만에 전함 1백척을 건조했다. 가이우스 두일리우스(Gaius Duilius)[130]라는 자가 전함을 조종하는 방법을 강구하고 정예병을 훈련시켜 해군으로 만든 뒤에 해상을 왕래하면서 나날이 점차 익숙해져 이로 인해 카르타고를 상대할 수 있게 되었다. 카르타고는 일찍이 로마를 침략해서 장군 레굴루스(Regulus)[131]를 포로로 잡아 로마 군영으로 압송해서 카르타고의 포로와 교환하기를 청했다. 로마의 장군들은 레굴루스의 재능을 아껴 이를 허락하고자 했다. 이에 레굴루스가 눈을 부릅뜨고 "로마를 무너뜨릴 이들은 당신들이오! 전쟁에 나가 사로잡힌 포로를 본국에서 구원한 사례가 없거늘, 나 한 사람 때문에 국법을 무너트리려 하오?"라고 하면서 그들을 질타했다. 레굴루스는 의연히 적진으로 돌아가서 큰 소리로 욕하며 죽었다. 로마 군인들이 모두 눈물을 흘리며 용기백배해지자, 카르타고는 패배해서 달아났고, 로마는 마침내 세 개의 큰 섬을 탈환했다. 카르타고에는 일찍이 하밀카르 바르카(Hamilcar Barca)[132]라는 장군이 있었는데, 로마와 수십 년간 혈

---

130 가이우스 두일리우스(Gaius Duilius): 원문은 '도의략(都義略)'으로, 제1차 포에니 전쟁(B.C.264~B.C.241) 때 카르타고와 벌인 해전에서 큰 승리를 거둔 로마의 지휘관이다. 원문은 '의도략(義都略)'으로 되어 있으나, 역사적 사실에 비추어 '도의략(都義略)'으로 고쳐 번역한다.

131 레굴루스(Regulus): 원문은 '륵고라(勒孤羅)'로, 뢰고로사(雷古魯斯), 루기랍사(累基拉斯)라고도 한다. 마르쿠스 아틸리우스 레굴루스(Marcus Atilius Regulus)(B.C.307 이전~B.C.)로, 기원전 3세기에 활동한 로마의 장군이자 정치가이다. 로마인들에게 신뢰의 본보기로 알려져 있는 인물이다.

132 하밀카르 바르카(Hamilcar Barca): 원문은 '아미리가이(阿迷利加爾)'로, 아미리가이(阿彌利加爾)라고도 한다. 하밀카르(B.C.276~B.C.228)는 카르타고의 군인이자 정치가로, 한니발 장군의 아버지이다. 기원전 247년경 로마 공화정과 카르타고의 제1차 포에니 전쟁 당시 하밀카르는 시칠리아의 카르타고군 사령관으로 참전해서 로마군의 공격을 성공적으로 방어했다.

전을 벌인 유능한 장군으로 알려져 있다. 그의 아들 한니발 바르카(Hannibal Barca)[133] 아니파이(阿尼巴爾)라고도 한다. 는 어려서부터 영민하고 지혜로웠는데, 일찍이 아버지에게 병법을 물은 적이 있었다. 아버지가 그에게 "네가 로마를 멸망시키겠다고 맹세하면 의당 네게 주마."라고 장난스럽게 말했다. 한니발이 유피테르(Jupiter)[134] 예전 각국에서 모셨던 조상신으로, 어느 시대 사람인지는 상세히 알려져 있지 않다. 앞에서 맹세를 하자, 하밀카르는 병법서를 모두 그에게 주었다. 한니발은 성장해 지모와 용맹함이 출중했으며, 로마를 정벌해 여러 차례 승리를 거두었다. 25세에 대장군을 임명받고 스페인 군대를 병합해서 대대적으로 로마를 정벌했다. 군선을 타고 결연한 마음으로 바다에 술을 부으면서 "로마를 멸망시키지 못한다면 이 물처럼 되리라!"라고 했다. 군대가 로마의 남쪽 강역에 이르러 변경의 성을 격파하고 승세를 타서 기습 공격하니, 그 용맹함을 막을 수가 없었다. 로마군이 연전연패를 거듭해 남쪽 강역의 도시들이 모두 함락되었다. 마침내 에브로강(Ebro R.)[135]을 건너 피레네산맥(Pyrenees Mountains)[136]과 알프스산맥(Alps Mountains)[137]을 넘어

---

133 한니발 바르카(Hannibal Barca): 원문은 '한니파(漢尼巴)'이다. 한니발(B.C.247~B.C.183? 181?)은 역사상 위대한 장군 중의 한 명으로, 제2차 포에니 전쟁 당시 이베리아 반도에서 피레네 산맥과 알프스산맥을 넘어 로마 본토인 이탈리아 반도까지 쳐들어가서 극적인 승리를 거두었다.

134 유피테르(Jupiter): 원문은 '입필덕이(入必德爾)'로, 주비특(朱庇特)이라고도 한다. 그리스 신화에 등장하는 최고의 신 제우스(zeus)이다. 역사적 사실에 따르면 카르타고는 달의 여신인 타니트(Tanit)를 섬겼는데, 오류가 있는 듯하다.

135 에브로강(Ebro R.): 원문은 '액백락하(厄伯洛河)'로, 액백락하(阨伯落河), 애포라하(埃布羅河)라고도 한다. 스페인에 위치한 유량이 가장 많은 긴 강으로 알려져 있다.

136 피레네산맥(Pyrenees Mountains): 원문은 '비륵뉴(比勒鈕)'로, 비리우사(比利牛斯)라고도 한다.

137 알프스산맥(Alps Mountains): 원문은 '아이비사(阿爾比斯)'로, 아비사(阿比斯), 아이비사(阿爾卑斯)라고도 한다.

먼 거리를 달려 곧장 진격하니 그 기세가 폭풍우와 같았다. 로마의 속지인 시라쿠사(Siracusa)[138] 역시 로마를 배반하고 카르타고에 붙어 로마는 크게 흔들렸다. 로마의 대장군 파비우스 막시무스(Fabius Maximus)[139]는 무리와 도모하여 "적군의 기세가 한창 올라있어 정면으로 맞서기 어렵다. 적군에게는 속전속결이 유리하니 마땅히 요새를 굳건하게 지켜서 그 군대를 지치게 하고 별도로 정예병을 보내 적군의 후방을 기습한다."라고 했다. 이에 성문을 닫고 굳게 지키면서 몸을 낮추어 적군의 공격을 지연시키고, 별도로 장군 마르켈루스(Marcellus)[140]를 파견해 시라쿠사[141]를 수복하게 하고, 군사를 매복시켜 귀환하는 한니발을 맞이하게 했다. 또한 스키피오 아프리카누스(Scipio Africanus)[142]를 파견해 은밀히 해군을 이끌고 바다를 건너 수도 토라를 습격하게 했다. 수도 토라에서 병력이 부족하자 한니발에게 위급함을 알렸다. 이때 한니발은 로마군과 오랫동안 대치하고 있던 터라 식량이 거의

---

138 시라쿠사(Siracusa): 원문은 '서랍고살(西拉古薩)'로, 서랍고(叙拉古)라고도 한다. 지금의 시칠리아섬에 위치한다.

139 파비우스 막시무스(Fabius Maximus): 원문은 '발비약마서마(發比約馬西摩)'이다. 로마의 대장군 퀸투스 파비우스 막시무스 베루코수스(Quintus Fabius Maximus Verrucosus)(B.C.275~B.C.203)로 여러 차례 집정관을 역임했으며 당시 지구전술을 펼쳐 한니발을 상대했다.

140 마르켈루스(Marcellus): 원문은 '마이새라(馬爾塞羅)'이다. 마르쿠스 클라우디우스 마르켈루스(Marcus Claudius Marcellus)(B.C.268~B.C.208)는 로마 공화정 시대의 군인이자 정치가이다. 그는 기원전 208년에 전사했기 때문에 기원전 203년 카르타고로 소환되는 한니발 군대를 격파했다고 하는 것은 불가능하다.

141 시라쿠사: 원문은 '고서살랍성(古西薩拉城)'으로 되어 있으나, 앞서 나온 '서랍고살'의 오기로 보인다.

142 스키피오 아프리카누스(Pubius cornelius scipo Africanus): 원문은 '서비양(西比揚)'이다. 푸블리우스 코르넬리우스 스키피오 아프리카누스(Publius Cornelius Scipio Africanus)(B.C.?~B.C.211)는 고대 로마의 장군으로 기원전 205년에 집정관으로 임명되었다. 기원전 202년 자마 전투에서 카르타고의 장군 한니발을 무찔러 제2차 포에니 전쟁을 끝낸 것으로 유명한 인물이다.

바닥난 상태였다. 수도가 위급하다는 소식을 듣고는 서둘러서 군대를 철수해 구원에 나섰다. 파비우스가 정예병을 이끌고 은밀히 한니발군의 뒤를 쫓고, 마르켈루스가 기습 군대를 매복시켰다가 돌격해, 한니발군은 앞뒤로 적의 공격을 받게 되었다. 이에 병사들이 크게 무너지고 사상자가 산을 이루자 식량을 버리고 배를 타고는 급히 돌아갔다. 스키피오는 그들이 오는 것을 정탐하다가 해군을 이끌고 바다에서 맞서 공격해 거의 대부분을 불태워 죽였다. 한니발은 홀로 배를 타고 달아나 시리아(Syria)[143] 서리아(叙里亞)라고도 한다. 로 가서 도움을 요청했다. 시리아는 아시아의 대국이다. 당시 로마에게 곤욕을 치르던 그리스의 도시국가들도 시리아에게 구원을 청했다. 시리아 왕 안티오코스 3세(Antiochus III)[144]는 군대를 거느리고 그리스를 도와주러 갔으나, 로마에게 패배하고는 허둥지둥 동쪽으로 달아났다. 로마군이 즉시 뒤를 쫓아 시리아를 포위 공격하자 안티오코스 3세는 땅을 바치고 항복했다. 한니발은 약을 먹고 죽었고 그리스의 도시국가들은 모두 로마에게 항복했다. 이로 인해 카르타고는 고립무원의 처지가 되었으며, 속국들도 대부분 떨어져나갔다. 카르타고는 스스로 망할 날이 얼마 남지 않았다는 것을 알았지만, 일찍이 대국으로 불렸던 때를 생각하면서 로마에 투항하는 것을 부끄럽게 여겼다. 한나라 경제(景帝)[145] 10년(B.C.148)에 로마는 대군을 이끌고 카르타고를 치러 와 수도 토라를 포위했다. 토라는 수비를 견고히 해서 투항하지 않고 부녀자들의 머리카락을 잘라 활시위를

---

143 시리아(Syria): 원문은 '서리아(西里亞)'로, 서리아(西利亞)라고도 한다.

144 안티오코스 3세(Antiochus III): 원문은 '안적약가(安的約哥)'로, 안조극(安條克)이라고도 한다.

145 경제(景帝): 한나라 제5대 황제 유계(劉啓)(재위 B.C.157~B.C.141)이다.

만들어 [공격했는데], 로마군의 사상자가 천여 명에 이르렀다. 로마의 한 대장은 화살과 돌을 무릅쓰고 성을 공격했다. 성이 함락되려하자 카르타고는 성 전체에 직접 불을 질러 태웠다. 로마는 성을 부수어 평지로 만들고 군대를 분산해서 바다 남쪽의 여러 지역을 평정했으며, 다시 군대를 돌려 급히 스페인 정벌에 나섰다. 스페인도 항복해서 페니키아(카르타고)는 마침내 멸망했다.

살펴보건대 북아프리카의 땅 가운데 홍해 서남쪽 해안에 위치한 지역은 아시아와 근접해 있기 때문에 유독 빨리 문호를 개방했다. 지중해 남쪽 해안에 자리한 왕국은 유럽과 가깝기 때문에 페니키아가 앞서 아프리카 영토를 개척했고, 이탈리아가 뒤이어 경영했다. 이슬람이 강성해졌을 때[146] 거의 다 전멸했다. 이집트는 오스만 제국(Osmanlı İmparatorluğu)[147]에 예속된 뒤에 지난날의 흥성했던 문물이 모조리 없어져 버렸다. 또한 지중해 남쪽 해안의 여러 왕국들은 절반 정도가 도적[148]의 소굴이 되었는데, 이는 시대의 추세에 따른 변화로 개탄할 만하구나!

---

146 이슬람이 강성해졌을 때: 이때는 이슬람 아랍의 정통 칼리프 시대이다.

147 오스만제국(Osmanlı İmparatorluğu): 원문은 '토이기(土耳其)'이다.

148 도적: 원문은 '교척(蹻跖)'이다. 본래는 고대의 대도였던 장교(莊蹻)와 도척(盜跖)을 병칭해서 부르는 명칭이나, 뒤에는 도적을 가리키는 말로 널리 사용되었다.

〚 阿非利加北土 〛

阿非利加北土, 在紅海南岸者, 地形自西北而東南. 分三國, 曰麥西, 曰努
北阿, 曰阿北西尼亞. 麥西, 厄日多·扼入多·厄日度·埃及多·以至比多·迤至比多·
伊揖·伊齊不托. 古名厄日多, 在紅海·地中海之間. 北臨地中海, 東臨紅海, 東
北一隅, 與亞細亞之猶太·阿剌伯相連, 西北連的黎波里, 西南連沙漠, 南界
努北阿, 縱橫皆一千七百餘里. 地本沙磧, 有尼羅河從南方發源, 沿紅海之西
岸, 北流入地中海. 兩岸塗泥, 淤爲良田. 河每歲一漲, 且糞且漑. 漲甚則災, 中
則稔. 故近河之地, 阡陌雲連, 戶口繁密. 而去河稍遠, 則平沙浩浩, 曠無人烟.
地少陰雨, 沙漠薰灼, 炎氣逼人. 其立國在有夏之初, 時歐羅·阿非兩土, 草昧
未開, 麥西獨顯, 西土之制度文物, 皆其所創, 鄰近諸部咸臣服. 有商中葉, 希
臘諸國興, 而麥西之權分. 周末, 爲波斯所滅, 後爲希臘之馬基頓所取. 西漢
時, 意大里之羅馬興, 麥西歸降, 爲屬國數百年. 唐初, 阿剌伯取其地, 由是爲
回回部落. 明初, 土耳其取爲別部, 鎮以大酋. 嘉慶三年, 佛郎西大將拿破侖攻
克之. 越三載, 復以其地歸土耳其. 近年麥西酋叛土王, 自立爲國. 土王以大衆
征之, 構兵累年不能勝. 麥西攻土耳其東土諸部, 皆下之. 土王告急於諸鄰, 波
斯欲助土耳其, 因脅取麥西爲藩部. 峨羅斯以大兵入土境, 名爲救土, 將隱圖
之. 英吉利·佛郎西皆勒兵勸和, 其酋乃還所侵地, 復通貢於土耳其爲外藩. 地
分上中下三土, 上中兩土臨紅海, 匝岸雙岡綿亙如夾巷. 下土臨地中海, 坦闊膏
腴, 支河交絡, 爲麥上壤. 共二十五部, 曰加義羅, 其都城也. 曰給里烏波, 曰北
爾卑義斯, 曰師卑, 曰米加馬爾, 曰芒蘇辣, 曰達迷也大, 曰給比爾, 曰當達, 曰
美黎, 曰美奴, 曰內日勒, 曰福阿, 曰達馬奴爾, 曰亞勒散得黎亞, 曰德基塞, 曰

亞德非, 曰白尼隋弗, 曰發雍, 曰迷尼亞, 曰蒙發祿, 曰西干德, 曰齊爾日, 曰給內, 曰挨斯内. 埠頭之最大者, 曰亞勒散得, 馬基頓王亞勒散得之所建也. 昔爲地中海第一埠頭, 今仍爲著名港口. 其國居民二百五十萬, 居都城者三十萬. 兵十二萬, 大戰艦十四隻. 兵多餉重, 賦斂煩苛, 民不聊生. 地產穀·果·麻·靛·蜂蜜·棉花·藥材.

泰西人述麥西古事云: 洪水之後, 有鼻祖曰諾威, 居於美索不達迷亞. 在亞細亞, 今東土耳其地. 生三子, 長曰僭, 次曰剛, 次曰曰肥德. 剛有子曰迷斯拉應, 於夏后啓七歲, 建國於亞非利加之北境, 曰厄日多. 始教民以穡事, 設職官, 造文字. 又建立四部, 曰德巴斯, 曰德利, 曰門非斯, 曰達尼斯. 數傳至亞罷郎, 當夏后不降之五十七歲, 波斯王札的勞摩初肇兵端, 率衆寇厄日多. 厄日多未習兵事, 蒼黃走避, 波斯大掠而去. 亞罷郎率衆追之, 奪所掠而還. 由是始講武備, 兼修法度, 諸小國翕然翼尊爲大主. 嗣位者多賢哲, 益修典制, 分品類, 立官舍, 建倉廩, 宴然康阜者, 蓋數百年. 是時歐羅巴一土, 皆土番散處, 榛狉未變. 有夏之末, 亞細亞人義納孤始抵希臘, 教其民以人事, 一云商盤庚年間, 迦南人桔木始教之, 未知孰是. 昏蒙猶未盡洗. 至商王外壬二祀, 厄日多人灑哥落, 率其邑灑的斯人, 抵希臘之雅典, 建爲亞德納斯國, 一作亞地拿. 始廓然大變其俗. 自是希臘諸國, 日漸昌熾, 而厄日多聲靈稍替矣. 厄日多傳至亞美奴非斯, 渡紅海溺死. 商王祖辛十二祀, 西索斯的黎嗣位, 刻厲自修, 武功文治, 極一時之盛, 號爲中興. 子孫繼緒, 仍爲西土大國. 又傳七百餘年, 日就衰弱. 至波哥黎斯, 爲波斯王岡比斯 一作乾庇西. 所滅, 時周威烈王十六年也. 厄日多隸波斯數十年, 希臘之馬基頓王亞勒散得, 以大兵伐波斯, 取厄日多. 亞勒散得殞於軍, 大將伯德羅墨, 率所部據厄日多, 自立爲王. 西漢時, 羅馬征服之, 地隸羅馬者數百年. 唐初, 摩哈麥興回教於阿剌伯, 厄日多與之接壤, 遂爲所奪. 初, 厄日多爲西土建國之祖, 文物之盛, 諸國無與比. 都城有大庫, 藏書七十萬冊, 稱西土藝林. 迨爲回部所破, 取其書爲薪爨飯, 遂等秦皇之一炬云. 都城外有古王冢數處, 皆基闊頂銳. 棺內貯香油, 尸數千年不腐. 有一冢基闊五里, 高五十丈, 頂似峰尖, 中有洞深三丈四尺, 闊二丈七尺, 內藏石棺一, 不知何代何王所造. 西土以爲異觀. 南懷仁「宇內七大宏工記」有此冢.

努北阿, 奴比阿·怒北·紐必阿. 在麥西之南, 東枕紅海, 南接阿北西尼亞·哥爾多番, 西連尼給里西亞, 長三千里, 廣二千里. 東南峻嶺重叠, 川谷相間, 西北沙漠遼絶. 尼羅河上游諸水, 灣環匯注. 河濱多沃壤, 餘皆不毛. 地氣酷熱, 甚於麥西. 古時本麥西南境, 自回部割據之後, 散爲數小部. 道光二年, 歸麥西兼轄. 居民皆回回, 別有野番, 以劫擄爲生, 行旅時見剽刦. 又誘略努北子女, 賣於麥西, 麥酋不能鈐制之也. 地分四部, 各有酋長, 曰努北阿, 曰當哥辣, 曰塞那爾, 曰札日斯. 地產麻·烟·米·酒·二麥·甘蔗·棉花·檀香·烏木·象牙·金砂, 駝馬尤良.

阿北西尼亞, 阿八思尼阿·哈北·阿邁斯尼·亞毗心域·馬八兒. 在努北阿之南, 東枕紅海, 南界亞德爾, 長二千三百餘里, 廣二千餘里. 山嶺盤迴, 岡陵錯雜. 有大水曰巴勒那塞各, 又名藍河, 下游匯於尼羅. 土田肥沃, 地氣溫平. 惟近紅海一帶頗炎燥, 多迅雷, 多雨. 自五月至十月, 陰霖居半, 行旅艱於跋涉. 自古爲土番部落, 不通上國, 故沿革無考. 相傳其國舊制, 王族皆聚處高山之上, 不與國人交接, 以防異謀. 有嗣位者, 方許下山, 否則禁錮終身. 所奉者, 天主·大秦二敎. 大秦敎, 卽波斯舊奉之火祅敎. 大秦之名, 乃唐人訛傳. 詳『波斯圖說』. 俗好爭鬥殺掠, 食牛不宰, 臠割而生啖之. 別有野番, 穴地而居, 捕蟲豸爲食. 得野獸, 食其肉, 纏其腸, 繫其蹄於身, 以爲觀美. 國分七部, 各有酋長, 曰的給勒, 曰公達爾, 曰昂哥卑爾, 曰昂合拉, 曰昂哥, 曰那勒亞, 曰薩馬拉. 產二麥・粟米・麻・蜜・棉花・木料, 山中多獅・豹・山狗.

　　按北亞非利加之東偏, 地多沙漠, 本不毛之土. 獨麥西得尼羅河之淤灌, 變爲沃壤. 其西北境之蘇爾士, **又作蘇葉.** 又與阿剌伯・猶太接連. 故東方夷族, 上古時卽轉徙至此. 其創制規爲, 遂爲歐羅巴開風敎之始, 歷數至一千數百年, 可謂盛矣. 惟立國鳩民, 僅傍尼羅河蜿蜒一帶, 無地可擴, 無險可守. 故波斯・希臘・羅馬諸大國興, 麥西恒爲之臣. 迨回部既強, 遂爲所吞噬, 而名土變膻俗矣. 努北阿本麥西南部, 其種人雖雜野番, 而自古別無立國. 阿北西尼亞不歐不回, 自古爲土番部落. 或謂其國尙有規模, 不至如泰西人所云之荒陋. 然較之麥西, 不啻有華夷之別矣. 又元世祖時, 馬八爾・俱藍兩國曾入貢. 馬八爾卽阿北西尼亞, 俱藍似卽努北阿. 是爲阿非利加通中國之始.

　　由西印度西行, 有小島曰亞丁, 英吉利之所據也. 由此入紅海, 西北行四千里而港盡. 至麥西之蘇爾士, 行旱路一百七十里, 卽地中海之東南隅. 再舟行七千里, 出直布羅陀海口, 卽大西洋海. 較之紆迴南嚮, 繞阿非利加之西境, 至極南之岌樸而始轉舵東北者, 計里約減二萬, 計程約近一月. 惟蘇爾士隔旱路一百七十里, 舟楫不能通行. 『海國聞見錄』謂, "恨不用刀截斷"者, 卽指此也. 近年英吉利製火輪船, 遞送文書. 由印度海駛至亞丁, 入紅海, 至蘇爾士, 行旱路至地中海東南隅. 彼處有火輪船接遞, 西駛出直布羅陀海口. 火輪船行駛甚速, 不畏風浪, 而計程又近二萬里, 故五十日可達英倫國都. 自明以前, 歐羅巴通中國, 皆由此路. **說詳『回部四國』.**

　　阿非利加北土, 在地中海南岸者, 東西長約萬里, 南界撒哈拉大漠, 綿延如帶. 迤東多沙磧, 迤西山嶺錯雜, 古時總名美的德拉虐. 成周中葉, 有非尼西亞國者, 由希臘遷居於此, 名其國曰加爾達額, 一作迦大其. 擅地中海之利權, 富強

無敵. 又有奔多·入占爾達兩部, 亦強國. 詳『意大里圖說』. 西漢初, 皆爲羅馬所滅,
地屬羅馬者數百年. 唐初, 回敎興於阿剌伯, 兵力方強. 旣得麥西, 漸拓而西,
地中海南岸諸部, 蠶食無遺. 又渡海侵西班牙, 割其國十分之八. 時葡萄牙係西
班牙西境, 尙未立國. 後阿剌伯衰, 諸部半爲土耳其所奪. 地分四國, 迤東接麥西
者, 曰的黎波里, 迤西曰突尼斯, 皆土耳其屬國. 再西曰阿爾及耳, 舊屬土耳其,
今歸佛郞西. 極西抵地中海口門者, 曰摩洛哥, 係紅帽回回, 不屬土耳其.

的黎波里, 的黎不里·特利破里·直波里. 在麥西之西, 土耳其屬國也. 長四千
里, 廣二千五百里, 夷坦無山. 有大河曰的內, 匝岸頗有腴壤, 餘皆沙漠. 沙中
間有片土生茅草, 回族游牧其中, 騎健駝四出剽掠, 鄰境患之. 國有王世繼, 仍
請命於土耳其. 分四部, 其的黎波里, 其都城也, 建於海濱. 曰巴爾加, 曰非三,
曰亞達美. 地氣酷熱, 晝暑夜寒, 多歉歲. 土產皮·羽·蠟·棉花·硫磺·滑石·
丹參·金砂.

突尼斯, 都尼斯·土匿. 在的黎波里之西, 亦土耳其屬國. 地形北出, 東北兩
面, 皆臨地中海, 長一千五百里, 廣八百里. 地勢平坦, 沙磧居多. 沿河之土極
腴, 海濱鹵斥, 乏淡水. 戶口三百餘萬, 皆安居貿易, 無劫盜之俗, 稱回部善國.
王不世及, 由衆推擧, 仍請命於土耳其. 地分兩部, 曰的里幾亞, 達拉幾斯. 都
城建於波加斯湖濱高阜之上, 與國同名. 居民十萬, 多以織布爲業. 地氣濕熱,
產穀·麥·橄欖油, 兼產銀·銅·錫·蠟·水銀·硇砂, 獸多獅·猴·獐·山狗.
歐羅巴各國, 皆與通商.

阿爾及耳, 亞爾日耳·阿利額. 在突尼斯之西, 舊亦土耳其屬國, 今爲佛郞西
藩部. 長二千一百餘里, 廣一千八百里. 山岩嶄峭, 岡阜紆蟠, 東南峰巒插霄漢,
常積冰雪, 沿海山坡斗削, 躋攀不易. 境內多沙磧, 而土最膏腴. 自回族割據之
後, 農功疏惰, 田多荒蕪. 先是阿剌伯回族, 據西班牙七百餘年, 生齒逾數百萬.

60

明初, 西班牙北部起兵恢復, 回族多逃回阿爾及耳. 後西班牙復驅逐降回百餘萬出境, 大半亦轉徙入阿爾及耳. 回民失業流離, 攘肤糊口, 習爲盜俗. 陸則飛騎馳騁, 剽掠行旅, 水則飛艇出没, 截劫商船. 數百年來, 爲地中海之大患. 佛郎西·英吉利·米利堅嘗會舟師剿之, 登岸攻略, 戮其人, 不取其貨. 回族震讋, 斂迹數十年, 已而復肆. 道光初, 佛郎西以大兵征之, 破其都城, 回族逃遁沙野. 佛以大酋鎮之, 治其民以佛法, 盜踪稍斂. 回族之在沙野者, 時時飛騎侵掠, 佛以重兵防守, 所費甚巨. 近年回酋復聚大衆來攻, 欲圖興復, 爲佛所破, 戮其酋. 其地戶口三百萬. 舊分七部, 曰阿爾及耳, 其都城也, 建於山坡. 曰岡士丹的納, 曰馬斯加拉, 曰的德利, 曰薩布, 曰卑爾北耳. 氣候溫平, 多地震, 產五穀果實. 又產金·銀·鐵·錫·礬·硝·珊瑚.

摩洛哥, 馬羅各·馬落可·摩樂哥. 在阿爾及耳之西, 北枕地中海, 西距大西洋海, 南抵撒哈拉大漠. 地勢由東北而西南, 長二千五百里, 廣一千五百里. 有大山曰亞德拉斯, 橫亘國中. 沙磧環匝, 田少而腴, 穀果皆宜, 駝馬亦蕃庶. 夏季酷熱, 海風解之, 沙漠薰氣, 峻嶺蔽之. 故地氣溫平, 人少疾疫. 居民六百萬, 皆紅帽回回. 舊本阿剌伯屬國, 土耳其既興, 海南諸部, 席捲無遺, 獨摩洛哥以鴛遠獲全. 而阿剌伯衰弱已甚, 無復羈縻, 遂獨立爲海西回國. 俗好擄掠, 擄得他國之人, 強令入回敎, 從則釋, 否則囚錮爲奴. 近年英佛兩國之人, 遭擄禁者數千. 兩國以兵船攻之, 圍其都城. 其王震恐, 盡釋被擄者, 由是稍稍斂迹. 國有王, 分六部, 曰摩洛哥, 曰非斯, 曰蘇斯, 曰達拉哈, 曰達非勒, 曰西日爾美塞. 都城舊在摩洛哥, 近遷於非斯部之美幾内斯. 其俗以布纏身, 上束帶, 巾包頭, 戴紅帽, 著各色履, 腰插刀劍, 挎鳥槍, 好馳馬角勝, 習射頗精. 關婦女甚嚴, 出門帕蓋全身, 惟露兩眸. 禁食豬肉, 禁飲酒, 喜吸烟, 烟以麻葉爲之. 地產銅·錫·白蠟·藥材·棉花·木料, 通商不廣.

泰西人記非尼西亞古事云: 非尼西亞, 古商賈之國. 自夏以前, 西土之人, 老死不相往來. 有夏中葉, 智者始創舟車, 貿遷有無, 居積財貨, 以此致富. 西土名其人曰非尼西亞, 譯言客商也. 始居於巴尼斯的納海濱, 後有立國於希臘者, 曰德巴斯. 詳『希臘圖說』. 希臘隘不能容. 周厲王十年, 有遷於地中海之南岸者, 曰美的德拉虐, 一作墨力特爾勒尼安. 卽譯言地中海也. 定都城於土羅, 卽今突尼斯地. 更國名曰加爾達額. 一作加大其. 時地中海南岸, 荒穢未闢, 人戶稀疏. 非尼西亞人出其貨財, 建城邑, 立市廛, 墾田野, 四方無業之民群往歸之. 益治舟楫, 流通百貨, 地中海南北兩岸, 利權大半歸其掌握. 復跨海辟西班牙, 建爲藩部. 國富兵強, 一時無抗顏行者.

越數十年, 而意大里之羅馬興. 羅馬初興, 甚微弱, 且不習兵事, 加爾達額視之蔑如. 地中海有二大島, 曰哥爾塞牙, 一作可耳西加, 又作郭土喀. 曰薩丁, 一作沙力尼阿, 又作撒地尼, 又作撒丁. 皆附近羅馬, 加爾達額據之以逼羅馬, 羅馬不敢爭. 又西治里島, 一作西基利, 又作西西里亞. 與羅馬南境相接, 本屬羅馬, 加爾達額以兵力強奪之. 羅馬亦不能取, 由是益驕.

周顯王年間, 額力西之馬基頓王亞勒散得, 以大兵伐波斯, 游兵至加爾達額, 攻破土羅, 屠八千人, 國幾亡, 從此聲威頓削, 而羅馬日益強. 先是羅馬習陸攻, 不習水戰. 加爾達額勝則進攻, 失利則張帆揚去, 羅馬無奈何. 加爾達額有戰艦穿漏, 拋泊海岸, 羅馬得之, 仿其式, 三月而造成百艘. 有都義略者, 講求駕駛之法, 簡勁卒練爲水軍, 往來海道, 日益嫻熟, 由是與加爾達額爲勁敵. 加爾達額嘗侵羅馬, 虜其將勒孤羅, 押送羅馬營, 請易俘囚. 羅馬帥惜其才, 將許之. 勒孤羅張目叱之曰: "亡羅馬者諸君也! 出戰被俘, 本國從無救贖之例, 乃欲以一人壞國法耶?" 毅然反敵營, 大罵而死. 羅馬軍人人雪涕, 勇氣百倍, 加爾達額敗績遁去, 遂奪回三大島. 加爾達額有夙將阿米利加爾, 與羅馬血戰數十年, 稱爲能軍. 有子曰漢尼巴, 一作阿尼己爾. 幼敏慧, 嘗詢父以兵法. 父戲之曰: "爾能矢志滅羅馬, 當授爾." 漢尼巴卽設誓於入必德爾之前, 古時各國所奉宗祠之神, 未詳何時人. 阿迷利加爾悉以韜略授之. 漢尼巴既長, 謀勇過之, 伐羅馬屢奏捷. 年二十五, 拜爲大帥, 合西班牙之兵, 大擧伐羅馬. 登舟, 慷慨酹酒海中, 曰: "不滅大敵, 有如此水!" 師抵羅馬南境, 破其邊城, 乘勝急攻, 銳不可遏. 羅馬軍四戰四北, 南境諸城皆陷. 遂渡厄伯落河, 越比勒鈕·阿而比斯峻嶺, 長驅直進, 勢如風雨. 羅馬屬部西拉古薩, 亦叛附加爾達額, 羅馬大震. 羅馬大帥發比約馬西摩與衆謀曰: "虜氣方盛, 難與爭鋒. 客兵利速戰, 宜堅壘以老其師, 而別以奇兵襲其後." 乃閉城拒守, 爲卑辭以緩攻, 而遣別將馬爾塞羅, 收復西拉古薩城, 因伏兵邀其歸路. 又遣西比揚, 潛以舟師渡海襲土羅. 土羅兵少, 告急於漢尼巴. 是時漢尼巴方與羅馬軍相持日久, 食垂盡. 聞都城警報, 急撤兵回救. 發比約馬西摩率勁兵潛躡之, 而馬爾塞羅伏奇兵, 突出邀擊, 漢尼巴前後受敵. 兵大潰, 死傷山積, 棄輜重, 登舟急發. 西比揚偵其將至, 率舟師邀截於海中, 焚斬殆盡, 漢尼巴以單舸遁, 乞援於西里亞. 一作西利亞. 西里亞者, 亞細亞大國. 時希臘諸部爲羅馬所困, 亦求救於西里亞. 其王安的約哥帥師救希臘, 爲羅馬所敗, 狼狽東走. 羅馬軍踵至圍攻, 安的約哥納土降. 漢尼巴仰藥死, 希臘諸國皆降於羅馬. 由是加爾達額孤立無援, 屬部多離畔. 自知亡在旦夕, 顧以夙稱大國, 恥於納款. 漢景帝十年, 羅馬以大兵伐加爾達額, 圍土羅. 土羅堅守不下, 截婦女髮爲弓弦, 羅馬軍死者千餘. 羅馬有大將, 冒矢石進攻. 城將陷, 加爾達額闔城擧火自焚. 羅馬毀其城爲平地, 因分兵略定海南諸部, 復回兵急征西班牙. 西班牙亦降, 非尼西亞遂亡.

按亞非利加北土, 在紅海西南岸者, 近亞細亞, 故開風氣獨早. 在地中海南岸者, 近歐羅巴, 故非尼西亞國啓疆於前, 意大里亞耘鋤於後. 迨回部既強, 噬滅殆盡. 麥西既隷土耳其, 曩時文物之盛, 已掃蕩無遺. 而地中海南岸諸部, 乃半化爲蹻跖之巢穴, 時勢之變遷, 可慨也夫!

［ 중앙아프리카 ］

　　중앙아프리카 이북에는 사하라(Sahara) 마목이리(麻木爾厘)라고도 한다. 사막
이 가로 걸쳐 있는데, 동서로는 9천 리, 남북으로는 3천 리에 이른다. 바람
이 불면 천지가 어두컴컴해지고 모래가 쌓여 언덕이 생겨난다. 기후는 찌
는 듯이 덥고 물 한 방울도 없으며, 나뭇가지 하나만큼의 그늘도 없다. 사
막을 걸어가면 종종 숨이 차서 죽기도 하고, 모래바람에 목이 메어 죽기도
한다. 그래서 사막을 갈 때는 모두 낙타를 이용하는데, 갈증이 심해 물을
마실 수 없을 때는 낙타를 죽여 그 피를 마시기도 하고, 낙타의 위 속에 저
장되어 있는 물을 마시기도 한다. 사막에서 어쩌다가 오아시스를 만나기
도 하는데, 오아시스는 해상의 섬과 같은 곳으로 샘이 있고 풀이 자라고 있
어 여행객들은 이에 의존해 목숨을 건진다. 동쪽 변방의 사막에 쿠르두판
과 다르푸르(Darfur)[1]라는 두 이슬람 왕국이 있고, 더 남쪽으로 사막 끝까지
가면 다시 땅이 보이는데, 강줄기와 계곡이 있어 초목이 무성하고, 사람들
은 모두 흑인으로 역시 이슬람교를 믿는다. 많은 왕국이 있는데, 총칭해서
니그리티아라고 부른다.

　　쿠르두판은 누비아의 서남쪽에 위치하며, 남북의 길이는 약 1500리이
고, 동서의 너비는 약 1200리이다. 북쪽 지경은 사막이 빙 둘러 있고, 남쪽
경내에는 산과 언덕이 뒤섞여 있으며, 화산이 때때로 화염을 토해내고 있

1　　다르푸르(Darfur): 원문은 '달이부이(達爾夫耳)'로, 지금의 수단 공화국 서쪽에 위치한다.

고, 기후는 아주 뜨겁다. 알아랍강(Bahr al-Arab)[2]이라는 큰 하천이 나라의 중앙을 관통해 흐르고 있다. 강 양쪽해안으로 옥토가 많아 기장 농사에 적합하며 사람들은 모두 이슬람교를 신봉한다. 이 나라는 왕을 세우지 않고 수장을 두어 통제했으며, 이집트의 지배를 받는다. 주도는 엘오베이드(El Obeid)[3]이고, 바라(Bara)[4]라는 또 다른 도시가 있는데, 상인들이 모이는 곳이다. 이 땅에서는 면화와 철기가 생산된다.

다르푸르 타불(他弗)이라고도 한다. 는 쿠르두판 서쪽에 위치하며, 남북의 길이는 약 1250리이고 동서의 너비는 약 8백 리이다. 북쪽 강역은 사막이 많고 남쪽 경내에는 옥토가 많아 수목이 숲을 이룰 정도로 무성하다. 기후는 아주 덥고 토양은 기장 농사에 적합하며 사람들은 모두 이슬람족이다. 민간에서는 농사를 중시해 매년 국왕이 추장들을 데리고 직접 밭을 일구며 농사를 권장한다. 이 의식은 이 땅에서만 보이는데, 역시 기이한 일이다. 무역이 아주 번성하다. 변경 지역에는 도적이 많다. 상인들은 모두 대오를 이루어 다니며, 매번 1천여 명의 사람에 수천마리의 낙타가 다녀 야영할 때는 마치 군대진영 같다. 수도는 코비(Cobbe)[5]이며, 국왕은 엘파셰르(El Fasher)[6]에서 거주하며. 이 땅에서는 황마(黃麻)·후추·담배·상아·목재·향료가 나며, 또

---

2 알아랍강(Bahr al-Arab): 원문은 '파륵랍비아(巴勒拉比亞)'이다. 지금의 남수단을 흐르는 강으로, 나일강의 서쪽 지류이다.

3 엘오베이드(El Obeid): 원문은 '아비덕(疴卑德)'으로, 과비덕(科卑德), 오배이덕(烏拜伊德)이라고도 한다. 지금의 수단 중부에 위치한다.

4 바라(Bara): 원문은 '파랍(巴拉)'으로, 파랍(巴臘)이라고도 한다.

5 코비(Cobbe): 원문은 '가비(曷卑)'이다.

6 엘파셰르(El Fasher): 원문은 '이발사이(爾發舍爾)'로, 법석이(法席爾)라고도 한다. 지금의 수단 북다르푸르주의 주도이다.

한 옥문석(玉紋石)·초석(硝石)·염화암모늄이 난다.

니그리티아는 수단(Sudan)[7]이라고도 한다. 니그리티아는 사하라사막의 남쪽에 위치하고, 남쪽으로는 킬리만자로산(Mount Kilimanjaro)[8]과 인접해 있으며, 아프리카 중앙에 해당한다. 남북의 길이는 약 6천 리이고, 동서의 너비는 약 4200여 리에 이른다. 지형은 평평하고 광활하며, 하천과 사막이 사이사이에 있다. 하천가의 전답은 대부분 비옥해서 벼와 기장농사에 적합하고, 목재와 과일, 야채도 모두 재배된다. 이 땅은 적도 인근에 위치해 있어서 뜨거운 열기가 차올라 풍토병이 되고, 독충과 해충이 많으며, 다른 나라 사람들이 이곳에 오면 번번이 병에 걸려 죽기 때문에 예로부터 다른 땅과 교류하지 않았다. 영국이 일찍이 사람을 보내 알아보러 왔다가 어떤 사람은 풍토병에 걸려 죽고 어떤 사람은 원주민에게 살해당하기도 해서 결국은 알 방법이 없었다. 또 화륜선을 이용해 나이저강(Niger R.)[9] 하류에서부터 들어왔는데, 선원들의 반이 죽어 나가 보고 들을 방법이 없어 돌아갔다. 이 나라는 보르누(Bornu),[10] 바그에르메(Baghermeh),[11] 베르구(Bergu),[12] 상

---

7 수단(Sudan): 원문은 '소단(蘇丹)'이다.

8 킬리만자로산(Mount Kilimanjaro): 원문은 '악산(岳山)'이다. 위치상 킬리만자로산으로 추정된다.

9 나이저강(Niger R.): 원문은 '니일이하(尼日爾河)'로, 니액하(尼額河)라고도 한다.

10 보르누(Bornu): 원문은 '파이노(波爾奴)'로, 박이낙(博爾諾)이라고도 한다. 카넴-보르누제국(Kanem-Bornu)이 있었던 곳으로, 지금의 나이지리아 북동부에 위치한다.

11 바그에르메(Baghermeh): 원문은 '파야이미(巴也爾美)'로, 파야이미(巴耶爾美), 파격이매(巴格爾梅), 패가이매(貝加爾梅)라고도 한다.

12 베르구(Bergu): 원문은 '배이고(北爾古)'로, 패이고(貝爾古)라고도 한다.

가라(Sangara),[13] 보르(Bor),[14] 캉칸(Kankan),[15] 와술로(Oassulo),[16] 알타밤바라(Alta Bambarra),[17] 비스코밤바라(Bixco Bambarra),[18] 마시나(Masina),[19] 바난(Banan),[20] 디리만(Diriman),[21] 팀북투(Timbuktu),[22] 야우리(Yauri),[23] 니페(Niffe),[24] 보르구(Borgou),[25] 야리바(Yarriba),[26] 베냉(Benin),[27] 쿠아(Qua),[28] 콩(Kong),[29] 칼라나(Calana),[30] 다곰바

---

13   상가라(Sangara): 원문은 '상가랍(桑加拉)'으로, 상가랍(桑加臘)이라고도 한다.

14   보르(Bor): 원문은 '불륵(不勒)'으로, 포륵(布勒), 포리(布里)라고도 한다.

15   캉칸(Kankan): 원문은 '강천(岡千)'으로, 강강(康康)이라고도 하는데, 지금의 기니에 위치한다.

16   와술로(Oassulo): 원문은 '와나소륵(窩那蘇勒)'으로, 와소락(瓦蘇洛)이라고도 하는데, 캉칸의 동쪽에 위치한다.

17   알타밤바라(Alta Bambarra): 원문은 '상방파랍(上邦巴拉)'으로, 상반파랍(上班巴臘)이라고도 하는데, 말리 세구(Segou)에 위치한다.

18   비스코밤바라(Bixco Bambarra): 원문은 '하방파랍(下邦巴拉)'으로, 하반파랍(下班巴臘)이라고도 하는데, 말리 몹티(Mopti)에 위치한다.

19   마시나(Masina): 원문은 '마석나(馬昔那)'로, 말리 세구에 위치한다.

20   바난(Banan): 원문은 '파난(巴難)'으로, 파남(巴南)이라고도 한다.

21   디리만(Diriman): 원문은 '적륵남(的勒南)'으로, 적리만(迪里曼)이라고도 한다.

22   팀북투(Timbuktu): 원문은 '정불각도(丁不各都)'로, 정포각도(丁布各都)라고도 한다.

23   야우리(Yauri): 원문은 '아오리(牙烏利)'로, 아오리(亞烏里), 우리(尤里)라고도 한다.

24   니페(Niffe): 원문은 '니비(尼非)'로, 니비(尼菲)라고도 한다.

25   보르구(Borgou): 원문은 '파이고(波爾古)'로, 박이고(博爾古)라고도 하는데, 지금의 베냉 중부에 위치해 있다.

26   야리바(Yarriba): 원문은 '아려파(牙黎巴)'로, 아리파(亞里巴), 애야오(埃耶奧)라고도 한다.

27   베냉(Benin): 원문은 '배응(北凝)'으로, 배녕(北寧)이라고도 하는데, 지금의 나이지리아에 위치한다.

28   쿠아(Qua): 원문은 '과(瓜)'로, 지금의 나이지리아 동남부 일대에 위치한다.

29   콩(Kong): 원문은 '공(公)'으로, 지금의 말리 남부 일대이다.

30   칼라나(Calana): 원문은 '가랍나(加拉那)'로, 잡랍납(卡拉納)이라고도 한다.

(Dagomba)[31] 등 22개 주로 나뉜다. 각 지역은 각기 수장을 두어 다스리면서 서로 간섭하지 않으며, 때때로 서로 공격해서 포로를 잡으면 노예로 삼았다. 원주민은 모두 흑인으로, 이슬람교를 믿는다. 남자들이 놀기를 좋아해서 경작이나 무역은 모두 여자가 맡아 했다. 그래서 아내를 맞아들이면 재물을 모을 수 있었으며, 수장들은 각각 수백 명의 아내를 거느렸다. 이 땅에서는 마·면·담배·인디고·상아·사금·가죽 등이 난다.

살펴보건대 중앙아프리카 이북의 사막에 있는 두 이슬람지역 쿠르두판과 다르푸르는 모두 북방에서 이동해 왔으며, 북아프리카 트리폴리타니아의 여러 지역과 비슷하다. 사막의 남쪽은 땅이 비옥하고 넓어 흑인들이 각각 부락을 이루어 살지만, 기후와 풍토가 나쁘고 사람들도 어리숙하다. 영국과 같은 호사가들이 육상과 수상으로 여러 차례 왔지만, 장건(張騫)[32]이 공을 세우지 못한 것처럼 그들도 결국 그곳에 대해 상세하게 알아낼 수 없었다.

---

31 다곰바(Dagomba): 원문은 '달공파(達公巴)'로, 달공파(達貢巴)라고도 한다. 다그밤바(Dagbamba)라고도 하는데, 지금의 가나 북부에 위치한다.

32 장건(張騫): 원문은 '박망(博望)'으로, 바로 한나라 장건의 봉호이다. 장건(B.C.164~B.C.114)은 전한의 장군으로 한무제의 명에 따라 흉노에 대항해 동맹을 체결하기 위해 대월지에 가서 서역에 대한 다양한 정보를 가져온 실크로드의 개척자이다.

〚 阿非利加中土 〛

非利加中土, 迤北沙漠橫亘, 稱爲撒哈拉, 又名麻木爾厘. 東西九千里, 南北
三千里. 風起則天地昏暗, 沙隨處堆積爲邱陵. 天氣酷熱, 無滴水, 無一枝之蔭.
行路者往往喘息死, 或爲風沙噎斃. 行沙中皆用駝, 渴極不得飮, 則殺駝吸其
血, 或飮其胃中之存水. 中間偶遇片土, 如海中之洲島, 有水泉草木, 行旅賴以
存濟. 東偏沙中有回部二, 曰哥爾多番, 曰達爾夫耳, 再南行盡沙漠, 復見壤土,
有河道溪澗, 草木暢茂, 人皆黑番, 亦從回教. 部落甚多, 總名曰尼給里西亞.

哥爾多番, 在努北阿之西南, 長約一千五百里, 廣約一千二百里. 北境沙漠
環繞, 南界山陵錯雜, 火峰時吐烟焰, 地氣炎熱. 有大河貫國中, 曰巴勒拉比亞.
兩岸多沃田, 種宜黍稷, 居民皆奉回教. 國無王, 鈐以頭人, 爲麥西所役屬. 會
城曰病卑德, 別有城曰巴拉, 爲商賈萃集之地. 產棉花·鐵器.

達爾夫耳, 一作他弗. 在哥爾多番之西, 長約一千二百五十里, 廣約八百里.
北境沙漠居多, 南界有腴壤, 樹木成林. 地氣熇烈, 土宜黍稷, 居民皆回回. 俗
重農功, 每歲, 國王率酋長躬耕, 以勸農事. 此禮乃見於此地, 亦異事也. 貿易頗盛.
邊境多暴客. 商旅皆結隊以行, 每隊千餘人, 駝數千行, 宿如營陣. 都城曰哥卑,
國王居於爾發舍耳. 土產黃麻·胡椒·烟葉·象牙·木材·香料, 又產玉紋石·
硝·硇砂.

尼給里西亞, 又名蘇丹. 在撒哈拉大漠之南, 南接岳山, 亞非利加之中原也.
長約六千里, 廣約四千二百餘里. 地形坦闊, 湖河與沙磧相間. 河濱田多膴腴,
穀宜稻黍, 材木果實蔬菜皆備. 地近赤道, 炎氣蒸爲瘴癘, 多毒蟲惡豸, 他國人
到輒病死, 故自古未通別土. 英吉利嘗遣人探之, 或染瘴死, 或爲土番所殺, 迄

不得端耗. 又用火輪船從尼日爾河下游駛入, 水手半死亡, 無所聞見而歸. 地分二十二部, 曰波爾奴, 曰巴也爾美, 曰北爾古, 曰桑加拉, 曰不勒, 曰岡千, 曰窩那蘇勒, 曰上邦巴拉, 曰下邦巴拉, 曰馬昔那, 曰巴難, 曰的勒南, 曰丁不各都, 曰牙烏利, 曰尼非, 曰波爾古, 曰牙黎巴, 曰北凝, 曰瓜, 曰公, 曰加拉那, 曰達公巴. 諸部各有酋長, 不相統轄, 時時相攻, 獲俘則以爲奴. 土番皆黑面, 奉回敎. 男好逸, 耕作貿易, 皆女爲之. 娶婦則致富, 其酋各有婦數百. 土產麻·棉·烟·象牙·金沙·皮革.

按阿非利加中土, 迤北沙中兩回部, 皆由北方轉徙而來, 與北土之的黎波里諸部同. 沙南地沃而廣, 黑番各分部落, 而水土毒惡, 人類粗頑. 好事如英吉利, 舟車數往, 博望無功, 竟不能得其詳也.

⟦ 동아프리카 ⟧

동아프리카는 인도양의 서쪽 해안에 위치한다. 홍해의 하구 밖에서 부터 지형이 동북쪽에서부터 비스듬히 깎여 서남쪽에 이르기까지 길이 가 약 9천 리에 이른다. 이북에는 이슬람인과 흑인이 함께 살고 있으며 이 남에는 모두 흑인이 살고 있다. 이 땅에서는 사금과 약재가 많이 나, 원주 민들이 이를 캐서 돈으로 바꾼다. 극동북쪽에는 소말리아가, 그 남쪽에 는 케냐(Kenya)[1]가, 더 남쪽에는 잔지바르(Zanzibar)[2]가, 더 남쪽에는 모잠비크 (Mozambique)[3]가 있다. 서남쪽에는 모노무타파(Monomotapa)[4]가 있다.

소말리아[亞德爾] 아점(亞占)이라고도 한다. 는 북아프리카 에티오피아의 동 남쪽에 위치하는데, 홍해와 인도양의 모서리에 해당하는 지역으로, 상선이 거의 오지 않기 때문에 강역의 너비가 잘 알려져 있지 않다. 서남쪽은 언덕 이 첩첩이 쌓여 있고, 동북쪽은 평원이 광활하게 펼쳐져 있으며, 하천이 서 로 관통해 농지가 비옥하고, 기장 농사에 적합하다. 기후는 뜨겁고 건조하 며, 장맛비가 거의 내리지 않는다. 사람들은 모두 원주민으로 이슬람교를 믿는다. 이 땅은 여러 지역으로 나뉘고, 각자 수장을 두어 다스렸으며, 에

---

1   케냐(Kenya): 원문은 '아연(亞然)'으로, 아찬(亞贊)이라고도 한다.

2   잔지바르(Zanzibar): 원문은 '상급파이(桑給巴爾)'이다.

3   모잠비크(Mozambique): 원문은 '모삼비급(莫三鼻給)'으로, 모산비길(莫山比吉), 모상비극(莫桑 比克)이라고도 한다.

4   모노무타파(Monomotapa): 원문은 '마낙마달파(麽諾麽達巴)'로, 모낙모탑파(莫諾莫塔帕)라고도 한다. 1250년부터 1629년까지 남아프리카 인근에 존재했던 무타파제국(Mwene we Mutapa)을 말하는데, 지금의 잠비아에 해당한다.

72

티오피아와 종종 전쟁한다. 이 땅에서는 사금·유향(乳香)·후추·상아가 난다.

케냐 연귀파(然貴巴)라고도 한다. 는 소말리아의 남쪽에 위치하며 남북의 길이는 약 1900리이고, 동서의 너비는 미상이다. 북쪽 강역은 산이 많고, 동쪽 강역은 토양이 척박해서 사막이 많으며, 서남쪽은 인적이 아주 드물다. 연해에 살고 있는 사람들은 모두 아라비아 이슬람으로, 무역으로 먹고 살며 얼굴색은 약간 희다. 내지는 모두 흑인이 살고 있으며 사냥을 해서 먹고 산다. 나라는 십여 개의 지역으로 나뉘며, 각자 추장을 두어 다스리며 서로 간섭하지 않는다. 가장 큰 도시인 바라와(Baraawe)[5]는 해변에 건설되었는데, 상선들이 정박하기에 편한 항구가 있어 무역이 활발하게 이루어지고 있다. 이 땅에서는 향료가 많이 난다.

잔지바르는 케냐의 남쪽에 위치하고, 남북의 길이는 약 4천 리이고, 동서의 너비는 약 7백 리이다. 연해는 지대가 낮고, 수풀이 빽빽해 야생 코끼리가 무리지어 살며, 괴수와 기이한 동물이 많다. 내지는 산과 언덕이 첩첩이 쌓여 있고, 서남쪽 일대는 산세가 더욱 험준하고 가파르다. 강물이 휘감아 돌고 있어 토지가 비옥한 곳도 있고 척박한 곳도 있다. 기후는 아주 무덥고 풍토병이 많다. 사람들은 모두 흑인으로 이슬람교를 믿는다. 이 땅은 수십 개의 주로 나뉘며 서로 간섭하지 않는다. 그중 큰 도시로는 킬와(Kilwa)[6]·몸바사(Mombasa)[7] 『신당서(新唐書)』에 나오는 노발살(老勃薩)이다.·말린디

---

5 바라와(Baraawe): 원문은 '파랍와(巴拉瓦)'로, 포랍와(布臘瓦), 포랍와(布拉瓦)라고도 한다. 지금의 소말리아 남서부에 위치한다.

6 킬와(Kilwa): 원문은 '기라아(幾羅阿)'로, 기락아(基洛亞)라고도 한다.

7 몸바사(Mombasa): 원문은 '몽파살(蒙巴薩)'이다.

(Malindi)[8] 묵림타(墨林他)라고도 하는데, 바로 『신당서』에 나오는 마린(磨鄰)이다·모가디슈(Mogadishu)[9]가 있다. 나머지는 모두 보잘 것 없는 소도시이다. 이 땅에서는 곡식·과일·금·은·구리·철·설탕·밀랍·면화·상아·새털·목재·약재가 나며, 무역이 활발하게 이루어진다.

모잠비크[莫三鼻給] 마산배(摩散北), 마산밀(磨山密)이라고도 한다. 는 잔지바르의 남쪽에 위치하며, 남북의 길이는 약 4400리이고, 동서의 너비는 약 1천리이다. 언덕이 첩첩이 쌓여 있고, 밀림이 우거져 있어 소나 말만한 코끼리가 많다. 채굴해도 끝없이 나오는 금광과 사금이 있다. 토지가 비옥해 곡식과 과일이 넘쳐난다. 다만 이 땅에는 풍토병이 많아 사람이 거주하기에는 불편하다. 사람들은 모두 흑인이며 이슬람교를 신봉한다. 이 나라는 마쿠아(Makua),[10] 몽누무기(Monumugi),[11] 잠베지아(Zambezia)[12] 등의 지역으로 나뉘는데, 모두 보잘 것 없는 도시로, 서로 간섭하지 않는다. 내지에는 포르투갈이 개척한 도시가 모두 일곱 곳이 있는데, 모잠비크는 총독이 주둔하면서 다른 도시를 총괄한다. 키림바스제도(Quirimbas Islands),[13] 켈리마네(Quelimane),[14]

---

8 말린디(Malindi): 원문은 '미림덕(美林德)'으로, 매림덕(梅林德)이라고도 한다.

9 모가디슈(Mogadishu): 원문은 '마가다삭(馬加多朔)'으로, 미가다삭(美加多朔), 마가적사(摩加迪沙)라고도 한다.

10 마쿠아(Makua): 원문은 '마고아(馬古阿)'로, 마과(馬夸)라고도 하며, 마쿠아족이 살았던 지역을 말한다.

11 몽누무기(Monumugi): 원문은 '몽여목(蒙如木)'으로, 몽노목길(蒙努穆吉)이라고도 한다.

12 잠베지아(Zambezia): 원문은 '신비(新卑)'로, 모잠비크 중부에 위치한다.

13 키림바스제도(Quirimbas Islands): 원문은 '급림비(給林卑)'로, 규림비(圭林卑)라고도 한다.

14 켈리마네(Quelimane): 원문은 '기리마내(幾里馬內)'로, 극리마내(克利馬內)라고도 한다.

세나(Sena),[15] 소팔라(Sofala),[16] 소복랄(所服剌)이라고도 한다. 이냠바느(Inhambane),[17] 로렌소마르케스(Lourenco Marques)[18]가 바로 그것이다. 최근에 들어 포르투갈의 위상이 크게 떨어지면서 무역은 예전만 못하고, 오직 흑인 매매만을 일삼고 있다. 마카오의 각 서양공관에서 부리고 있는 흑인노예는 모두 이 땅에서 사왔다.

모노무타파는 모잠비크의 서남쪽에 위치하며, 동서남북 모두 약 1천 리에 달한다. 산봉우리가 휘감고 있고, 강과 하천이 빙 둘러 흐르고 있다. 하천 연안은 옥토가 많아 오곡백과가 넘쳐나고 초목이 무성하다. 기후가 너무 뜨거워 사람이 거주하기에는 불편하다. 과거에는 본래 흑인이 다스리는 큰 왕국으로, 왕이 나라를 다스렸다. 뒤에 와서 나라가 어지러워지면서 몇몇 작은 부락으로 나뉘어졌으며, 오직 모카랑가(Mokaranga)[19] 한 지역만은 아주 강했다. 이 땅에서는 금·철·상아·사탕수수·송진이 난다.

살펴보건대 『신당서』에 보면 "불림(拂菻)에서 서남쪽으로 사막을 건너 2천 리를 가면 마린(磨鄰)과 노발살(老勃薩)이라는 나라가 나오는데, 그 나라 사람들은 피부가 검고 성정이 사납다. 이 땅은 풍토병이 있고, 초목이 자라지 않는다."라는 문장이 나온다. 지금 고찰해보건대 마린은 말린디이고, 노발살은 몸바사로, 모두 잔지바르 경내에 위치한다. 이것

---

15 세나(Sena): 원문은 '새내(塞內)'로, 새나(塞那), 새납(塞納)이라고도 한다.

16 소팔라(Sofala): 원문은 '색발랍(索發拉)'으로, 색법랍(索法拉)이라고도 한다.

17 이냠바느(Inhambane): 원문은 '의능파내(義能巴內)'로, 이니양파내(伊尼揚巴內)라고도 한다.

18 로렌소마르케스(Lourenco Marques): 원문은 '라림색마이급사(羅林索馬爾給斯)'로, 마보탁(馬普托)이라고도 한다. 지금의 모잠비크 수도 마푸토(Maputo)이다.

19 모카랑가(Mokaranga): 원문은 '마가랑과(麼加郞瓜)'로, 마나랑과(麼那郞瓜)라고도 한다. 바로 무타파제국으로, 15세기에 강력한 단일국가였다.

이 사서에서 보이는 아프리카에 대한 최초의 언급이다. "사막을 건너 2천 리를 가면 초목이 자라지 않는다."라고 하는 지역은 유대국 **바로 불림이다.** 에서부터 말린디와 몸바사에 이르기까지의 길을 가리키는 것으로, 거리를 계산해보면 2천 리가 넘는데, 아마도 사서에서 대략적으로 말한 것 같다.

⟦ 阿非利加東土 ⟧

阿非利加東土, 係印度海之西岸. 自紅海口門之外, 地形由東北斜削而西南, 長約九千里. 迤北回族與黑番雜居, 迤南皆黑番. 地多金沙·藥材, 土番采之, 以當錢幣. 極東北曰亞德爾, 其南曰亞然, 再南曰桑給巴爾, 再南曰莫三鼻給. 其西南曰麼諾麼達巴.

亞德爾, 一作亞占. 在北土阿北西尼亞之東南, 當紅海印度海之隅, 商舶罕至, 故疆域之廣狹未詳. 西南重岡叠起, 東北平原廣闊, 河流交貫, 隴畝肥饒, 穀宜黍稷. 地氣炎燥, 乏陰雨. 居民皆土番, 奉回教. 地分數部, 各有酋, 與阿北西尼亞時有兵爭. 產金沙·乳香·胡椒·象牙.

亞然, 一作然貴巴. 在亞德爾之南, 長約一千九百里, 廣未詳. 北境多山, 東境磽瘠多沙磧, 西南人迹罕到. 沿海所居, 皆阿剌伯回族, 以貿易爲業, 面色差白. 內地皆黑番, 以牧獵爲生. 國分十數部, 各有酋, 不相統轄. 其大者曰巴拉瓦, 城建海濱, 有深澳便於泊船, 貿易頗盛. 土產香料爲多.

桑給巴爾, 在亞然之南, 長約四千里, 廣約七百里. 沿海窪下, 林木叢雜, 野象成群, 多怪禽奇獸. 內地山嶺合沓, 西南一帶尤聳峭. 江河迴繞, 土田肥磽不一. 地氣酷熟, 多瘴癘. 居民皆黑番, 奉回教. 地分數十部, 不相統攝. 其大者曰幾羅阿·曰蒙巴薩, 即『唐書』之老勃薩. ·曰美林德, 一作墨林他, 即『唐書』之磨鄰. ·曰馬加多朔. 餘皆冗雜小部. 土產穀·果·金·銀·銅·鐵·糖·蠟·棉花·象牙·鳥羽·木料·藥材, 貿易頗盛.

莫三鼻給, 摩散北·磨山密. 在桑給巴爾之南, 長約四千四百里, 廣約一千里. 岡阜重叠, 叢林環繞, 象多如牛馬. 金礦·金沙, 取之不竭. 土田膏腴, 穀果豐碩. 惟地多瘴癘, 不便居栖. 居民皆黑番, 奉回敎. 其部落有馬古阿·蒙如木·新卑等名, 冗雜零散, 不相統攝. 內有葡萄牙所闢之地, 凡七處, 曰莫三鼻給, 駐有大酋, 總轄諸處. 曰給林卑, 曰幾里馬內, 曰塞內, 曰索發拉, 一作所服剌. 曰義能巴內, 曰羅林索馬爾給斯. 近年葡勢衰弱, 貿易無多, 惟以販賣黑口爲事. 澳門各夷館所用黑奴, 皆從此土販來.

麼諾麼達巴, 在莫三鼻給之西南, 廣長皆約一千里. 山嶺盤匝, 江河迴繞. 沿河多腴壤, 穀果繁碩, 草木昌茂. 地氣炎熱, 不便居栖. 舊本黑番大部, 有番王統攝. 後遭寇亂, 散爲數小部, 惟麼加郎瓜一部最强. 土產金·鐵·象牙·甘蔗·樹膠.

按『唐書』: "自拂菻西南度磧二千里, 有國曰磨鄰, 曰老勃薩, 其人黑而性悍. 地瘴癘, 無草木." 今考磨鄰卽美林德, 老勃薩卽蒙巴薩, 皆在桑給巴爾境內. 是爲史藉言阿非利加之始. 所云 "度磧二千里無草木.", 乃指自猶太 **卽拂菻**. 至兩部之路, 計程不止二千里, 史蓋約略言之耳.

﹝ 서아프리카 ﹞

서아프리카는 지중해의 하구 밖에서부터 지형이 꺾여 남쪽으로 내려
가서 대서양에 이르며, 수천 리에 걸쳐 사막이 펼쳐져 있다. 이곳을 지나면
지형이 동쪽으로 꺾이고 다시 돌아서 남쪽으로 가면 점점 비스듬하게 깎
이면서 남쪽으로 향하고 있다. 서아프리카 이북의 사막지대는 휑하고 인
적이 드물다. 이남은 적도의 남북에 해당하며, 영토가 넓고 토질이 좋으며,
저수지가 둘러싸고 있어 잡초가 엉켜있고 밀림이 무성하며, 독기가 가득
한 안개가 차올라 풍토병이 되고, 밤낮으로 어둡다. 다른 나라 사람들이 이
곳에 오래 머물면 번번이 병사하거나, 병사하지 않으면 역시 고질병에 걸
린다. 원주민들은 얼굴이 먹처럼 검고 광대뼈가 높고 코가 납작하며 입술
이 두툼하다. 모발이 골중양(骨重羊)의 털처럼 말려있다. 어리석고 무지해
금수에 가깝다. 화려한 색의 옷을 좋아하고 반라로 지내며 생식기를 가리
지 않았다. 황금구슬과 상아를 전신에 달아 꾸미면서 보기 좋다고 여겼다.
함께 모이면 빙빙 돌면서 춤을 추고, 남녀는 종족을 가리지 않고 내키는 대
로 짝을 짓고 살았다. 경작하는 사람들은 드물고, 고구마와 같은 풀뿌리를
캐서 먹고 살았으며, 토양이 비옥해 저절로 자라났다. 초가집에서 사는데,
큰 나무 위에 집을 짓고 사는 이도 있다. 돗자리를 깔고 그릇은 와호(瓦壺)
를 사용한다. 수목과 금수에 제사지내면서 신으로 모시고, 원수를 죽일 때
마다 수목과 금수에게 제사지낸다. 또 요술을 잘 부리는 사람도 있다. 은전
이 없으며 물물교환을 한다. 기근이 들어서 먹을 것이 부족하면 부족들끼
리 서로 치고 받고 싸우며 사람을 사로잡으면 노예로 팔아넘겼다. 각국의

상선들이 왕래하면서 노예를 판매했는데, 배 한 대당 2백~3백 명의 사람을 싣고 가서 금수처럼 팔았다. 여러 나라에서 부리는 흑인노예는 모두 이 땅의 사람들이다. 순박하고 못생긴 노예를 데려갈 때는 미남자[1] 걱정은 하지 않아도 된다. 아메리카(America)[2]로 팔려간 노예가 더욱 많았는데, [아메리카에서는] 이들을 소나 말처럼 부리며 정원에 물을 주고 경작을 하고 커피를 심고 설탕을 만드는데 이용했다. 평생토록 노역을 하면서 원망하거나 달아나지 않았다. 이 땅에서는 상당히 많은 물산이 나지만, 원주민들이 이를 채취할 줄 몰랐다. 또한 각종 과실이 나고 비누를 만들 수 있는 수유(樹油)가 있다. 숲속에는 몽구스(mongoose)·긴 꼬리 원숭이[獼]·원숭이·큰 원숭이[玃玃]가 왔다 갔다 하면서 뛰어다니고, 호랑이와 표범, 사자와 코끼리가 수시로 보인다. 뱀이 특히 많은데 크기가 들통만한 뱀은 사람과 가축을 삼킬 수 있다. 유럽 각국은 이 땅을 탐내지만 풍토병을 무서워해 내지 깊숙이 들어가지는 못하고, 그저 해변에 부두를 건설하면서 날로 더 많이 개척하기를 기대하고 있다. 특산물의 이름을 따서 지명을 지었는데, 곡물해안(Grain Coast)[3]·상아해안(Ivory coast)[4]·황금해안(Gold Coast)[5]·노예해안(Slave Coast)[6] 등이 있다. 흑인 부락이 상당히 많으며, 대체로 세네감비아(Sene-Gambia)[7]·

---

1   미남자: 원문은 '애가(艾猳)'이다. 원래는 수퇘지의 뜻이었으나, 후에 남총, 미남자의 뜻으로 사용되었다. 즉 못생긴 흑인노예를 데려가면 미남자가 꼬일 염려가 없다는 의미이다.

2   아메리카(America): 원문은 '아묵리가(亞墨利加)'이다.

3   곡물해안(Grain Coast): 원문은 '곡변(穀邊)'이다.

4   상아해안(Ivory coast): 원문은 '상변(象邊)'이다.

5   황금해안(Gold Coast): 원문은 '금변(金邊)'이다.

6   노예해안(Slave Coast): 원문은 '노변(奴邊)'이다.

7   세네감비아(Sene-Gambia): 원문은 '새내강비아(塞內岡比亞)'로, 색려안미아(色黎安彌阿)라고도

기니(Guinea)[8]·콩고(Congo)[9] 세 왕국으로 나눠진다.

　세네감비아는 사하라사막의 남쪽에 위치하며, 서쪽으로는 대서양에 이르고, 남쪽으로는 기니와, 동쪽으로는 니그리티아와 경계하며, 남북의 길이는 약 2700여 리이고, 동서의 너비는 약 2천 리이다. 경내에는 두 개의 큰 강이 있는데, 모두 서쪽으로 흘러 대서양으로 유입된다. 북쪽에 위치한 세네갈강(Senegal R.)[10] 서니갑(西尼甲)이라고도 한다. 과 남쪽에 위치한 감비아강(Gambia R.)[11] 감비아(感比亞)라고도 한다. 두 물줄기를 합치고 그 땅의 이름을 세네감비아라고 불렀다. 대지가 평탄하고 산이 없으며, 토지와 사막이 사이사이에 있으며 토지가 비옥해 곡식과 과일이 모두 잘 된다. 이 땅은 적도에 가까워 기후가 뜨거우며 풍토병이 많다. 5월에서 8월까지는 장맛비로 인해 더위가 잠시 주춤한다. 원주민들은 피부가 검고 곱슬머리이며 모두 이슬람교를 믿는다. 이 나라는 20개의 소국으로 나뉘며, 수장은 세습되기도 하고 선발해서 뽑기도 하는데, 서로 간섭하지 않는다. 푸타토로(Futa Tooro),[12] 푸타잘롱(Fouta Djallon),[13] 풀라도(Fulado),[14] 카소(Kasso),[15] 본두(Bondu),[16] 응야니

　한다. 지금의 세네갈(Senegal)과 감비아(Gambia)의 연합체를 가리킨다.

8　기니(Guinea): 원문은 '기내아(幾內亞)'로, 위니(危尼)라고도 한다.

9　콩고(Congo): 원문은 '공액(公額)'이다.

10　세네갈강(Senegal R.): 원문은 '새내가이(塞內加爾)'로, 색려아이(色黎雅爾)라고도 한다.

11　감비아강(Gambia R.): 원문은 '강비아(岡比亞)'로, 안미아(安彌阿)라고도 한다.

12　푸타토로(Futa Tooro): 원문은 '불달다라(弗達多羅)'로, 부탑도랍(富塔圖拉)이라고도 한다.

13　푸타잘롱(Fouta Djallon): 원문은 '불달일라(弗達日羅)'로, 부탑고로(富塔賈盧)라고도 한다.

14　풀라도(Fulado): 원문은 '불랍도(弗拉都)'로, 부랍다(富拉多)라고도 한다.

15　카소(Kasso): 원문은 '가손(加孫)'으로, 잡소(卡蘇)라고도 한다.

16　본두(Bondu): 원문은 '분도(奔都)'로, 붕도(崩都), 빈도(賓都), 방두(邦杜)라고도 한다.

(Nyani),[17] 풀라니(Fulani),[18] 울리(Woolli),[19] 덴틸리아(Dentilia),[20] 텐다(Tenda),[21] 카르타(Kaarta),[22] 밤부크(Bambouk),[23] 살룸(Saloum),[24] 가부(Gabú),[25] 잘로프(Jalofo),[26] 신(Syn),[27] 우아로(Ualo),[28] 바올(Baol),[29] 카요르(Cayor),[30] 살룸(Salum)[31] 등이 그것이다. 이 땅에서는 금·구리·소금·호박(琥珀)·문석(紋石)·상아가 난다. 세네감비아강 하구에 프랑스의 개척지가 있는데, 생루이(Saint Louis)[32]·고레섬(Île de Gorée)[33]·우아로 세 곳이다. 프랑스인들은 포대를 세우고 부두를 건설해서

---

17 응야니(Nyani): 원문은 '아니(牙尼)'로, 아니(雅尼)라고도 한다.

18 풀라니(Fulani): 원문은 '불의니(弗義尼)'로, 부이니(富伊尼)라고도 한다.

19 울리(Woolli): 원문은 '오려(烏黎)'로, 오리(伍利)라고도 한다.

20 덴틸리아(Dentilia): 원문은 '등적리아(登的里亞)'로, 단체리아(丹蒂利亞)라고도 한다.

21 텐다(Tenda): 원문은 '분달(分達)'로, 탄달(坦達)이라고도 한다. 지금의 파타텐다(Fattatenda) 이다.

22 카르타(Kaarta): 원문은 '가가이달(加砢爾達)'로, 가과이달(加科爾達), 잡아이탑(卡阿爾塔)이라 고도 한다.

23 밤부크(Bambouk): 원문은 '방포각(邦布各)'으로, 반포극(班布克)이라고도 한다.

24 살룸(Saloum): 원문은 '살륭(薩隆)'이다.

25 가부(Gabú): 원문은 '가불(加不)'로, 가포(加布), 객포(喀布)라고도 한다.

26 잘로프(Jalofo): 원문은 '일약라불(日約羅弗)'로, 가락복(賈洛福)이라고도 한다. 졸로프왕국 (Kingdom of Jolof)이라고도 한다.

27 신(Syn): 원문은 '신(新)'으로, 신(辛)이라고도 한다. 사인(Sine) 왕국으로, 지금의 세네갈 살룸 강 삼각주 북쪽 기슭에 위치했다.

28 우아로(Ualo): 원문은 '오아라(烏阿羅)'로, 오아락(烏阿洛)이라고도 한다.

29 바올(Baol): 원문은 '파이(巴爾)'로, 파오이(巴奧爾), 파오륵(巴奧勒)이라고도 한다.

30 카요르(Cayor): 원문은 '가약이(加約爾)'로, 가약(加約)이라고도 한다.

31 살룸(Salum): 원문은 '살륜(薩倫)'으로, 살려모(薩廬姆)라고도 한다. 세레 왕국으로, 지금의 세 네갈과 감미아 일부 지역에 위치했다.

32 생루이(Saint Louis): 원문은 '심로의사도(甚盧義斯島)'로, 로의(路義), 성로이(聖路易)라고도 한다.

33 고레섬(Île de Gorée): 원문은 '가륵아도(哥勒亞島)'로, 아려도(俄黎島), 아리도(俄利島), 과뢰도(戈 雷島)라고도 한다.

흑인들과 교역했는데, 포목으로 사금과 생고무[34]로 바꾸었고, 매년 약 30척의 화물선이 들어왔다. 대개 프랑스 선박이 아시아로 가려면 반드시 고레섬에 와서 정박해야 한다. 감비아강 하구에 영국의 부두가 있는데 상관을 세워 화물을 매매했으며, 병선을 보내 해구를 순시하면서 흑인 노예상들을 체포했다.

기니는 세네감비아의 남쪽에 위치한다. 서남쪽으로는 대서양에, 동쪽으로는 에티오피아사막[35]에 이르고, 동북쪽으로는 니그리티아와 경계하며, 남북의 길이는 약 8천 리이고 동서의 너비는 약 3천 리이다. 해변은 지대가 낮고, 악성 말라리아가 아주 지독하다. 나이저강이라는 큰 하천은 니그리티아에서 발원해 기니의 남쪽 경계에 이르러 바다로 들어간다. 북쪽 강역에는 큰 산이 길게 뻗어 있는데, 이 산을 경계로 세네감비아와 구분된다. 또한 콩산맥(Mountains of Kong)[36]이 있는데, 니그리티아와 세네감비아와의 경계지역에 위치해 있다. 이 나라는 적도의 북쪽에 위치해 있어서 정오가 되면 돌이 녹고 금이 흘러내릴 정도로 땡볕이 뜨거워, 행인들이 종종 더위를 먹고 죽기도 한다. 다행히 5월에서 9월까지는 때때로 장맛비가 내리는데, 비가 내리지 않으면 생존자가 없다. 토양이 비옥해서 초목이 울창하고 곡식과 과일이 모두 잘 된다. 흑인들은 어리석어 금수를 받들어 신으로 모시고, 세니감비아에 비해 훨씬 더 누추하며 오로지 인신매매만을 일

---

34 생고무: 원문은 '수교(樹膠)'이다.

35 에티오피아사막: 원문은 '의적약비아사막(義的約比亞沙漠)'으로, 의지약비아사막(義地約比亞沙漠)이라고도 한다. 에티오피아의 동쪽에 위치한 다나킬사막(Danakil Desert)으로 추정된다.

36 콩산맥(Mountains of Kong): 원문은 '공산(公山)'으로, 1798년부터 1880년대 후반까지 아프리카 지도에 기록된 전설적인 산으로, 훗날 실제로 존재하지 않는 허구의 산으로 밝혀졌다.

삼는다. 경작은 모두 여자가 한다. 이 땅은 수십 개의 소국으로 나뉘는데, 비교적 알려진 나라로는 팀매니아(Timmania),[37] 쿠란코(Kooranko),[38] 솔리마나(Solimana),[39] 그랜드케이프마운트(Grand Cape Mount),[40] 상원(Sangwin),[41] 카발리(Cavally),[42] 아샨티(Ashanti),[43] 다호메이(Dahomey),[44] 아르드라(Ardra),[45] 바다그리(Badagry),[46] 라고스(Lagos)[47]가 있으며, 나머지는 모두 보잘 것 없는 소국들이다. 이 땅에서는 황금·산호·호박·사문석·사탕수수·담배·향료가 난다. 서

---

37 팀매니아(Timmania): 원문은 '적마니아(的馬尼亞)'로, 정마니아(廷馬尼亞)라고도 한다. 팀네스(Timmanees)라고도 하는데, 팀네(Timmani) 사람들은 시에라리온의 가장 큰 인종부락이다.

38 쿠란코(Kooranko): 원문은 '고랑가(古郞哥)'로, 고란과(庫蘭戈)라고도 한다. 시에라리온과 기니 남부에 살고 있는 부족연합체이다.

39 솔리마나(Solimana): 원문은 '소려마나(蘇黎馬那)'로, 색리마납(索利馬納)이라고도 한다. 술리마(Sulima)라고도 하는데, 지금의 시에라리온에 위치한다.

40 그랜드케이프마운트(Grand Cape Mount): 원문은 '가불몽덕(加不蒙德)'으로, 가포몽덕(加布蒙德), 망특각(芒特角)이라고도 한다.

41 상원(Sangwin): 원문은 '상고음(桑固音)'으로, 상고국(桑古國), 상격인(桑格因)이라고도 한다. 서아프리카 코트디부아르 공화국의 남동쪽에 위치한 고대 왕국으로, 지금의 라이베리아에 해당한다.

42 카발리(Cavally): 원문은 '가와리(加瓦利)'로, 잡와리(卡瓦利)라고도 한다. 지금의 서아프리카 코트디부아르 공화국에 위치한다.

43 아샨티(Ashanti): 원문은 '아천적아(亞千的亞)'로, 아한적아(亞汗的亞), 아한제아(阿漢提亞)라고도 한다. 1701년부터 1957까지 지금의 가나에 존재했던 아샨티 제국(Ashanti Empire)이다.

44 다호메이(Dahomey): 원문은 '달아미(達荷美)'로, 달가미(達可美), 달하미(達荷美)라고도 한다. 1600년부터 1904년까지 지금의 베냉 남부에 존재했던 다호메이 왕국(Kingdom of Dahomey)으로, 1700년대에 대서양 연안의 거점 도시들을 정복하여 지역의 강자가 되었다.

45 아르드라(Ardra): 원문은 '아이달랍(亞爾達拉)'으로, 아이덕랍(阿爾德拉)이라고도 한다. 12~13세기부터 1724년까지 지금의 베냉 남부에 존재했던 아르드라 왕국(Kingdom of Ardra)으로, 알라다(Allada) 왕국이라고도 한다.

46 바다그리(Badagry): 원문은 '파달급리(巴達給里)'로, 다랄격리(巴達格里)라고도 한다.

47 라고스(Lagos): 원문은 '랍각사(拉各斯)'이다.

북쪽 강역에 영국의 신개척지가 감비아강의 남쪽에 위치하는데, 바로 시에라리온(Sierra Leone)[48] 서이랍리아니(西爾拉厘阿尼)라고도 한다. 으로, 사산(獅山)이라고도 한다. 산봉우리와 언덕이 첩첩이 있고, 수목이 울창하며, 풍토병이 있다. 이 땅에서는 상아·기름·밀랍·목재·생고무가 나며, 무역이 활발하게 이루어지고 있다. 또한 학교를 열고 예수의 가르침으로 흑인들을 교화하고 있다. 이남에는 미국의 신개척지인 라이베리아(Liberia)[49] 위니(危尼), 리비리아(里卑利亞)라고도 한다. 가 있는데, 라이베리아는 메수라도(Mesurado R.)[50] 강변에 건설되었다. 매매된 흑인 노예를 해방시켜 이곳에 살게 하면서 그들에게 경작을 가르쳤다. 돌아서 동남쪽으로 가면 영국의 신개척지인 코스타 디 오이로(Costa de Oiro)[51]가 있는데, 황금해안이라고도 하며 황금이 상당히 많이 난다. 또 면화·인디고·생고무·주석합금·피혁이 나며 무역이 아주 활발하게 이루어진다. 다만 기후가 사람이 감당할 수 없을 정도로 뜨겁다. 이 이외에도 네덜란드령 부두 엘미나(Elmina)[52]가 있다. 또 덴마크(Denmark)[53]령 부두 크리스티안보르(Christiansborg)[54]가 있다. 이들 왕국은 땅이 탄환처럼 작으며 각각 몇 개의 작은 도시를 관할하고 있다.

---

48 시에라리온(Sierra Leone): 원문은 '새랍륵와내(塞拉勒窩內)'로, 새랍리앙(塞拉利昻)이라고도 한다.

49 라이베리아(Liberia): 원문은 '혁니(奕尼)'이다.

50 메수라도강(Mesurado R.): 원문은 '문소랍다하(門蘇拉多河)'로, 매소랍다하(梅蘇拉多河)라고도 한다.

51 코스타 디 오이로(Costa de Oiro): 원문은 '가사건두라(哥斯建斗羅)'로, 가사달투라(哥斯達鬪羅)라고도 한다. 지금의 가나에 위치한다.

52 엘미나(Elmina): 원문은 '액이미나(厄爾迷那)'로, 액이미나(厄爾彌那), 애이미납(埃爾米納)이라고도 한다.

53 덴마크(Denmark): 원문은 '련국(嗹國)'이다.

54 크리스티안보르(Christiansborg): 원문은 '급리사적파이각(給里斯的巴爾咯)'으로, 지금의 기니만 연안의 가나 오수(Osu)에 위치한 오수성(Osu Castle)을 말한다.

콩고[公額] 공아(公我)라고도 한다. 는 기니의 남쪽에 위치하며 일명 로어 기니(Lower Guinea)⁵⁵라고도 한다. 서쪽으로는 대서양에 이르고, 남쪽으로는 짐바브웨(Zimbabwe)⁵⁶와 경계하고, 동쪽으로는 쟈가(Jaga)⁵⁷에 이르며, 남북의 길이는 약 3800리이고 동서의 너비는 약 1400리이다. 동쪽 강역은 산과 언덕이 첩첩이 쌓여 있으며, 많은 강들이 이곳에서 발원한다. 큰 하천으로 콩고강(Congo R.)⁵⁸이 있는데, 콩고왕국의 이름에서 본떠 지은 것이다. 콩고강이 사방을 빙 둘러 흐르고 있어 토지가 비옥하다. 이 땅은 적도의 남쪽에 해당해 기니와 마찬가지로 날씨가 찌는 듯이 덥고, 흑인들이 살고 있으며 풍속 역시 비슷하다. 이 나라는 21개의 약소국인 로앙고(Loango),⁵⁹ 콩고, 펨바(Pemba),⁶⁰ 살라(Sala),⁶¹ 믈루파(Moluba),⁶² 호메(Home),⁶³ 카산예(Cassanje),⁶⁴ 콩코

---

55 로어 기니(Lower Guinea): 원문은 '하기내아(下幾內亞)'이다.

56 짐바브웨(Zimbabwe): 원문은 '성비파서아(星卑巴西亞)'로, 진파포위(津巴布韋), 라득서아(羅得西亞)라고도 한다. 옛 이름은 남로디지아(Southern Rhodesia), 로디지아(Rhodesia), 짐바브웨-로디지아(Zimbabwe Rhodesia)라고도 불렸다.

57 쟈가(Jaga): 원문은 '일아가(日牙加)'로, 가가(賈加)라고도 한다.

58 콩고강(Congo R.): 원문은 '공액(公額)'으로, 강과하(剛果河), 찰이이하(扎伊爾河)라고도 한다. 과거에는 자이르강이라 불렸다.

59 로앙고(Loango): 원문은 '라앙액(羅昂額)'으로, 로안과(盧安戈)라고도 한다 .

60 펨바(Pemba): 원문은 '분파(奔巴)'로, 붕파(崩巴), 방파(邦巴)라고도 하는데, 지금의 자이르 북부에 해당한다.

61 살라(Sala): 원문은 '살랍(薩拉)'이다.

62 믈루파(Moluba): 원문은 '모로아사(莫盧阿斯)'로, 모락아사(莫洛亞斯), 모로파(莫盧巴)라고도 한다.

63 호메(Home): 원문은 '호미(虎美)'로, 곽매(霍梅)라고도 한다.

64 카산예(Cassanje): 원문은 '가삼일(加三日)'로, 잡살걸(卡薩杰), 잡상열(卡桑熱)이라고도 한다. 지금의 앙골라에 위치한다.

벨라(Concobella),[65] 호국(Ho),[66] 홀로호(Holo-ho),[67] 긴가(Ginga),[68] 퀴쿠아(Quicua),[69] 쿠타토(Cuttato),[70] 쿤힝가(Cunhinga),[71] 탐바(Tamba),[72] 리볼루(Libolo),[73] 퀴사마(Quizama),[74] 셀라(Cela),[75] 바일룬도(Bailondo),[76] 나노(Nano),[77] 비에주(Bié)[78]로 나뉜다. 이 땅에서는 구리·철·사탕수수·후추·담배·고구마·상아가 난다. 서쪽 강역에 포르투갈이 개척한 땅이 있는데, 모두 2개 주로 북쪽의 앙골라(Angola),[79] 남쪽의 벵겔라(Benguela)[80]가 그것이며, 금·은·동·철·주석 등 각종 광물이 난다. 상선이 왕래하며 오로지 흑인 판매만을 일삼는다.

살펴보건대 서아프리카는 북쪽강역은 사막이 가로 걸쳐 있고, 이남은 예로부터 옥토

---

65 콩코벨라(Concobella): 원문은 '강각백랍(岡各白拉)'으로, 감과패랍(坎科貝拉)이라고도 한다.

66 호국(Ho): 원문은 '하(何)'이다.

67 홀로호(Holo-ho): 원문은 '하라화(何羅和)'로, 곽로하(霍盧荷)라고도 한다.

68 긴가(Ginga): 원문은 '일잉가(日仍加)'로, 금가(金加), 개근(蓋根)이라고도 한다.

69 퀴쿠아(Quicua): 원문은 '기소아(幾蘇阿)'로, 기소아(基蘇亞)라고도 한다.

70 쿠타토(Cuttato): 원문은 '고달다(古達多)'로, 고탑탁(庫塔托)이라고도 한다.

71 쿤힝가(Cunhinga): 원문은 '고응가(古凝加)'로, 고녕가(古寧加), 고녕가(庫寧加)라고도 한다.

72 탐바(Tamba): 원문은 '당파(當巴)'로, 단파(丹巴), 탄파(坦巴)라고도 한다.

73 리볼루(Libolo): 원문은 '리파라(里波羅)'로, 리박로(利博盧)라고도 한다.

74 퀴사마(Quizama): 원문은 '기살매(幾薩駡)'로, 기살마(基薩馬)라고도 한다.

75 셀라(Cela): 원문은 '새랍(塞拉)'이다. 지금의 앙골라 쿠안자술(Cuanza Sul)에 위치하는 셀라로 추정된다.

76 바일룬도(Bailondo): 원문은 '백륜다(白倫多)'로, 배륜다(拜倫多), 배륭다(拜隆多)라고도 한다. 지금의 앙골라 중부에 위치한다.

77 나노(Nano): 원문은 '난낙(難諾)'으로, 납낙(納諾)이라고도 한다.

78 비에주(Bié): 원문은 '비흑(比黑)'으로, 비야(比耶)라고도 한다. 지금의 앙골라에 위치한다.

79 앙골라(Angola): 원문은 '앙가랍(昂苛拉)'으로, 안아랍(安峩臘), 안가랍(安哥拉)이라고도 한다.

80 벵겔라(Benguela): 원문은 '분급랍(奔給拉)'으로, 민유랍(敏維臘), 본격랍(本格拉)이라고도 한다.

였다. 그러나 흑인들이 어리석어 나라를 경영하고 새로운 것을 만들어내는 능력이 없어서 결국 사람이 금수와 한데 섞여 살면서 숲이 우거지고 짐승이 출몰하는 곳이 되었다. 유럽 각국이 이곳을 업신여긴 지 여러 해 되었으나, 풍토병에 가로막혀 그저 해변에 부두를 건설할 뿐 미국의 개척사처럼 이 땅을 모두 개척할 수 없었으니, 역시 이 땅의 불행이다. 원주민들은 어리석기 짝이 없어 사람을 보화로 여겨서 이들을 유괴하고 매매해서 먹고 살았다. 또한 포르투갈처럼 가난하고 힘이 없어 결국 인신매매를 수입원으로 하고 있으니, 더욱이 언급할 바가 못 된다.

〚 阿非利加西土 〛

阿非利加西土, 由地中海口門之外, 地形折而南下, 面大西洋海, 數千里盡屬沙漠. 過此, 地形缺折而東, 又轉而南, 漸斜削而趨南土. 其迤北沙漠之地, 曠無人烟. 迤南當赤道南北, 壤土廣厚, 潴澤迴環, 茂草蹂轉, 叢林陰翳, 毒霧蒸爲瘴氣, 曉夜昏濛. 異國人久居輒病死, 不死亦成痼疾. 其土人面黑如墨染, 高顴扁鼻厚唇. 須髮拳縐, 似骨重羊毛. 混沌無知, 近禽獸. 衣好華彩, 半裸其體, 不蔽陰陽. 用金珠·象牙遍身懸綴, 以爲美觀. 相聚則婆娑跳舞, 男女隨意雜配, 種族無別. 耕作者少, 掘食草根如芋薯, 土肥沃, 自生長. 居草寮, 或結巢於大樹. 藉草席, 器用瓦壺. 祀樹木禽獸爲神, 每殺仇人祭之. 又有能作妖術者. 無銀錢, 以貨易貨. 值飢乏, 族類自相攻擄, 獲生口, 賣以爲奴. 各國之船, 往來販鬻, 每船輒二三百人, 如貨豕畜. 諸國所用黑奴, 皆此土人. 取其願樸且黑醜, 無艾斁慮. 販往亞墨利加者尤多, 用以灌園耕田, 種加非, 造白糖, 如牛馬然. 終身力作, 不怨不逃. 其地物產甚多, 土人不解搜采. 出各項果實, 又有樹油可造番鹼. 林內獷·獚·猿·猱·玃玃, 往來跳擲, 虎豹獅象, 時時遇之. 蛇尤多, 大者如巨桶, 能吞人畜. 歐羅巴諸國心豔其土, 而畏瘴癘, 不敢深入, 僅在海濱設立埠頭, 期於日漸墾拓. 就其物產爲地名, 有穀邊·象邊·金邊·奴邊等名. 黑番部落甚多, 大勢分三域, 曰塞內岡比亞, 曰幾內亞, 曰公額.

塞內岡比亞, 在撒哈拉大漠之南, 西距大西洋海, 南界幾內亞, 東界尼給里西亞, 長約二千七百餘里, 廣約二千里. 境內大水二, 皆西流入大西洋海. 北曰塞內加爾, 一作西尼甲. 南曰岡比亞, 一作感比亞. 合兩水以名其地者也. 平坦無山, 墳壤與沙磧相間, 田土膏沃, 穀果皆宜. 地近赤道, 酷熱多瘴癘. 由五月至八月, 陰雨連綿, 暑氣稍減. 土番黑面捲毛, 皆奉回敎. 地分二十小國, 其酋或世傳, 或公擧, 不相統攝. 曰弗達多羅, 曰弗達日羅, 曰弗拉都, 曰加孫, 曰奔都, 曰牙尼, 曰弗義尼, 曰烏黎, 曰登的里亞, 曰分達, 曰加痾爾達, 曰邦不各, 曰薩隆, 曰加不, 曰日約羅弗, 曰新, 曰烏阿羅, 曰巴爾, 曰加約爾, 曰薩倫. 土產金·銅·鹽·琥珀·紋石·象牙. 塞內加爾河口, 有佛郎西創闢之地, 凡三處, 曰甚盧義斯島, 曰哥勒亞島, 曰烏阿羅. 佛人建砲臺, 設埠頭, 與黑番交易, 以布匹易金沙·樹膠, 每歲貨船約三十隻. 凡佛船赴亞細亞, 必至哥勒亞收泊. 岡比亞河口, 有英吉利埠頭, 立商館包兌包送, 以兵船巡海口, 捕略賣黑奴者.

幾內亞, 在塞內岡比亞之南. 西南距大西洋海, 東至義的約比亞沙漠, 東北界尼給里西亞, 長約八千里, 廣約三千里. 海濱地形窪下, 烟瘴甚毒. 有大河曰尼日爾, 發源尼給里西亞, 至幾內亞南界入海. 北境有大山綿亘, 與塞內岡比亞分界. 又有公山, 爲尼給里西亞·塞內岡比亞分界之地. 地當赤道之北, 驕陽亭午, 石鑠金流, 行人往往暍死. 賴五月至九月時時陰雨, 否則無噍類矣. 土脈肥饒, 草木暢茂, 穀果皆宜. 黑番混沌, 拜禽獸爲神, 較之塞內岡比亞, 尤爲荒陋, 惟以擄賣人口爲事. 耕作皆女爲之. 地分數十部, 其較著者, 曰的馬尼亞, 曰古郎哥, 曰蘇黎馬那, 曰加不蒙德, 曰桑固音, 曰加瓦利, 曰亞千的亞, 曰達痾美, 曰亞爾達拉, 曰巴達給里, 曰拉各斯, 餘皆冗雜小部. 土產黃金·珊瑚·琥珀·紋石·甘蔗·烟葉·香料. 西北境有英吉利新闢之地, 在岡比亞河之南, 曰塞拉勒窩內, 一作西爾拉厘阿尼. 又名獅山. 岡阜重叠, 林木陰翳, 有瘴氣. 產象牙·油皮·蠟·木料·樹膠, 貿易頗盛. 又開學館, 以耶穌敎化其黑番. 迤南有米利堅新闢之地, 曰奕尼, 一作危尼, 又作里卑利亞. 在門蘇拉多河濱. 贖略賣之黑奴居之, 敎之耕作. 轉而東南, 有英吉利新闢之地, 曰哥斯建斗羅, 又名金邊, 金沙極多. 又產棉花·藍靛·樹膠·白蠟·皮革, 貿易極盛. 惟地氣酷熱, 人不能堪.

此外有荷蘭埔頭, 曰厄爾迷那. 又有嗹國埔頭, 曰給里斯的巴爾各. 地皆彈丸, 各屬數小城.

公額, 一作公我. 在幾內亞之南, 一名下幾內亞. 西距大西洋海, 南界星卑巴西亞, 東抵日牙加, 長約三千八百里, 廣約一千四百里. 東境山岡重疊, 萬派發源. 河之大者, 曰公額, 因以爲部落之名.

公額河縈繞四境, 土田藉以肥沃. 地當赤道之南, 炎蒸與幾內亞同, 黑番土俗亦相類. 地分二十一小國, 曰羅昂額, 曰公額, 曰奔巴, 曰薩拉, 曰莫盧阿斯, 曰虎美, 曰加三日, 曰岡各白拉, 曰何, 曰何羅和, 曰日仍加, 幾蘇阿, 曰古達多, 曰古凝加, 曰當巴, 曰里波羅, 曰幾薩罵, 曰塞拉, 曰白倫多, 曰難諾, 曰比黑. 土產銅·錫·甘蔗·胡椒·薯粉·象牙. 西境有葡萄牙創闢之地, 凡二部, 北曰昂疴拉, 南曰奔給拉, 產五金各礦. 其商船往來, 專以販賣黑口爲事.

按: 阿非利加西土, 北境大漠橫亙, 迤南故沃土也. 黑番愚懵, 無經營創造之能, 遂至人禽雜處, 長此榛狂. 歐羅巴諸國睥睨多年, 阻於毒瘴, 僅於海濱營立埔頭, 而未能廓淸墾拓, 如米利堅故事, 亦斯土之不幸也. 番族蠢蠢, 以人口爲奇貨, 以略買爲恒業. 而貧弱如葡萄牙, 竟以販鬻人口爲利藪, 則尤不足道也已.

〚 남아프리카 〛

남아프리카는 동서 양쪽에서 죽순모양으로 점차 깎이기 시작해서 최남단에 이르면 가지런하고 평평해지며, 지형이 동서로 펼쳐져 있다. 동쪽으로는 인도양을 향해 카프라리아(Kaffraria)[1]가 있고, 서쪽으로 대서양을 향해 짐바브웨와 나미비아(Namibia)[2]가 있으며, 최남단 끝자락에 케이프타운(Cape Town)[3]이 남극해에 면해 있다.

카프라리아 객사렬리(喀士列里)라고도 한다. 는 동아프리카 모잠비크의 남쪽에 위치하고, 동쪽으로는 인도양에 이르며, 서쪽으로는 나미비아와, 서남쪽으로는 케이프타운과 인접해 있다. 남북의 길이는 약 4천 리이고, 동서의 너비는 약 1천 리이다. 서쪽은 사막이 많고, 샘이 거의 없다. 동쪽은 높고 가파른 산이 첩첩이 쌓여 있으며, 산골짜기에 있는 옥토 덕분에 삼림이 울창하다. 동물은 사자·코끼리·곰·영양·코뿔소가 많고, 새는 매와 독수리가 많으며, 바다에는 자라·악어·해마가 많다. 흑인은 덩치가 좋고 힘이 세며, 오직 농사일에만 힘쓴다. 왕국이 상당히 많은데, 해변에 위치한 왕국으로는 코사(Xhosa)[4]·템부(Thembu)[5]·음폰도(Mpondo)[6] 등이 있고, 내지

---

1   카프라리아(Kaffraria): 원문은 '가불륵리아(加弗勒里亞)'로, 지금의 남아프리카공화국 나탈주(Natal)에 해당한다.

2   나미비아(Namibia): 원문은 '아정다적아(痾丁多的亞)'로, 납미비아(納米比亞)라고도 한다.

3   케이프타운(Cape Town): 원문은 '가불(加不)'로, 협달임(峽達稔), 개보돈(開普敦)이라고도 한다.

4   코사(Xhosa): 원문은 '고살(古薩)'로, 지금의 남아프리카 이스트케이프에 위치한다.

5   템부(Thembu): 원문은 '당불급(當不給)'으로, 템부로 추정된다.

6   음폰도(Mpondo): 원문은 '망불급(忙不給)'으로, 음폰도로 추정된다.

에는 비리가달이마(比里加達爾馬)·은데벨레(Ndebele)[7]·마로타(Marota)[8]·스와지(Swazi)[9]·말라위(Malawi)[10] 등의 왕국이 있다. 이 땅에서는 금·은·구리·철·산호·호박이 난다.

짐바브웨는 서아프리카 콩고의 남쪽에 위치하며, 서쪽으로는 대서양에 이르고, 남쪽으로는 나미비아와 경계하며, 남북의 길이는 약 2700리이고, 동서의 너비는 미상이다. 지형은 드넓고 평평하며, 사막 한 가운데에 오아시스가 있기는 하지만 역시 상당히 척박하다. 동물이 많고 사람은 적으며, 흑인들은 정처 없이 이리저리 옮겨 다니느라 마을을 이루지 못해 아프리카 전체에서 가장 황폐하고 물산이 나지 않는다. 이 종족은 쇼나족이다.

나미비아[痾丁多的亞] 합정돌(合丁突)이라고도 한다. 는 짐바브웨의 남쪽에 위치하며, 서쪽으로는 대서양에, 동쪽으로는 카프라리아에 이르고, 남쪽으로는 케이프타운과 접해 있으며, 남북의 길이는 약 2500리이고, 동서의 너비는 약 2200리이다. 남쪽과 북쪽에는 산봉우리가 많고 중간지대에는 사막이 가로 걸쳐 있어 옥토가 거의 없다. 해변은 지대가 낮고 토양은 비옥하며 물산이 아주 풍부하다. 이북의 혹서와는 달리 기후가 따뜻하다. 다만 가끔씩 구풍(颶風)이 부는데, 상당히 맹렬하고 사납게 분다. 짐승들이 사납고

---

7 은데벨레(Ndebele): 원문은 '합파라륭(哈巴羅隆)'으로, 은데벨레족이 다스리던 지역을 의미하는 것으로 추정된다.

8 마로타(Marota): 원문은 '마로적(馬盧的)'으로, 지금의 레수토(Lesotho)이다. 1868년 영국의 보호령인 바수토랜드(Basutoland)로 불리기도 했다.

9 스와지(Swazi): 원문은 '서마저(西馬著)'로, 남아프리카공화국과 모잠비크 사이에 위치한 스와지왕국으로 추정된다. 지금의 에스와티니 왕국(Umbuso weSwatini)이다.

10 말라위(Malawi): 원문은 '마기니(馬幾尼)'이다. 아프리카 남동부에 위치하는 말라위로 추정된다.

벌레와 뱀의 독이 아주 심해 다른 나라 사람들은 감히 이곳에 발을 들여놓지 않는다. 이곳에 사는 흑인들은 호텐토트족으로 주로 가축을 길러 생활하며 농사에는 게으르다. 부락이 상당히 많은데, 각자 추장을 두어 다스리면서 서로 간섭하지 않는다. 꽤 알려진 곳으로는 코라나랜드(Koranaland),[11] 나마콰랜드(Namaqualand),[12] 다마라랜드(Damaraland),[13] 베추아나랜드(Bechuanaland),[14] 부시먼랜드(Bushmenland)[15]가 있다.

케이프타운은 일명 희망봉 급아온갈박(炭阿穩曷樸), 호망해각(好望海角)이라고도 한다. 으로, 아프리카 최남단 끝자락에 위치하며, 동서 양쪽으로 평평하게 펼쳐져 있다. 동쪽은 인도양이고, 서쪽은 대서양이며, 남쪽은 남극해로, 길이는 약 2천 리이고, 너비는 약 1천 리이다. 이 도시는 테이블산(Table Mountain)[16]과 희망봉의 기슭에 건설되었으며 속칭 대랑산(大浪山)이라고도 한다. 이 땅은 기후가 온화하고 초목이 번성하며 목장이 드넓어 소와 양이 잘 번식하며 곡식은 내다팔 정도로 많고, 포도를 심어 술을 빚는데 술맛이 아주 달다. 이북은 절반이 사막으로, 바람이 불때마다 구름과 합쳐져 검은 연기가 자욱하다. 이 땅에서는 사자·코끼리·호랑이·외뿔소·사슴·노루·하마가 난다. 하마의 머리에 달린 뿔로 칼자루를 만들 수 있다. 또한 기린[17]과 타조가 난다. 기린은 목의 길이가 몸체만 하고, 타조는 싸움닭처럼 생겼으며 몸집이 크고 두 발

---

11   코라나랜드(Koranaland): 원문은 '가랍나(哥拉那)'이다.

12   나마콰랜드(Namaqualand): 원문은 '나마과(那馬瓜)'이다.

13   다마라랜드(Damaraland): 원문은 '달마랍(達馬拉)'이다.

14   베추아나랜드(Bechuanaland): 원문은 '불서아나(不書阿那)'로, 지금의 보츠와나(Botswana)이다.

15   부시먼랜드(Bushmenland): 원문은 '파지사만(波支斯曼)'이다.

16   테이블산(Table Mountain): 원문은 '달륵(達勒)'이다.

17   기린: 원문은 '장경록(長頸鹿)'이다.

이 낙타처럼 생겼는데, 『한서(漢書)』에서 말하는 대마작(大馬爵)으로, 이 땅 뿐만 아니라 페르시아·인도·메카 일대에도 모두 있다. 원주민들은 단신에 얼굴이 검고 혈거생활을 하며 들짐승을 잡아 날것 그대로 먹는다. 명나라 때 포르투갈이 배를 타고 동쪽으로 오면서 이 땅의 존재를 인식하게 되었다. 뒤이어 네덜란드가 와서 부두를 세우고 자국인들을 이곳으로 옮겨 경작했으며, 원주민을 잡아 노예로 부렸다. 유럽 각국의 상선들이 동쪽으로 올 때 반드시 이 땅에서 정박했다. 외지인들은 모두 네덜란드 사람들로 반 정도는 목축업으로 먹고 산다. 내지에는 계곡과 강을 따라 부락이 형성되어 있기는 하지만, 사막이 빙 두르고 있어 왕래하기에는 너무 멀다. 소달구지를 타고 사막을 가면 가는 도중에 종종 갈증으로 죽는다. 옛 땅은 강역은 수천 리에 달했지만, 인구는 아주 적었다. 가경 10년(1812)에 영국이 병선을 이끌고 와서 이 땅을 강탈하고 해변에 별도로 부두를 건설했다.

살펴보건대 남아프리카의 희망봉[岌樸] 원주민들은 섬의 끝자락을 급이라고 한다. 은 유럽인이 동쪽으로 항해할 때 반드시 경유하는 루트이다. 지형은 뾰족하게 남극해를 향해 튀어나와 있는데, 물살이 이곳에 이르면 돌아 부딪히고 바람과 파도가 이상하리만치 맹렬해져 선박이 파손되기 쉬워 수리할 수 있는 곳을 찾을 수밖에 없었다. 또한 긴 항해에 부족한 식수와 식량을 반드시 보충해야 했다. 네덜란드가 이곳을 개척한 것은 아마도 부득이한 바가 있어 그렇게 한 것 같다. 종래 대서양의 상선이 동쪽으로 오다 희망봉에 이르면 반드시 돛을 거두고 잠시 정박했다. 그래서 물산은 별로 나지 않지만 유독 지나가는 길손을 대접하는 객사가 되었다. 영국은 네덜란드가 이 요충지를 독점하고 있는 것을 싫어해서 이 땅을 빼앗았다. 최근에 들어 유럽 각국은 바닷길에 점차 익숙해져 신속하게 배를 몰아 희망봉에 이르면 돛을 펼치고 곧장 이곳을 지나갔다. 그래서 이곳에 정박하는 경우는 열에 둘, 셋도 안 되는데, 역시 위치의 중요성과는 무관하다. 이 땅은 오직 최남단의 해변만 약간 비옥해서 농사를 짓고 목축을 할 수 있으며, 이북은 무릎까지 빠지는 모래펄이라 진실로 탐낼만 하지 않다.

〚 阿非利加南土 〛

阿非利加南土, 由東西漸削如笋, 至極南乃齊平, 地形作東西之勢. 東面距印度海者, 曰加弗勒里亞. 西面距大西洋海者, 曰星卑巴西亞, 曰疴丁多的亞, 極南地盡之處, 距大南海, 曰加不.

加弗勒里亞, 一作喀士列里. 在東土莫三鼻給之南, 東距印度海, 西連疴丁多的亞, 西南接加不, 長約四千里. 廣約一千里. 迤西沙漠居多, 水泉缺乏. 東方巒嶂重叠, 山谷中壤土腴厚, 叢林茂密. 獸多獅·象·豹·羚羊·水牛, 鳥多鷹·鷲, 海多鼉·鱷·海馬. 黑番長大有力, 惟務稼穡. 部落甚多, 在海濱者, 有古薩·當不給·忙不給等部. 在内地者, 有比里加達爾馬, 哈巴羅隆·馬盧的·西馬著·馬幾尼等部. 土產金·銀·銅·鐵·珊瑚·琥珀.

星卑巴西亞, 在西土公額之南, 西距大西洋海, 南界疴丁多的亞, 長約二千七百里, 廣未詳. 地形平闊, 沙漠中間有片土, 亦甚磽薄. 獸多人少, 黑番轉徙無常, 不成部落, 在阿非利加一土中, 最爲荒瘠, 地無物產. 其種人卽名曰星卑巴斯.

疴丁多的亞, 一作合丁突. 在星卑巴西亞之南, 西距大西洋海, 東至加弗勒里亞, 南接加不, 長約二千五百里, 廣約二千二百里. 南北多山嶺, 中間沙漠橫亙, 墳壤無幾. 海濱窪下, 土脈膏腴, 物產頗豐. 地氣溫平, 不似迤北之酷熱. 惟颶風時作, 猛烈異常. 羽毛兇戾, 蟲蛇毒惡, 異國人未敢托足. 黑番名疴丁多的, 多以牧畜爲業, 怠於農事. 部落甚多, 各有酋, 不相統攝. 其較著者, 曰哥拉那, 曰那馬瓜, 曰達馬拉, 曰不書阿那, 曰波支斯曼.

加不一稱岌樸, 一作岌阿穩曷樸, 又作好望海角. 在阿非利加極南地盡之處, 東西齊平. 東爲印度海, 西爲大西洋海, 南爲大南海, 長約二千里, 廣約一千里. 城建達勒與良二山之麓, 俗名大浪山. 其地時序溫和, 卉木繁盛, 牧場寬廣, 牛羊孳息, 穀麥堪出糶, 種葡萄釀酒極甘. 迤北半係沙漠, 每風起雲合, 黑氣迷漫. 產獅·象·虎·兒·鹿·麂·河馬, 河馬有角, 可作刀柄. 又產長頸鹿與駝鳥. 長頸鹿頸長於身, 駝鳥似鬥雞而高大, 兩足似橐駝, 卽『漢書』所云大馬爵, 波斯·印度·天方一帶皆有之, 非獨產此地也. 土人短身黑面, 穴地而居, 得野獸則生食其肉. 前明時, 葡萄牙泛舟東來, 始識其地. 後荷蘭踵至, 營立埠頭, 徙國人而耕之, 捕土人爲奴. 歐羅巴諸國商舶東來, 必寄泊於此. 流寓皆荷蘭人, 半以牧畜爲業. 內地沿溪傍河, 亦有聚落, 而沙磧圍繞, 往來甚遠. 駕犢車行沙中, 往往中道渴死. 故地界迴環數千里, 而戶口不繁. 嘉慶十年, 英吉利以兵船奪取其地, 在海濱別開埠頭.

按: 阿非利加南土之炭樸, 番謂山之盡頭處曰炭. 爲歐羅巴東來必由之路. 其地形銳入大南海, 海水至此而回薄, 風濤猛烈異常, 舟楫易於損壞, 不得不謀修葺之所. 又長途水米或缺, 必須接濟. 荷蘭之墾開此土, 蓋有所不得已焉. 從前大西洋商舶東來, 至炭樸必收帆寄碇. 故物產雖微, 而獨爲東道之逆旅. 英吉利之奪取, 惡荷蘭之獨當衝要耳. 近年歐羅巴諸國海道愈熟, 行駛迅甚, 至炭樸揚帆徑過, 收泊者十無二三, 則亦無關重輕矣. 其土惟極南濱海之處稍沃, 可以耕牧, 迤北則平沙沒骭, 固亦不足貪也.

〔 아프리카 각 섬 〕

마수아섬(Massuah)[1]은 홍해에 위치하고 부근에 북아프리카의 에티오피아가 있으며, 터키의 속지로, 인구는 적지만 배가 정박하기에 좋아 무역이 아주 활발하게 이루어지고 있다.

킬와섬(Kilwa Island)[2]·마피아섬(Mafia Island)[3]·잔지바르섬(Zanzibar Island)[4]·펨바섬(Pemba Island)[5]·소코트라섬(Socotra)[6]은 홍해 밖의 인도양에 위치하고, 섬의 크기는 2백~3백 리로 일정하지 않으며, 모두 아라비아의 속지이다. 이 땅에서는 향료·알로에[7]·주사(硃砂)가 난다.

마다가스카르섬(Madagascar Island)[8] 마대압갑(馬大狎甲), 묵륵아사객(墨勒阿士喀), 성로좌릉대도(聖老佐楞大島)라고도 한다. 은 인도양의 동남쪽에 위치하고, 동아프리카의 모잠비크와 가까우며, 남북의 길이가 약 2800~2900리이고, 동서의 너비는 약 7백~8백 리이다. 한 높은 산이 척추처럼 가로 걸쳐 있고, 나

---

1   마수아섬(Massuah): 원문은 '마소아도(馬蘇阿島)'이다.

2   킬와섬(Kilwa Island): 원문은 '기라아도(幾羅阿島)'로, 기락아도(基洛亞島)라고도 한다.

3   마피아섬(Mafia Island): 원문은 '몽비아도(蒙非亞島)'로, 마비아도(馬菲亞島)라고도 한다.

4   잔지바르섬(Zanzibar Island): 원문은 '상서파이도(桑西巴爾島)'로, 상급파이도(桑給巴爾島)라고도 한다.

5   펨바섬(Pemba Island): 원문은 '분파도(奔巴島)'이다.

6   소코트라섬(Socotra Island): 원문은 '색가덕랍도(索哥德拉島)'로, 색과특랍도(索科特拉島)라고도 한다. 아프리카의 뿔 근처에 위치한 예멘의 섬이다

7   알로에: 원문은 '상담(象膽)'으로, 알로에 액즙을 건조시켜 만든 약재이다.

8   마다가스카르섬(Madagascar Island): 원문은 '마달가사가이대도(馬達加斯加爾大島)'로, 마타아사갑도(馬他牙士甲島)라고도 한다.

머지 산들이 어지러이 펼쳐져 있으며, 폭포가 수백 길에 걸쳐 쏟아져 내리고 있다. 가장 높은 산봉우리로는 북쪽의 유가가랍(維加哥拉)[9]과 남쪽의 앙파적미내(昻巴的美內)[10]가 있다. 산의 동쪽과 서쪽은 평원이 드넓게 펼쳐져 있고 계곡이 서로 엉켜 흐르고 있어 전답이 비옥하고, 곡식과 과일이 넘쳐나며, 아프리카 전체에서 가장 풍광이 뛰어나다. 다만 기후가 찌는 듯이 더워 거의 대부분이 해변이나 물가에 산다. 풍토병에 걸리는데, 다른 나라 사람들은 이를 견뎌내지 못한다. 사람들은 대부분 흑인으로, 이슬람교를 믿으며, 예로부터 따로 나라를 세워 다스리면서 지배를 받은 적이 없다. 프랑스가 일찍이 이 땅을 차지하려고 누차 시도했으나 결국 차지하지 못했다. 이 땅은 수십 개의 왕국으로 나뉘며 서로 간섭하지 않는다. 비교적 큰 지역으로는 우아즈(Oise),[11] 사칼라바스(Sakalavas),[12] 안테바(anteva),[13] 베츠미사라카(Betsimisaraka),[14] 베타니메나(Betanimena),[15] 안드라마시나(Andramasina)[16]가 있으며, 나머지 지역은 아주 작고 이름도 다 알려져 있지 않다. 이 땅에서는 생사·삼베·밀랍·대나무·소목(蘇木)·사탕수수·생고무·인디고·담배·백후추·사고(sago)[17]가 난다. 산에서는 은·구리·철·주석·흑연·수은을 비롯한 각종 광물

---

9   유가가랍(維加哥拉): 미상.

10   앙파적미내(昻巴的美內): 미상.

11   우아즈(Oise): 원문은 '아와사(砑瓦斯)'로, 우아즈로 추정된다.

12   사칼라바스(Sakalavas): 원문은 '새가랍와사(塞哥拉瓦斯)'로, 마다가스카르 서부에 위치한다.

13   안테바(anteva): 원문은 '안달와이사(安達瓦爾斯)'로, 안테바로 추정된다.

14   베츠미사라카(Betsimisaraka): 원문은 '비정살랍(卑定薩拉)'으로, 마다가스카르 동부에 위치한다.

15   베타니메나(Betanimena): 원문은 '비달니미내(卑達尼美內)'이다.

16   안드라마시나(Andramasina): 원문은 '안달미서(安達美西)'로, 마다가스카르 중부에 위치한다.

17   사고(sago): 원문은 '서곡미(西穀米)'로, 서미(西米)·사곡미(沙穀米)·사호미(沙弧米)라고도 한

이 모두 나며, 보석·수정 역시 도처에 있다. 원주민들은 이를 채굴할 줄 모르고 오직 쇠만 가공할 줄 안다.

모리셔스섬(Mauritius Island)[18] 모륵돌(冒勒突), 묘리사(妙哩士)라고도 한다. 은 마다가스카르의 동쪽에 위치하며 사방 약 5백 리에 달하고 기후는 무덥지만 그래도 사람이 살만하다. 이 땅은 영국이 개척한 곳으로, 총독이 진수하고 있으며, 인근에 있는 40여 개의 작은 섬을 관할하고 있다. 이 땅에서는 백설탕이 난다.

부르봉섬(Île Bourbon)[19] 포이본(捕耳本)이라고도 한다. 은 모리셔스의 동쪽에 위치하며, 남북의 길이는 180리이고, 동서의 너비는 130리이며, 인구는 약 9만여 명으로, 프랑스가 개척한 곳이다. 전답이 비옥하고 기후가 온난하고 좋다. 섬에 화산이 있이 밤낮으로 쉬지 않고 화염을 분출하고 있다. 이 땅에서는 곡식·과일·커피·백설탕·면화·담배·정향(丁香)·계피·목재가 나고, 또한 흑금(黑金)·산호가 난다. 해변에 항구가 없어서 정박하던 상선이 태풍을 만나 파손되기도 하지만, 프랑스의 상선은 매년 왕래하면서 이곳을 포기하려 하지 않는다.

세인트헬레나섬(Saint Helena)[20]은 대서양에 위치하고 남아프리카의 짐바

다. 사고는 사고 야자나무에서 나오는 쌀알 모양의 흰 전분으로, 동양에서는 밀가루처럼 사용하고, 서양에서는 요리를 걸죽하게 하는데 사용한다.

18 모리셔스섬(Mauritius Island): 원문은 '모리서아도(毛里西亞島)'로, 모륵사도(茅勒士島), 모리구사(毛里求斯)라고도 한다.

19 부르봉섬(Île Bourbon): 원문은 '불이분도(不爾奔島)'로, 포이빈도(布爾濱島), 류니왕도(留尼汪島)라고도 한다. 지금의 레위니옹섬(Île de La Réunion)이다.

20 세인트헬레나섬(Saint Helena): 원문은 '삼달액륵나도(三達厄勒那島)'로, 의륵납도(意勒納島), 성혁륵나도(聖赫勒拿島)라고도 한다.

브웨와 가까우며, 남북의 길이는 45리이고, 동서의 너비는 25리이다. 영국이 개척한 섬으로 총독이 진수하고 있으며, 인근에 있는 각 섬들을 모두 관할하고 있다. 기후는 온난해서 사람이 살 수 있다. 가경연간에 폐위된 프랑스의 나폴레옹이 영국에게 사로잡혀 이곳에 유배되었다가, 도광 3년(1823)에 병사했다.[21]

상투메섬(Ilha de São Tomé)[22]은 사방 4백 리에 이른다. 프린시페섬(Ilha do Príncipe)[23]은 남북의 길이는 80리이고, 동서의 너비는 60리이다. 두 섬은 대서양의 기니만(Gulf of Guinea)[24]에 위치하며, 포르투갈이 개척한 곳이다. 과거에는 밀림이 우거져 있었으나 포르투갈 사람들이 불을 놓아 태우고 그 땅을 개간하여 포도를 심었다. 이 포도로 술을 빚는데, 술맛이 아주 좋아 매년 30만 원(圓)어치의 술을 수출한다.

페뇽데벨레스데라고메라(Peñón de Vélez de la Gomera),[25] 알루세마스(Alhucemas),[26] 멜리야(Melilla)[27]는 모두 합쳐 카보베르데제도(Ilhas de Cabo Verde)[28]

---

21 가정연간에…병사했다: 원문은 도광3년으로 되어 있으나 역사적 사실에 따르면 나폴레옹은 도광1년(1821)에 사망했다.

22 상투메섬(Ilha de São Tomé): 원문은 '상다미도(桑多美島)'이다.

23 프린시페섬(Ilha do Príncipe): 원문은 '배림서비도(北林西卑島)'로, 배림서아도(北林西亞島), 보림서비도(普林西比島)라고도 한다.

24 기니만(Gulf of Guinea): 원문은 '기내아해만(幾內亞海灣)'으로, 위니해우(危尼海隅)라고도 한다.

25 페뇽데벨레스데라고메라(Peñón de Vélez de la Gomera): 원문은 '배농적위륵사도(北農的威勒斯島)'로, 패래사(貝萊斯)라고도 한다. 지금의 모로코 연안에 위치한 스페인령 바위섬이다.

26 알루세마스(Alhucemas): 원문은 '아려새마사도(亞盧塞馬斯島)'로, 아로새마사(阿盧塞馬斯)라고도 한다.

27 멜리야(Melilla): 원문은 '미려랄시도(美黎辣是島)'로, 매리리아(梅利利亞)라고도 한다.

28 카보베르데 제도(Ilhas de Cabo Verde): 원문은 '녹산두군도(綠山頭群島)'로, 불득각군도(佛得角群島)라고도 하는데, 지금의 카보베르데 공화국(Republic of Cabo Verde)을 가리킨다.

라고 하는데, 세네감비아의 서쪽에 위치한다. 이 땅은 대부분 척박하고 풀도 자라지 않는 불모지로, 거주민들은 해변에서 생산되는 소금에 의지해 생활한다. 또한 카나리아제도(Islas Canarias)[29]는 모두 20여 개의 섬으로, 모로코의 서쪽에 위치하고, 기후는 후덥지근하며, 이 땅에서는 술·과일·설탕·꿀·기장·보리·콩·마·생사가 난다. 이상의 각 섬은 모두 스페인이 개척한 곳이다. 카나리아제도에는 테네리페(Teneriffe)[30]라는 큰 섬이 있는데, 높이가 120길에 달해 상선이 왕래할 때 이정표가 되었다. 또 란사로테(Lanzarote)[31]에 있는 화산은 수시로 화염을 분출한다.

세우타(Ceuta)[32]는 지중해의 지브롤터해협의 해구에 위치하고 인근에 모로코가 있는데, 철옹성으로 스페인의 속지이다.

아프리카는 팔괘의 방향에서 보면 서남쪽[坤位] 방향에 위치한다. 땅의 기운이 무겁고 탁하며 사람들이 어리석기 때문에 천지가 개벽한 이래 수만 년이 지났는데도 상고시대처럼 순박하고, 스스로 풍조를 바꾸지 못했다. 유럽 각국은 신천지를 찾아 나서길 좋아해 사방으로 닻을 올렸다. 유독 아프리카에서는 해변에서만 상점을 열고 내지 깊숙이는 들어가지 못했는데, 산천의 혼탁하고 불결한 기운을 씻어낼 수 있는가 아닌가에 그 이유가 있는 것 같다. 아프리카는 중앙이 바로 적도에 해당하며, 남쪽과 북쪽 역시 적도에서

---

29 카나리아제도(Islas Canarias): 원문은 '가나렬사군도(加拿列斯群島)'로, 가나렬군도(加拿列群島), 복도(福島), 행복도(幸福島)라고도 한다.

30 테네리페(Teneriffe): 원문은 '덕내려비(德內黎非)'로, 특니륵산(特尼勒山), 특니리비봉(特尼里費峰)이라고도 한다.

31 란사로테(Lanzarote): 원문은 '란새라덕도(蘭塞羅德島)'로, 란살라특도(蘭薩羅特島)라고도 한다.

32 세우타(Ceuta): 원문은 '수달도(修達島)'로, 휴달(休達)이라고도 한다.

멀지 않아서 기후가 아주 뜨겁고 풍토병이 특히 심해 이 땅에서 나고 자란 사람이 아니면 거의 감당하기 어렵다. 그래서 이국의 사람들은 여기에 발을 들여놓기가 힘들다. 북쪽은 아시아와 인접해있어서 동쪽과 서쪽의 두 내해 **홍해·지중해** 도처에 배를 댈 수 있다. 그래서 땅이 비록 사막지대이긴 하지만 동방의 이민족들이 일찍이 이 땅에서 살았다. 동쪽, 서쪽, 남쪽 삼면은 땅이 평평하고, 육지와 바다가 가지런하며, 올록볼록한 만이 두르고 있지 않기 때문에 깊은 강도 없다. 무릇 선박이 대양을 달릴 때 깊고 고요한 항구가 없으면 정박할 수 없다. 그래서 각국의 상선들은 이곳을 수시로 지나다니면서도 도처에서 뭍에 올라갈 방법이 없었다. 이 땅이 개척되지 않은 이유는 사실 여기에 있다. 북쪽 육로를 따라 가면 사막이 수천 리에 펼쳐져 있는데, 바닷길과 비교하면 훨씬 힘들다. 남쪽의 풍토병은 어리석고 미개해서 그런 것이지 반드시 땅의 기운이 나빠서 그런 것은 아니니, 산과 밭을 일구어서 독충을 몰아내고 잡초를 베어내고 곡식을 뿌리면, 황무지가 장차 옥토로 변할 것인데, 아프리카인에게는 이와 같은 지혜가 없으니 안타깝도다! 원주민들은 검고 못생겼으며, 돼지나 사슴처럼 어리숙하고, 인신매매가 습속이라 인구의 태반이 다른 나라의 노예가 되었으니, 역시 딱하다고 할 수 있다. 그런데 사람들이 충직하고 말을 잘 들어 평생토록 노예로 부려도 달아나거나 배신하는 경우가 없는데, 설마하니 서남쪽의 유순한 사람들만 데려온 것인가!

『阿非利加群島』

馬蘇阿島, 在紅海中, 附近北土之阿北西尼亞, 土耳其所屬, 烟戶無多, 而泊舟穩便, 貿易頗盛. 幾羅阿島 · 蒙非亞島 · 桑西巴爾島 · 奔巴島 · 索哥德拉島, 在紅海之外印度海中, 廣長二三百里不等, 皆阿剌伯所屬. 產香料 · 象膽 · 硃砂.

馬達加斯加爾大島, 一作馬大狎甲, 又作墨勒阿士喀, 又作聖老佐楞大島. 在印度海東南方, 與東土之莫三鼻給相近, 長約二千八九百里, 廣約七八百里. 有高山綿亘如脊, 萬笏紛排, 瀑布飛流數百仞. 峰之最高者, 北曰維加哥拉, 南曰昂巴的美内. 山東西平原坦闊, 溪澗交縈, 田土肥沃, 穀果豐碩, 淸勝爲阿非一土之最. 惟地氣炎熱, 海濱洿澤居半. 瘴癘觸人, 異國人不能耐. 居民皆黑番, 從回教, 自古別爲一國, 無所羈屬. 佛郎西嘗謀取其地, 屢圖之而未得也. 地分數十部, 不相統攝. 其大者曰痾瓦斯, 曰塞哥拉瓦斯, 曰安達瓦爾斯, 曰卑定薩拉, 曰卑達尼美内, 曰安達美西, 餘冗雜, 名不盡著. 土產絲 · 麻 · 蜜蠟 · 竹 · 蘇木 · 甘蔗 · 樹膠 · 青黛 · 烟葉 · 白胡椒 · 沙穀米. 山中銀 · 銅 · 鐵 · 錫 · 黑鉛 · 水銀各礦皆備, 寶石 · 水晶, 亦所在多有. 土番不解搜采, 惟知攻鐵而已.

毛里西亞島, 一作冒勒突, 又作妙哩士. 在馬達加斯加爾之東, 迴環約五百里, 氣候炎熱, 尙可居栖. 地爲英吉利所闢, 駐有大酋, 附近小島四十餘皆屬焉. 土產白糖.

不爾奔島, 一作捕耳本. 在毛里西亞之東, 長一百八十里, 廣一百三十里, 居民九萬餘, 佛郎西所闢. 田土膏腴, 地氣平善. 内有火山, 晝夜吐焰不息. 土產穀 · 果 · 加非 · 白糖 · 棉花 · 烟葉 · 丁香 · 桂皮 · 材木, 又產黑金 · 珊瑚. 沿海無港澳, 商船停泊, 往往遭風損壞, 然佛國商船, 每歲往來不肯棄也.

三達厄勒那島, 在大西洋海中, 與南土之星卑巴西亞相近, 長四十五里, 廣二十五里. 英吉利所屬, 駐以大酋, 附近各島皆屬焉. 地氣溫平可居. 嘉慶年間, 佛郎西廢王拿破侖爲英吉利所禽, 流於此島, 道光三年病死.

桑多美島, 周回四百里. 北林西卑島, 長八十里, 廣六十里. 二島在大西洋海幾內亞海灣之中, 葡萄牙所屬. 舊多深林密箐, 葡人焚以烈火, 墾其地種葡萄. 釀酒甚佳, 每歲出運, 價值三十萬圓.

北農的威勒斯島 · 亞慮塞馬斯島 · 美黎辣是島, 總名綠山頭群島, 在塞內岡比亞之西. 地多枯瘠不毛, 海濱產鹽, 居民賴以爲生. 又有加拿列斯群島, 共二十餘島, 在摩洛哥之西, 地氣濕熱, 產酒 · 果 · 糖 · 蜜 · 黍 · 麥 · 豆 · 薯 · 絲. 以上各島, 皆西班牙所屬. 加拿列群島中, 有大山曰德內黎非, 高一百二十丈, 商舶往來, 望爲標準. 又蘭塞羅德島, 有火山, 時吐烟焰.

修達島, 在地中海直布羅陀口門之內, 附近摩洛哥, 建有堅城, 亦西班牙所屬.

阿非利加一土, 以八卦方向視之, 正當坤位. 其氣重濁, 其人類頑愚, 故剖判已歷千萬年, 而淳悶如上古, 風氣不能自開. 歐羅巴諸國好尋新地, 帆檣周於四海. 獨於亞非利加一土, 僅創一塵於海濱, 而不能深入腹地, 一洗山川之昏濁, 蓋有故焉. 亞非利加一土, 中間正當赤道, 其南北亦去赤道不遠, 炎燠既甚, 瘴癘尤多, 非生長其地者, 殆不能堪. 異土之人, 艱於托足. 其北土與亞細亞接連, 東西兩內海, **紅海 · 地中海**. 處處可以泊船. 故地雖沙磧, 而東方異族, 早已擇土而居. 其東西南三面塊然平直, 土與海齊, 無凹凸灣環之勢, 故無深澳. 凡舟行大洋中, 無深穩之港澳, 不能寄碇. 故諸國海船, 時時經過, 而無由隨處登攀. 其地之不能開拓, 實由於此. 若從北方旱路往, 則平沙數千里, 較之涉海尤艱. 南方瘴癘, 由昏蒙之未開, 未必地氣之獨劣, 烈山澤而驅毒物, 誅草萊而播嘉穀, 穢墟且變爲腴壤, 而惜乎番族之無此智能也! 土番形貌黑醜, 蠢如豕鹿, 以略賣人口爲俗, 強半爲諸國之奴, 亦可憫矣. 然其人願而馴, 豢之終身, 無逃叛者, 其又得坤土之柔順者歟!

영환지략

권9

본권에서는 콜럼부스의 아메리카 대륙 발견
과정과 미국의 독립 과정과 역사, 26개 주의
설립과정, 헌법과 의회제도의 수립과정 및
정치, 종교, 교육, 복지, 경제 등에 대해 기술
하고 있다. 특히 미국의 민주주의 제도와 제
도를 설립한 조지 워싱턴과 그를 중심으로
한 미국인들의 인격에 대해 설명하면서 지도
자의 중요성을 강조하고 있다. 나아가 북아
메리카 빙하지역의 자연환경, 풍속, 영국의
속지 형성과정과 특징에 대해서도 함께 서술
하고 있다.

〔 아메리카 〕

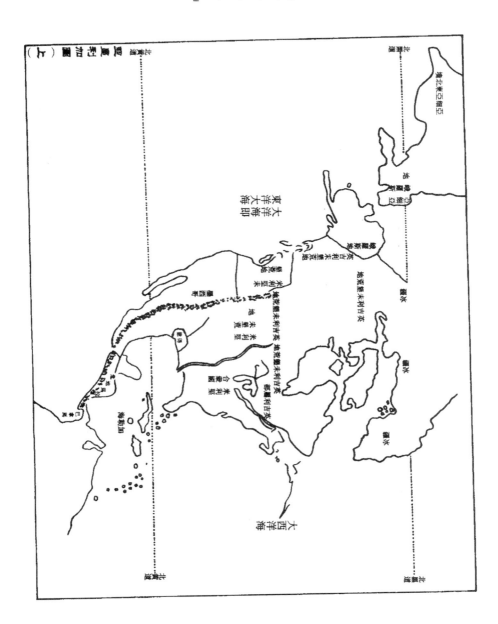

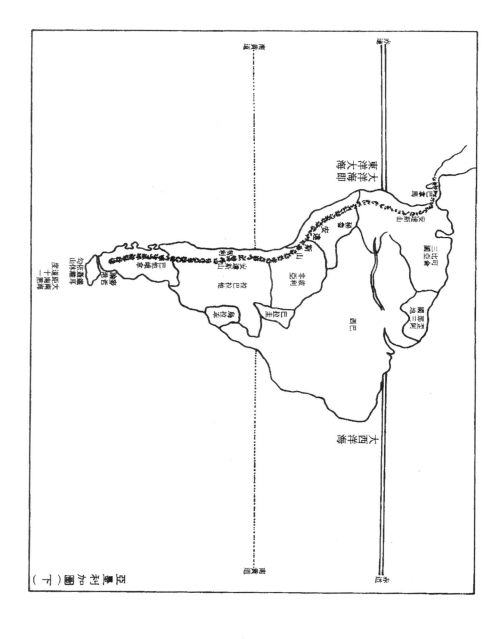

亞墨利加圖（下）

아메리카지도(상)

아세아동북경(亞細亞東北境): 아시아동북 강역이다.

북흑도(北黑道): 지금의 북극권이다.

아세아아라사지(亞細亞峨羅斯地): 아시아 러시아(Russia) 땅이다.

빙강(冰疆): 빙하지역이다.

아라사지(峨羅斯地): 러시아 땅이다.

영길리미간황지(英吉利未墾荒地): 영국령 미개척지이다.

영길리속부(英吉利屬部): 영국령 속지이다.

대서양해(大西洋海): 지금의 대서양(Atlantic Ocean)이다.

미리견합중국(米利堅合衆國): 지금의 미합중국이다.

미리견미간황지(米利堅未墾荒地): 미국 미개척지이다.

대양해(大洋海): 지금의 태평양(Pacific Ocean)이다.

득살(得撒): 지금의 텍사스(Texas)이다.

북황도(北黃道): 북회귀선이다.

가륵해(加勒海): 지금의 카리브해(Caribbean Sea)이다.

묵서가(墨西哥): 지금의 멕시코(Mexico)이다.

위지마랍(危地馬拉): 지금의 과테말라(Guatemala)이다.

파나마(巴拿馬): 지금의 파나마(Panama) 지협이다.

아메리카지도(하)

파나마: 지금의 파나마 지협이다.

안달사산(安達斯山): 지금의 안데스산맥(Andes Mountains)이다.

대양해(大洋海): 지금의 태평양이다.

대서양해(大西洋海): 지금의 대서양이다.

적도(赤道): 적도이다.

가륜비아삼국(哥侖比亞三國): 콜롬비아(Colombia) 3개국이다.

왜아나삼국지(歪阿那三國地): 가이아나(Guyana) 3개국 속지이다.

파서(巴西): 지금의 브라질(Brazil)이다.

비로(秘魯): 지금의 페루(Peru)이다.

파리비아(玻利非亞): 지금의 볼리비아(Bolivia)이다.

파랍규(巴拉圭): 지금의 파라과이(Paraguay)이다.

남황도(南黃道): 남회귀선이다.

랍파랍타(拉巴拉他): 지금의 라플라타(La Plata)이다.

오랍괴(烏拉乖): 지금의 우루과이(Uruguay)이다.

지리(智利): 지금의 칠레(Chile)이다.

파타아나(巴他峨拿): 지금의 파타고니아(Patagonia)이다.

맥철륜항(麥哲論港): 지금의 마젤란해협(Strait of Magellan)이다.

철이섭리의휴구산(鐵耳聶離依休勾山): 지금의 티에라델푸에고섬 (Tierra del Fuego Island)이다.

대남해(大南海): 지금의 남극해(Antarctic Ocean)이다.

남극해는 남흑도(南黑道)에서 21도 떨어져 있다.

남흑도(南黑道): 지금의 남극권이다.

아메리카(America) 아묵리가(亞墨理駕)라고도 한다. 는 아시아·유럽·아프리카 세 대륙과 이어져 있지 않다. 이 땅은 남북으로 양분되는데, 북아메리카는 날치[1]처럼 생겼고, 남아메리카는 헐렁한 잠방이를 입은 넓적다리처럼 생겼으며, 중간에 있는 파나마(Panama) 지협[2]으로 연결되어 있다. 북쪽은 북극해(Arctic Ocean)[3]에 이르고, 남쪽은 남극해(Antarctic Ocean)[4]에 가까우며, 남북의 길이는 2만 8천여 리에 이른다. 동쪽으로는 대서양(Atlantic Ocean)[5]에 이르고, 유럽, 아프리카와 마주보고 있으며, 뱃길로는 약 1만 리에 이른다. 서쪽으로는 태평양(Pacific Ocean)[6]에 이르며, 중간에 다른 땅 없이 아시아의 동쪽 지경까지 쭉 뻗어 있다. 극서북단의 한쪽 구석이 아시아의 극동북단의 모퉁이와 항구 하나를 사이에 두고 있다. 지형에 따라 말하자면 아시아·유럽·아프리카 세 대륙은 동쪽에 위치하고 아메리카는 서쪽에 위치하며, 아시아·유럽·아프리카 세 대륙은 지구의 앞쪽에 위치하고 아메리카는 지구의 뒤쪽에 위치한다.

아메리카는 또 다른 하나의 세계로, 천지창조이래로 다른 지역과 왕래한 적이 없다. 이 땅 사람들의 신체와 용모는 중국인과 비슷하며, 얼굴색

---

1   날치: 원문은 '비어(飛魚)'이다.

2   파나마(Panama) 지협: 원문은 '세요(細腰)' 즉 가는 허리로, 여기서는 의미상 파나마지협을 가리킨다. 파나마 지협은 파나마미지(巴那馬微地), 파나마협(巴那馬峽)으로 표기된다.

3   북극해(Arctic Ocean): 원문은 '북빙해(北冰海)'이다.

4   남극해(Antarctic Ocean): 원문은 '남빙해(南冰海)'이다.

5   대서양(Atlantic Ocean): 원문은 '대서양해(大西洋海)'이다.

6   태평양(Pacific Ocean): 원문은 '대양해(大洋海)'로, 태평해(太平海)라고도 한다. 아시아의 동쪽에서부터 남북아메리카의 서쪽에 이르는 해역으로, 중국의 동양대해(東洋大海)에 해당한다. 서양인들은 이 해역의 풍랑이 잔잔하다고 생각해서 태평양이라 불렀다.

은 자줏빛으로, 순동처럼 붉기도 하고 갈색 같기도 하다. 두발은 몇 치 남 짓만 남기고 잘라 정수리로 모아 묶었는데, 지는 꽃처럼 덥수룩하다. 북아 메리카의 최북단 지역은 1년 내내 날씨가 춥고 얼음이 얼어 있으며, 물고 기를 잡아먹고 산다. 약간 남쪽에서는 수렵을 해서 생활하고 잡은 짐승의 가죽으로 옷을 해 입는데, 그 모습이 막북(漠北)[7]에 사는 몽골의 풍속과 비 슷하다. 다시 남쪽으로 내려가면 원주민이 여기저기 흩어져서 살고 있다. 더 남쪽으로 멕시코(Mexico)[8]에서부터 남아메리카의 콜롬비아(Colombia)[9]·페 루(Peru)[10]·볼리비아(Bolivia)[11]·칠레(Chile)[12]에 이르는 지역은 과거에는 영토가 나뉘어져 있고, 성읍을 갖추고 있었다. 명나라 홍치(弘治)[13]연간에 스페인 (Spain)[14]의 대신 콜럼버스(Columbus)[15] 각룡(閣龍), 개륜(個倫), 가륜파(哥倫波)라고도 한 다. 가 상선을 타고 서쪽으로 새로운 땅을 찾아 나섰다가 비로소 카리브제 도(Caribbean)[16]에 도착한 뒤에야 아메리카라는 넓은 영토가 있음을 알게 되

---

7 막북(漠北): 영북(嶺北)이라고도 하며, 중국 북방의 사막, 고비 사막 북쪽을 가리킨다.

8 멕시코(Mexico): 원문은 '묵서가(墨西哥)'로, 묵서가(默西可)라고도 한다.

9 콜롬비아(Colombia): 원문은 '가륜비아(可侖比亞)'로, 가륜비(哥倫比)라고도 한다.

10 페루(Peru): 원문은 '비로(秘魯)'로, 패로국(孛露國)·비로(比魯)·백로(伯路)·배로(北路)·배로 (北盧)라고도 한다.

11 볼리비아(Bolivia): 원문은 '파리비아(玻利非亞)'로, 파리비아(波利非亞), 파리위(破利威)라고도 한다.

12 칠레(Chile): 원문은 '지리(智理)'로, 치리(治理), 치리(治利), 제리(濟利)라고도 한다.

13 홍치(弘治): 명나라 제9대 황제 효종 주우탱(朱祐樘)의 연호(1487~1505)이다.

14 스페인(Spain): 원문은 '서반아(西班牙)'로, 시반아(是班牙)라고도 한다.

15 콜럼버스(Columbus): 원문은 '가륜(可侖)'으로, 가륜(可倫), 가륜파(可倫波), 가륜포(哥倫布)라고 도 한다. 크리스토퍼 콜럼버스(Christopher Columbus)(1451~1506)로, 이탈리아의 탐험가인 그는 1492년에 스페인 함대를 이끌고 항해해 파나마군도(Islas Panama)에 상륙했다.

16 카리브제도(Caribbean): 원문은 '가륵해만군도(加勒海灣群島)'로, 신이서파니아해(新以西把尼亞

었으며, 먼저 콜롬비아를 차지했다. 정덕(正德)[17] 14년(1519)에 스페인 사람 코르테스(Cortés)[18]는 멕시코가 부유하다는 소문을 듣고 군사를 이끌고 공격해 그 나라를 빼앗았다. 다시 영토 확장을 위해 남쪽으로 내려가자, 남아메리카 서쪽 변방에 위치한 각국은 차례대로 잠식되었다. 스페인 사람들이 점차 여기저기 흩어져 그곳 사람들과 섞여 살면서 산을 개척하고 은광을 발굴해 이 덕분에 갑자기 부유해졌다. 그 당시 포르투갈의 한 상선이 태풍을 만나 남아메리카의 브라질(Brazil)[19]까지 표류해왔다가 광활한 땅을 보고 나라 사람들을 이주시켜 개간하고 씨를 뿌렸다. 그 소식을 들은 프랑스와 영국 역시 함선을 타고 서쪽으로 신천지를 찾아 나섰다가 북아메리카에 이르렀다. 프랑스는 아메리카의 남쪽과 북쪽을 차지했고, 영국은 그 중심부를 차지했다. 네덜란드(Nederlands)[20]·덴마크(Denmark)[21]·스웨덴(Sweden)[22] 사람들 역시 뒤따라 서쪽으로 와서 각각 땅을 개간했다. 후에 프랑스와 각국이 차지했던 땅은 대부분 영국에 병탄되었다. 논밭이 구름처럼 이어져 있고 도시가 많으며 특히 부유하다. 이로부터 남북아메리카는 스페인과 포르투갈이 남쪽을, 영국이 북쪽을 차지해 해외진출의 교두보로 삼은 지 몇

海)라고도 한다.

17	정덕(正德): 명나라 제10대 황제 무종 주후조(朱厚照)의 연호(1505~1521)이다.
18	코르테스(Cortés): 원문은 '가이덕사(哥爾德斯)'로, 에르난 코르테스(Hernán Cortés)를 말한다. 코르테스(1485~1547)는 멕시코를 스페인령으로 만들었다.
19	브라질(Brazil): 원문은 '파서(巴西)'로, 백서이(伯西爾)·피서(被西)·파실(巴悉)·파랍서리(巴拉西利)라고도 한다.
20	네덜란드(Nederlands): 원문은 '하란(荷蘭)'이다.
21	덴마크(Denmark): 원문은 '련국(嗹國)'으로, 전지묵(顚地墨)·령묵(領墨)·정말(丁末)이라고도 한다.
22	스웨덴(Sweden): 원문은 '서국(瑞國)'이다.

백 년이 되었다. 건륭(乾隆)[23] 연간에 미국(The United States Of America)[24]이 영국에 항거하자 영국은 그 땅을 수복하지 못한 채 옥토는 모두 빼앗기고 북쪽의 황무지만 겨우 차지했다. 가경(嘉慶)[25] 연간에 스페인은 왕이 프랑스 국왕 나폴레옹(Napoleon)[26]에 의해 폐위되면서 나라가 혼란에 빠지자 멕시코 이남의 나라들이 모두 들고 일어났다. 포르투갈 왕은 나폴레옹의 침략을 받아 브라질까지 도망 왔다가[27] 아들을 남겨 그 땅의 왕으로 삼았으나, 브라질 사람들이 그를 몰아냈다. 이때에 와서 남북아메리카는 영국이 차지하고 있는 얼마 안 되는 북쪽 땅 이외에 나머지는 모두 땅을 차지하고 독립해 스스로 나라를 다스리며 유럽의 지배를 받지 않게 되었다.

북아메리카의 서북지역은 로키산맥(Rocky Mountains)[28]이라는 높은 산이 서북쪽에서 동남쪽으로 길게 뻗어 있고, 동쪽 변경에 있는 애팔래치아산맥(Appalachian Mountains)[29]은 동북쪽에서 서남쪽으로 걸쳐 있으며, 나머지는 대부분 평지이다. 큰 강으로는 미시시피강(Mississippi R.)[30]이 있는데, 서북쪽에서 발원해 동남쪽을 거쳐 바다로 유입되며, 중국의 황하처럼 드넓다. 이

---

23 건륭(乾隆): 청나라 제6대 황제 고종 애신각라홍력(愛新覺羅弘曆)의 연호(1735~1795)이다.

24 미국(The United States Of America): 원문은 '미리견(米利堅)'으로, 미리견(彌利堅)이라고도 한다.

25 가경(嘉慶): 청나라 제7대 황제 인종 애신각라옹염(愛新覺羅顒琰)의 연호(1796~1820)이다.

26 나폴레옹(Napoleon): 원문은 '나파륜(拿破侖)'으로, 나파리임(那波利稔)이라고도 한다.

27 포르투갈 왕은…도망 왔다가: 1808년 포르투갈의 섭정 왕자 주앙 6세(Joao VI)는 1808년 나폴레옹의 침략을 두려워하여 브라질로 피해 왔다.

28 로키산맥(Rocky Mountains): 원문은 '락기(落機)'이다.

29 애팔래치아산맥(Appalachian Mountains): 원문은 '압파랍기엄(押罷拉既俺)'으로, 아파랍계산맥(阿巴拉契山脈), 아파랍기엄산(亞罷拉既俺山)이라고도 한다.

30 미시시피강(Mississippi R.): 원문은 '밀사실필(密士失必)'로, 밀서서비하(密西西比河), 미서서비하(米西西卑河), 미서실비하(米西悉比河)라고도 한다.

이외에 매켄지강(Mackenzie R.),³¹ 세인트로렌스강(Saint Lawrence R.),³² 델라웨어강(Delaware R.),³³ 포토맥강(Potomac R.),³⁴ 리오그란데강(Rio Grande)³⁵ 등이 있는데, 빙빙 휘감아 돌아 땅 속으로 흘러들어간다. 그래서 1만여 리를 굽이쳐 흐르기 때문에 땅이 대부분 비옥하다. 남아메리카의 서쪽 강역에 있는 안데스산맥(Andes Mountains)³⁶은 척추처럼 길게 뻗어 있는데 북쪽에서 남쪽으로 1만 7천 리에 달한다. 그 산에는 은광이 있어 '금혈(金穴)'이라 부른다. 화산이 많다. 산의 동쪽으로 평원이 광활하게 펼쳐져 있고, 아마존강(Rio Amazonas)³⁷이라는 큰 강이 있는데, 중국의 장강처럼 거대하다. 오리노코강(Rio Orinoco),³⁸ 토칸틴스강(Rio Tocantins),³⁹ 상프란시스쿠강(Rio São Francisco),⁴⁰

---

31 매켄지강(Mackenzie R.): 원문은 '마경사(馬更些)'이다.

32 세인트로렌스강(Saint Lawrence R.): 원문은 '상라릉색(桑羅棱索)'으로, 성로륜사하(聖勞倫斯河)라고도 한다.

33 델라웨어강(Delaware R.): 원문은 '덕랍와륵(德拉瓦勒)'으로, 저랍화하(底拉華河), 특랍화하(特拉華河)라고도 한다.

34 포토맥강(Potomac R.): 원문은 '파다마가(波多馬哥)'로, 파다맥하(頗多麥河), 파탁마극하(波托馬克河)라고도 한다.

35 리오그란데강(Rio Grande): 원문은 '북하(北河)'로, 북포랍옥하(北布拉沃河), 격란덕하(格蘭德河)라고도 한다.

36 안데스산맥(Andes Mountains): 원문은 '안달사(安達斯)'이다.

37 아마존강(Rio Amazonas): 원문은 '아마손(亞馬孫)'으로, 아맥송강(亞脈松江), 마랍낭하(馬拉娘河)라고도 한다.

38 오리노코강(Rio Orinoco): 원문은 '아륵낙가(阿勒諾哥)'로, 아리나가강(阿利挪加江), 과륵낙가하(科勒諾哥河), 오리낙과하(奧里諾科河)라고도 한다.

39 토칸틴스강(Rio Tocantins): 원문은 '다간정(多干定)'이다.

40 상프란시스쿠강(Rio São Francisco): 원문은 '상방제각(桑方濟各)'으로, 성불랑서사과하(聖弗朗西斯科河)라고도 한다.

마그달레나강(Río Magdalena),[41] 라플라타강(Río de la Plata)[42]은 모두 남쪽의 유명한 강이다. 사람들은 네 부류로 나눌 수 있는데, 인디언[43]은 얼굴색이 자줏빛으로 아메리카의 원주민이다. 백인은 모두 유럽 여러 나라에서 온 사람들이며, 흑인은 모두 아프리카에서 매매해온 노예들이다. 혼혈인은 세 부류로 나눌 수 있는데, 인디언 여자와 백인 남자, 혹은 흑인 여자와 백인 남자, 혹은 흑인 여자와 인디언 남자가 결혼을 해서 낳은 이들로, 이들 혼혈인은 피부색이 서로 다르다. 인디언 역시 종족이 서로 다르고, 풍속과 언어도 서로 다르다. 이 땅에는 과거에는 소·말·양·돼지·개·고양이가 없었다. 그래서 스페인 사람들이 처음 왔을 때 말을 타고 뭍에 오르자, 해안에 있던 사람들은 이를 보고 말과 사람이 한 몸이라 생각하고 모두 놀라 달아났지만 지금은 온 들판이 가축이다. 오곡은 과거에는 기장과 피뿐이었으나, 지금은 각종 곡물이 다 있다. 사탕수수·포도·오렌지·커피·후추·감자는 모두 유럽에서 가져와 심은 것으로, 역시 모두 무성하게 잘 자란다. 담배·면화는 특히 큰 이익이 된다. 근래에는 또 양잠업과 뽕나무 재배가 번창하고 있다. 나무는 소나무·측백나무·상수리나무·밤나무·느릅나무·자작나무·홰나무·버드나무가 많고, 약재·안료·향료가 아주 많다. 금, 은, 구리, 철, 주석 이외에 다이아몬드·보석·수은과 더불어 석탄과 소금이 도처에 있다.

북아메리카의 북쪽 강역은 아시아의 북쪽 지역과 마찬가지로 춥고 황량한 불모지이다. 남쪽으로 갈수록 날씨가 점점 따뜻해진다. 미국의 각 주

---

41 마그달레나강(Río Magdalena): 원문은 '마달륵나(馬達勒那)'이다.

42 라플라타강(Río de la Plata): 원문은 '은하(銀河)'로, 백랍달강(伯拉達江), 랍보랍탑하(拉普拉塔河)라고도 한다.

43 인디언: 원문은 '토인(土人)'으로, 미국 인디언을 가리킨다.

는 북회귀선의 북쪽에 위치해 절기가 중국과 비슷하다. 더 남쪽에 있는 콜롬비아 일대는 적도 아래에 해당해 아주 심하게 무덥지만 아프리카처럼 살인적인 더위는 아니고, 또한 풍토병이 없기 때문에 외지인이 들어와 살아도 요절하지 않는다. 남쪽으로 갈수록 날씨가 점차 좋아진다. 더 남쪽에 위치한 파타고니아(Patagonia)[44]는 북아메리카의 북쪽 지역만큼이나 날씨가 매섭게 춥다. 최남단에 있는 티에라델푸에고(Tierra del Fuego)[45]는 남극권에 가까워 눈과 얼음이 항상 쌓여 있으며, 사람과 가축이 살지 않는다. 이에 남극과 북극이 모두 빙하라는 말은 사실이며 증거도 있다는 것을 알 수 있다.

---

44 파타고니아(Patagonia): 원문은 '파타나아(巴他拿峨)'로, 백대가의(伯大加宜), 파타아니(巴他峨尼)라고도 한다.

45 티에라델푸에고(Tierra del Fuego): 원문은 '철이섭리의휴구(鐵耳聶離依休勾)'로, 화지도(火地島)라고도 한다.

〚 亞墨利加 〛

亞墨利加 一作亞墨理駕. 一土, 與三土不相連. 地分南北兩土, 北土形如飛魚, 南土似人股之著肥褌, 中有細腰相連. 北距北冰海, 南近南冰海, 計長二萬八千餘里. 東距大西洋海, 與歐羅巴・阿非利加兩土相望, 水程約萬里. 西距大洋海, 直抵亞細亞之東境無別土. 極西北之一隅, 與亞細亞之極東北隅, 隔一海港. 以地球大勢言之, 三土在東, 亞墨利加在西, 三土在地球之面, 亞墨利加在地球之背也.

亞墨利加別一區宇, 自剖判以來未通別土. 其人五官肢體, 近似中國, 而面色紫赤, 如紅銅, 如棕色. 翦髮留數寸許, 歸於頂而總束之, 蒙茸如散花. 北亞墨利加之極北境, 終年寒凍, 捕魚而食. 稍南以獵獸爲生, 衣其皮, 略如漠北蒙古之俗. 再南皆野番散處. 再南自墨西哥, 至南亞墨利加之可侖比亞・秘魯・玻利非亞・智利諸部, 古時卽分國土, 有城邑. 前明弘治年間, 西班牙之臣有可侖者, 一作閣龍, 又作個倫, 又作哥倫波. 駕巨艦西尋新地, 始抵加勒海灣群島, 知有亞墨利加廣土, 先取可侖比亞. 正德十四年, 西班牙人哥爾德斯探聞墨西哥富饒, 率兵攻之, 奪其國. 再拓而南, 南亞墨利加西偏各國, 以次蠶食. 西班牙人漸流布雜居, 開山掘銀礦, 以此驟富. 其時葡萄牙有海舶遭風, 飄至南亞墨利加之巴西, 見其土地空闊, 徙國人墾種之. 佛朗西・英吉利聞之, 亦駕巨艦西尋, 至北亞墨利加. 佛據其南北, 英據其中. 荷蘭・嗹國・瑞國之人, 亦接踵西來, 各事墾闢. 後佛與諸國所得之土, 多爲英所并. 阡陌雲連, 城邑相望, 尤爲富盛. 自是亞墨利加兩土, 西班牙・葡萄牙得其南, 英吉利得其北, 倚爲外府者數百年矣. 乾隆中, 米利堅畔英吉利, 英人不能收復, 腴壤盡失, 僅餘北境荒寒之土.

嘉慶年間, 西班牙王爲佛郎西王拿破侖所廢, 國大亂, 墨西哥以南諸部皆畔. 葡萄牙王爲拿破侖所逼, 逃至巴西, 留子王其地, 巴西人逐去之. 此時南北亞墨利加, 僅英人尙據北地片土, 餘皆擁地自擅, 不受歐羅巴約束矣.

北亞墨利加之西北境, 有高山綿亘, 曰落機, 自西北而東南, 東偏有山, 曰押罷拉既俺, 由東北而西南, 餘多平土. 有大河曰密士失必, 發源西北, 由東南入海, 浩瀚如中國之黃河. 此外有馬更些, 桑羅棱索, 德拉瓦勒, 波多馬哥, 北河諸水, 縈迴穿貫於平壤之中. 故迴環萬餘里, 土多膏腴. 南亞墨利加之西境, 有大山曰安達斯, 綿亘如脊, 由北而南, 長一萬七千里. 其山出銀礦, 號爲'金穴'. 多火峰. 山之東, 平原廣坦, 有大河曰亞馬孫, 大如中國之長江. 曰痾勒諾哥, 曰多干定, 曰桑方濟各, 曰馬達勒那, 曰銀河, 皆南土名水. 其居民分四種, 曰土人, 面紫色, 卽亞墨利加土著. 曰白人, 皆歐羅巴各國流寓, 曰黑人, 皆從阿非利加買來之奴. 曰雜人, 內分三種, 或土母白父, 或黑母白父, 或黑母土父, 三種人氣色各不同. 其土人亦種族各別, 風俗語音殊異. 其地舊無牛·馬·羊·豕·犬·貓, 西班牙人初到時, 騎馬登岸, 岸上人望見, 以爲馬與人一也, 皆惶駭奔避, 今則蹄角遍野. 五穀舊惟黍稷, 今則各種皆備. 甘蔗·葡萄·橙柑·加非·胡椒·芋薯之類, 皆從歐羅巴移種, 亦俱繁碩. 烟葉·棉花, 尤爲大利. 近又興蠶桑之法. 木多松·柏·橡·栗·榆·椴·槐·楊, 藥材·顏料·香料極多. 五金之外, 兼產鑽石·寶石·水銀, 煤與鹽隨處有之.

北亞墨利加之北境, 寒凍不毛, 與亞細亞之北境同. 迤南漸溫. 米利堅各部, 在北黃道之北, 與中國節候相仿. 再南至可侖比亞一帶, 正當赤道之下, 炎熱殊甚, 然不似阿非利加之酷烈, 且無瘴氣, 故流寓者無夭閼. 迤南漸平. 再南至巴他拿峨, 寒冽如北亞墨利加之北境. 至極南之鐵耳聶離依休勾, 已近南黑道, 則冰雪常封, 無人畜矣. 乃知南北極之皆爲冰海, 其說信而有徵也.

〖 북아메리카 빙하지역 〗

북아메리카의 최북단은 패옥처럼 북극해를 둘러싸고 있고, 북극권의 아래쪽에 위치해 있어 음기가 특히 가득하다. 여름에도 눈이 내리고, 가을도 되기 전에 먼저 얼음이 언다. 호수와 바다는 온통 얼음으로, 은광이 첩첩 쌓여 있는 것처럼 우뚝 솟아 있다. 섣달 두 달 동안은 해가 나지도, 별이 보이지도 않아, 사람과 가축이 모두 틀어박혀 지낸다. 5월, 6월 두 달 동안은 낮이 길고 밤이 없어 바다의 얼음이 모두 깨져 구릉지처럼 바다에 둥둥 떠다녀서, 배가 부딪치기라도 하면 바로 가루가 되고 만다. 이 바다에서는 고래가 잡혀 유럽 각국에서 1백 척 남짓의 어선이 오는데, 영국과 네덜란드 배가 많다. 배들은 동짓달에는 얼음에 정박해 있다가 여름이 되어 얼음이 녹으면 해수면을 왔다 갔다 한다. 고래를 잡으면 고래 기름과 뼈는 모두 비싼 값을 받는다. 물개와 바다코끼리[1]를 잡으면 고기는 먹고 기름은 뽑아낸다. 고래잡이가 가장 위험한데, 얼음에 부딪쳐 배가 부서지기도 하고, 큰고래가 미끼를 삼켜 배를 끌고 가 깊은 물속에 빠져 죽기도 한다. 그러나 이윤이 있는 곳이면 고민할 겨를이 없다. 원주민들은 극소수로, 물고기와 자라를 잡아먹고 살고, 물개의 가죽으로 옷을 해 입는다. 혈거생활을 하며 겨울에는 주야로 생선 기름을 태워 불을 밝힌다. 체구가 아주 왜소하고 외모가 검고 볼품없다. 이 땅은 북부 데번(Devon Septentrional),[2] 그린란드

---

1 바다코끼리: 원문은 '해마(海馬)'이다.

2 북부 데번(Devon Septentrional): 원문은 '북덕온(北德溫)'으로, 북덕문(北德文)이라고도 한다. 지금의 캐나다 북극제도의 데번섬(Devon Island)이다.

(Groenland-Septentrional),³ 배핀 패리(Baffin-Parry)⁴ 세 지역으로 나뉜다. 극서북쪽 구석에 캄차카(Kamchatka)⁵ 감사갑(甘査甲)이라고도 한다. 가 있는데, 아시아의 극동북쪽 변경과는 항구를 사이에 두고 겨우 50여 리 떨어져 있다. 러시아가 그 땅에서부터 걸쳐서 차지하고 있으며, 야생 동물을 잡아 가죽을 팔아서 먹고 사는데, 담비⁶와 물범이 많다. 그곳 사람들은 모두 굴속에서 거주한다. 빙하 지역은 경계가 없기 때문에 지도에 그려 넣지 않는다.

---

3   그린란드(Groenland-Septentrional): 원문은 '북일이일아(北日爾日亞)'이다.

4   배핀 패리(Baffin-Parry): 원문은 '파비영파리(巴非英巴利)'로, 파분파리(巴芬帕里)라고도 한다. 지금의 캐나다 배핀섬(Baffin Island)이다. 1616년 영국의 탐험가 윌리엄 배핀(William Baffin)이 발견한 데서 배핀 섬이라 불렸으나, 이에 관련된 자료가 일실됨에 따라 허구의 섬으로 알려졌다. 19세기 초반 윌리엄 패리(William Parry)가 다시 이 섬을 발견하고 그 존재를 확인함으로써 배핀 패리로 명명하게 되었다.

5   캄차카(Kamchatka): 원문은 '감찰가(監札加)'로, 간사갑(干査甲), 강찰덕가(岡扎德加), 감찰가(堪察加)라고도 한다.

6   담비: 원문은 '초서(貂鼠)'이다.

〖 北亞墨利加冰疆 〗

北亞墨利加之極北境, 環北冰海如玦, 地當黑道之下, 陰凝特甚. 夏亦見雪, 未秋先凍. 湖海皆冰, 嵯峨如銀山萬疊. 至臘兩月, 日不曜, 星不隱, 人畜皆蟄伏. 五六兩月, 長晝不夜, 海冰皆坼浮洋面如邱陵, 船觸之, 立卽虀粉. 其海產鯨魚, 歐羅巴諸國, 有釣船百餘隻, 英吉利・荷蘭爲多. 其船冬月停結冰中, 至夏冰釋, 乃往來海面. 得鯨魚, 油與骨皆獲重價. 得海犬・海馬, 則食其肉而取其油. 釣鯨最險, 或觸冰碎舟, 或巨鯨吞餌, 牽舟沒重淵. 然利之所在, 不遑恤也. 土人甚稀, 捕魚鱉爲糧, 衣海犬之皮. 穴地而居, 冬時晝夜燃魚油爲燭. 肢體甚短, 黑醜粗具人形. 其地分三域, 曰北德溫, 曰北日爾日亞, 曰巴非英巴利. 極西北之一隅, 名監札加, 一作甘查甲 與亞細亞之極東北隅, 僅隔海港五十餘里. 峨羅斯從彼地跨而有之, 獵野獸之皮, 以供飯鬻, 貂鼠・海虎爲多. 其人皆居地窟中. 冰疆無地界, 故未繪圖.

〚 영국령 북아메리카 〛

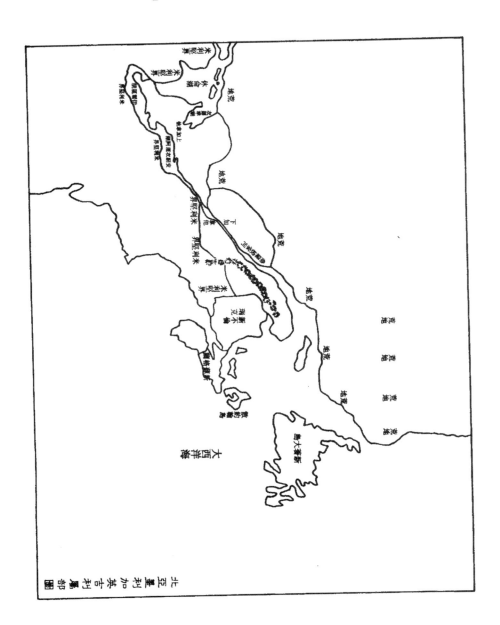

영국령 북아메리카 속지 지도

황지(荒地) : 황무지이다.

대서양해(大西洋海) : 지금의 대서양이다.

신저대도(新著大島) : 지금의 뉴펀들랜드섬(Newfoundland)이다.

상라릉색하(桑羅棱索河) : 지금의 세인트로렌스강이다.

산약한도(散約翰島) : 지금의 프린스에드워드섬(Prince Edward Island)
이다.

신소격란(新蘇格蘭) : 지금의 노바스코샤(Nova Scotia)이다.

신불륜서극(新不倫瑞克) : 지금의 뉴브런즈윅(New Brunswick)이다.

미리견계(米利堅界) : 미국 강역이다.

하가나타(上加拿他) : 로어캐나다(Lower Canada)이다.

상가나타(上加拿他) : 어퍼캐나다(Upper Canada)이다.

휴륜호(休侖湖) : 지금의 휴런호(Lake Huron)이다.

이이리호(伊爾厘湖) : 지금의 이리호(Lake Erie)이다.

의라괴호(衣羅乖湖) : 온타리오호로 되어 있으나, 지도의 위치상 조
지아만(Georgian Bay)이 되어야 한다.

안척의리아호(安剔衣厘阿湖) : 지금의 온타리오호(Lake Ontario)이다.

북아메리카는 미국 이북부터는 본래 프랑스가 개간한 땅이다. 영국이
미국 땅을 차지한 뒤 군사력으로 북쪽 땅을 빼앗기 위해 프랑스와 8년 동
안 교전을 벌여, 프랑스가 그 땅을 버리자 영국이 차지했다. 건륭 말년에

조지 워싱턴(George Washington)[1]이 이 땅을 차지하고 군대를 일으켜 미국의 주들은 모두 조지 워싱턴이 관할하게 되었다. 다만 북쪽 땅은 프랑스의 법을 적용해 세액이 아주 가벼웠고, 그곳 사람들이 들고 일어나지 않았기 때문에 여전히 영국령으로 있었다. 북쪽으로는 빙하지역에 이르고, 남쪽으로는 미국과 경계하고 있으며, 동쪽으로는 대서양에 이르고 서쪽으로는 태평양에 이른다. 이 땅은 대부분 평탄하고 계곡과 하천이 복잡하게 얽혀 있다. 가장 긴 하천은 세인트로렌스강이다. 또한 이리호(Lake Erie),[2] 휴런호(Lake Huron)[3] 등의 큰 호수도 있다. 기후는 한랭한 것이 중국 북방의 변경지대와 대략 비슷하다. 서쪽 변방은 숲이 우거져 있어 곤충이 서식한다. 영국인들은 지세가 험준하고 깊은 곳까지 가서 들짐승을 잡아 가죽을 취했는데, 담비·족제비[4]·친칠라(chinchilla)[5]·해달[6]·해태[7] 등까지 모두 가져갔다. 간혹 길을 잃고 곤경에 빠져 얼음과 눈 속에서 얼어 굶어 죽기도 하고, 또 화주(火酒)와 모직물을 원주민에게 주고 대신 가죽으로 바꾸어 가기도 했다. 원주민들은 이렇게 얻은 술을 마시고 걸핏하면 술에 잔뜩 취했고 종종 내장이 썩

1　조지 워싱턴(George Washington): 원문은 '화성돈(華盛頓)'이다. 조지 워싱턴(1732~1799)은 미국 초대 대통령으로, 미국 독립전쟁 당시 총사령관으로 활동했다. 미국의 건국과 혁명 과정에서 주요역할을 수행해 '미국 건국의 아버지'라고 불린다.

2　이리호(Lake Erie): 원문은 '이이리호(伊爾厘湖)'로, 이리호(伊里湖)라고도 한다.

3　휴런호(Lake Huron): 원문은 '휴륜호(休侖湖)'이다.

4　족제비: 원문은 '소서(騷鼠)'로, 황서랑(黃鼠狼)이라고도 한다.

5　친칠라(chinchilla): 원문은 '양회서(洋灰鼠)'이다. 친칠라의 털은 짜임새가 아주 좋아 비싸게 팔리며, 애완용으로도 사육된다.

6　해달: 원문은 '해룡(海龍)'이다.

7　해태: 원문은 '해타(海駝)'이다. 해치(獬豸)라고도 하는데 옳고 그름을 판단할 줄 안다는 전설상의 동물이다.

어 죽기도 했다. 이렇게 얻은 가죽은 러시아를 거쳐 중국에 팔린다. 큰 이
윤은 특히 목재에서 나는데, 영국인들이 대오를 이루어 숲으로 들어가 나
무를 잘라 물에 던지면, 나무가 물길을 따라 항구까지 떠내려 온다. 그러
면 누군가는 나무를 이용해 해변에서 배를 건조하고, 누군가는 영국의 신
개척지인 뉴펀들랜드(Newfoundland)[8] 일대로 목재를 팔러 간다. 해수면에 물
고기가 많은데 특히 여름에는 더 많아 각국의 어선들이 개미 떼처럼 몰려
든다. 물고기를 잡아 소금에 절여 천주교 각국으로 팔러 간다. 천주교 각국
은 재계를 올린 뒤 염장어를 먹는다. 매년 벌어들이는 오곡·목재·가죽·염장어
의 가치가 각각 은 수백만 냥에 이른다. 인구는 약 120여만 명으로, 영국
의 잉글랜드, 스코틀랜드, 아일랜드의 사람들 중에 매년 먹고 살기 위해 서
쪽으로 건너오는 이도 있다. 이 땅은 6개 주로 나뉘는데, 어퍼캐나다(Upper
Canada),[9] 로어캐나다(Lower Canada),[10] 뉴브런즈윅(New Brunswick),[11] 노바스코샤
(Nova Scotia),[12] 프린스에드워드섬(Prince Edward Island),[13] 뉴펀들랜드가 그것이다.
6개 주를 통틀어 캐나다(Canada)[14]라고 하며, 인근의 작은 섬들도 모두 여기

---

8 영국의 신개척지인 뉴펀들랜드섬(Newfoundland): 원문은 '영국신저도(英國新著島)'로, 덕랍락
와(德拉諾瓦), 뉴분란도(紐芬蘭島)라고도 한다. 지금의 뉴펀들랜드 래브라도(Newfoundland and
Labrador)이다.

9 어퍼캐나다(Upper Canada): 원문은 '상가나타(上加拿他)'이다.

10 로어캐나다(Lower Canada): 원문은 '하가나타(下加拿他)'이다.

11 뉴브런즈윅(New Brunswick): 원문은 '신불륜서극(新不倫瑞克)'으로, 신본서위부(新本西威部), 신
본사위(新本士威), 뉴묵란사임(紐墨蘭士稔)이라고도 한다.

12 노바스코샤(Nova Scotia): 원문은 '신소격란(新蘇格蘭)'으로, 신사가서아(新斯哥西亞), 나와사갈
저아(那洼士葛底阿), 신사과사(新斯科舍)라고도 한다.

13 프린스에드워드섬(Prince Edward Island): 원문은 '산약한도(散約翰島)'이다.

14 캐나다(Canada): 원문은 '신북륵달니아(新北勒達尼亞)'이다.

에 속한다. 총독[15]을 두어 6개 주의 일을 총괄한다. 오곡·모피·목재이외에
도 구리·철·아연·석탄·수은·담배가 난다. 캐나다의 서북쪽은 황무지가 끝
없이 펼쳐져 있으며 아직 개간되지 않았다.

어퍼캐나다는 세인트로렌스강의 상류와 이리호의 북쪽에 위치하며 남
북의 길이는 약 1천여 리에 이른다. 계곡과 호수의 물이 모이면 유속이 급
하고 세지며, 작은 섬들이 별처럼 늘어서 있는데, 폭포는 한번에 90길 높이
로 떨어진다. 영국은 가난한 무직자들을 이곳에 데리고 와서 황무지를 개
간하고 경작했는데, 부지런한 사람은 종종 부자가 되고, 게으른 사람은 곤
경에 처해 굶어죽기도 했다. 주도는 퀘벡(Quebec)[16]이다.

로어캐나다는 어퍼캐나다의 동쪽에 위치하며, 남북의 길이는 1천 리
정도 된다. 주민은 대부분 프랑스인들로 천주교를 숭상하고, 먹고 사는데
힘쓰지 않기 때문에 고정자산이 많지 않다. 또한 영국 관리에게 불복하면
서 수시로 들고 일어나 영국인들이 군대의 힘을 빌려 이들을 다스렸다. 이
곳 여자들은 얼굴빛이 자주색이며 미목은 단정하나 목욕을 할 줄 모른다.
영국인들은 불결한 것을 싫어했기 때문에 이곳 여자들을 아내로 맞아들이
는 경우가 드물었다. 주도는 토론토(Toronto)[17]이다.

뉴브런즈윅[新不倫瑞克] 신본사위(新本士威)라고도 한다. 은 로어캐나다 동쪽
경내의 남쪽에 위치하며 남북의 길이는 약 8백 리이고, 동서의 너비는 약 6
백 리이며, 동쪽으로는 대해와 접해있고, 남쪽과 북쪽은 내항에 임해있다.

---

15 총독: 원문은 '대추(大酋)'이다.

16 퀘벡(Quebec): 원문은 '급비극(給卑克)'으로, 귀벽(貴壁), 귀비읍(貴比邑), 괴배극(魁北克)이라고
도 한다.

17 토론토(Toronto): 원문은 '다륜다(多倫多)'이다.

항구는 수심이 아주 깊어 배를 몰고 들어와도 걸리는 모래가 없다. 토지는 상당히 비옥하지만 주민들은 농사에 힘쓰는 경우가 드물며, 모두 대오를 이루어 숲으로 들어가 벌목한다. 봄이 되어 물이 불어나면 목재를 물에 띄어 항구로 보낸다. 목재를 팔아 좋은 값을 받으면 술을 사먹는 것을 낙으로 여기며 날마다 술독에 빠져 산다. 돈이 떨어지면 산림으로 돌아와 이전처럼 일을 한다. 대도시는 모두 강변에 위치하고, 주도는 큰 항구인 프레더릭턴(Fredericton)[18]으로, 영국의 상선들이 왕래하면서 목재를 매매한다. 잉글랜드, 스코틀랜드, 아일랜드의 가난한 무직자들 가운데 매년 이곳으로 건너오는 사람들이 6천여 명이나 되지만, 땅이 여전히 넓고 광활해 몇 백 년 뒤에도 사람들로 넘쳐날 까 걱정하지 않아도 된다.

노바스코샤는 뉴브런즈윅의 남쪽에 위치한다. 삼면은 바다와 접해 있고 나머지 한 변경은 뉴브런즈윅과 이어져 있으며 동서의 너비는 약 1천 리이고, 남북의 길이는 약 350리에 이른다. 날씨가 아주 추워 10월부터 3월까지는 눈이 녹지 않고 쌓여 있다. 구리·철·석탄이 나며 바다에는 물고기가 많다. 주민들은 부지런히 일해 먹고 살며 분수에 맞게 생활한다. 주도는 핼리팩스(Halifax)[19]로, 큰 항구이다. 해변에 큰 항구가 많지만 인구가 적어 도시가 건설되지 않았기 때문에 상선들이 정박하는 경우는 극히 드물다.

프린스에드워드섬은 노바스코샤의 동북쪽에 위치하며 남북의 길이는 약 3백 리이고 동서의 너비는 약 1백 리이며, 노병들이 이주해와 살고 있는 땅이다. 오로지 농사일에만 힘써 쌀과 보리가 인근 주에 내다팔 수 있을 정

---

18 프레더릭턴(Fredericton): 원문은 '불륵덕리극(佛勒德里克)'으로, 불리달력돈(佛里達力頓), 위득돈읍(威得頓邑)이라고도 한다.

19 핼리팩스(Halifax): 원문은 '합륵법(哈勒法)'으로, 합리법읍(哈里法邑)이라고도 한다.

도로 많다. 주도는 샬럿타운(Charlottetown)[20]이다.

뉴펀들랜드는 노바스코샤의 극동북쪽에 위치하며 남북의 길이는 약 1300리이고, 동서의 너비는 약 9백 리이다. 바다에서 물고기가 가장 많이 나 주민들은 모두 물고기를 잡아 생계를 꾸려 나간다. 여름에는 어선이 개미처럼 많고 바다는 그물로 덮여 있다. 토지가 비옥하지만 농사일에는 힘쓰지 않고, 오로지 네덜란드의 감자와 채소만 심으며 쌀과 보리는 모두 인근 주에서 구매한다. 주도는 세인트존스(Saint John's)[21]이다.

---

20 샬럿타운(Charlottetown): 원문은 '가이라덕(加爾羅德)'으로, 사라지당(查羅氏當), 하락특돈(夏洛特敦)이라고도 한다.

21 세인트존스(Saint John's): 원문은 '상약한(桑若漢)'으로, 성납한(聖納翰), 선윤사(鮮閏士)라고도 한다.

⟦ 北亞墨利加英吉利屬部 ⟧

北亞墨利加一土, 自米利堅以北, 本皆佛郎西所墾闢. 英吉利既得米利堅之地, 以兵力爭其北土, 與佛交戰八年, 佛棄其地, 英人括而有之. 乾隆末年, 華盛頓據地起兵, 米利堅諸部, 盡爲頓所割. 惟北土用佛例, 稅額甚輕, 其民未畔, 故仍爲英轄. 北至冰疆, 南界米利堅, 東距大西洋海, 西距大洋海. 其地大半平坦, 溪河錯雜. 河之最長者, 曰桑羅棱索. 又有伊爾厘·休侖等大湖. 地氣嚴寒, 略如中國之塞北. 西偏林木轇轕, 毛蟲所宅. 英人窮險極幽, 獵野獸而取其皮, 貂鼠·騷鼠·洋灰鼠·海龍·海駝之類, 皆有之. 或失路困冰雪中凍餓死, 又以火酒氊絨, 與土人而易其皮. 土人得酒輒沉醉, 往往腐腸而斃. 所得之皮, 由峨羅斯轉鬻中國. 大利尤在林木, 英人結隊入林, 伐木而投之河, 順流達於海港. 或在海濱造船, 或販往英國新著島一帶. 海面多魚, 夏季尤旺, 諸國漁船蟻集. 捕魚腌之, 販往天主敎各國, 天主敎各國, 齋戒食腌魚. 計每年五穀·木料·皮張·腌魚, 各項値價銀數百萬兩. 居民約一百二十餘萬, 英吉利三島之民, 年年有西渡謀食者. 地分六部, 曰上加拿他, 曰下加拿他, 曰新不倫瑞克, 曰新蘇格蘭, 曰散約翰島, 曰新著大島. 六部總名新北勒達尼亞, 附近小島皆屬焉. 駐有大酋, 總理六部之事. 五穀·皮張·木料之外, 兼產銅·鐵·鉛·煤·水銀·烟葉. 其西北荒地, 遼邈無垠, 尙未墾闢.

上加拿他, 在桑羅棱索河之上游, 伊爾厘兩湖之北, 長約千餘里. 溪湖之水匯集, 其流湍急, 小洲星列, 瀑布一落九十丈. 英國無業貧民, 來此墾種荒地, 勤者往往致富, 惰者或困餒死. 其會城曰給卑克.

下加拿他, 在上加拿他之東, 長約千里. 居民大半佛郎西人, 尙天主敎, 謀生不勤, 故恒產無多. 又不服英官, 時時揭竿, 英人以兵力靖之. 土女面紫色, 而眉目端好, 不解沐浴. 英人惡其不潔, 故娶之者少. 會城曰多倫多.

新不倫瑞克, 一作新本士威. 在下加拿他東境之南, 南北約八百里, 東西約六百里, 東臨大海, 南北臨內港. 港極深, 海船駛入, 無沙淺. 土田最腴, 而居民務農者少, 皆結隊入林伐木. 春水生, 木料順流達海港. 貨之得善價, 沽酒爲樂, 日在醉鄉. 金盡, 歸山林理故業. 大城邑皆在水濱, 會城曰佛勒德里克, 係大埔頭, 英國商船, 往來販買木料. 三島無業貧民, 每年遷來者約六千人. 然地仍空闊, 再數百年, 亦不患人滿也.

新蘇格蘭, 在新不倫瑞克之南. 三面懸海, 僅一隅與新不倫瑞克相連, 東西約一千里, 南北約三百五十里. 天氣嚴寒, 自十月至三月, 積雪不消. 產銅·鐵·煤, 海中多魚. 居民勤苦治生, 最爲安分. 會城曰哈勒法, 係大埔頭. 海濱大港尙多, 因戶口不繁, 城邑未建, 故商舶乏停泊者.

散約翰島, 在新蘇格蘭之東北, 長約三百里, 廣約百里, 老兵移駐之地. 專務農功, 穀麥堪出糶鄰部. 會城曰加爾羅德.

新著大島, 在新蘇格蘭之極東北, 長約一千三百里, 廣約九百里. 其海產魚最旺, 居民皆以捕魚爲業. 夏時漁舟如蟻, 綱罟蔽於海面. 土雖肥沃, 不務農功, 僅種荷蘭薯與蔬荣, 穀麥皆買自鄰封. 會城曰桑若漢.

[북아메리카 미합중국]

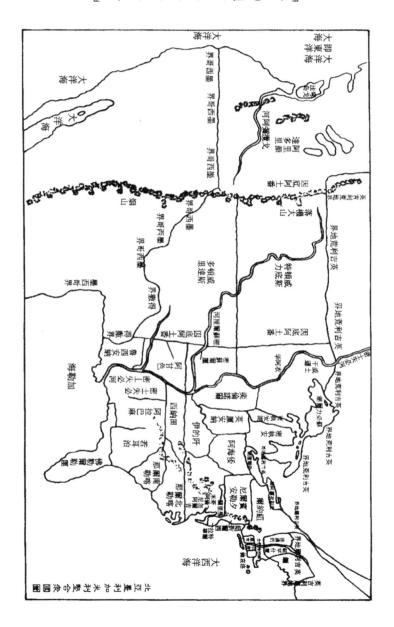

북아메리카미합중국지도

영길리황지계(英吉利荒地界): 영국령 황무지 강역이다.

대서양해(大西洋海): 지금의 대서양이다.

영길리속지계(英吉利屬地界): 영국령 강역이다.

소필력이호(蘇必力爾湖): 지금의 슈피리어호(Lake Superior)이다.

위사간손(威士干遜): 위스콘신준주로, 지금의 위슨콘신주(State of Wisconsin)이다.

의아화(衣阿華): 아이오아준주로, 지금의 아이오와주(State of Iowa)이다.

인저아토번(因底阿土番): 인디언 원주민 부락이다.

위사돈달다리(威斯頓達多里): 인디언준주(Indian Territory)이다.

락기대산(落機大山): 지금의 로키산맥이다.

아리안달다리부(阿里顏達多里部): 오리건준주(Oregon Territory)이다.

과람미아하(戈攬彌阿河): 지금의 컬럼비아강(Columbia R.)이다.

만과와도(巒戈窪島): 지금의 벤쿠버섬(Vancouver Island)이다.

면(緬): 지금의 메인주(State of Maine)이다.

뉴한십이(紐罕什爾): 지금의 뉴햄프셔주(State of New Hampshire)이다.

뉴약이(紐約爾): 지금의 뉴욕(State of New York)이다.

법만적(法滿的): 지금의 버몬트주(State of Vermont)이다.

안척의리아호(安剔衣厘阿湖): 지금의 온타리오호이다.

이이리호(伊爾厘湖): 지금의 이리호(Lake Erie)이다.

밀집안(密執安): 지금의 미시간주(State of Michigan)이다.

밀집안호(密執安湖): 지금의 미시간호(Lake Michigan)이다.

마사주색사(麻沙朱色士): 지금의 매사추세츠주(Commonwealth of

137

Massachusetts)이다.

락애륜(洛哀倫): 지금의 로드아일랜드주(State of Rhode Island)이다.

간날저길(干捏底吉): 지금의 코네티컷주(State of Connecticut)이다.

빈석이륵니안(賓夕爾勒尼安): 지금의 펜실베이니아주(Commonwealth of Pennsylvania)이다.

왜해아(倭海阿): 지금의 오하이오주(State of Ohio)이다.

영리안납(英厘安納): 지금의 인디애나주(State of Indiana)이다.

혁륜낙이(奕倫諾爾): 지금의 일리노이주(State of Illinois)이다.

밀소이리하(密蘇爾厘河): 지금의 미주리강(Missouri R.)이다.

밀소이리(密蘇爾厘): 지금의 미주리주(State of Missouri)이다.

묵서가계(墨西哥界): 멕시코 강역이다.

마리란(馬理蘭): 지금의 메릴랜드주(State of Maryland)이다.

뉴절이서(紐折爾西): 지금의 뉴저지주(State of New Jersey)이다.

특이랍화(特爾拉華): 지금의 델라웨어주(State of Delaware)이다.

물이길니아(勿爾吉尼阿): 지금의 버지니아주(Commonwealth of Virginia)이다.

가륜미아(哥倫米阿): 컬럼비아구(District of Columbia)로, 워싱턴 D.C.이다.

천적이(阡的伊): 지금의 켄터키주(Commonwealth of Kentucky)이다.

북객이륵나(北喀爾勒邢): 지금의 노스캐롤라이나주(State of North Carolina)이다.

남객이륵나(南喀爾勒邢): 지금의 사우스캐롤라이나주(State of South Carolina)이다.

전납서(田納西): 지금의 테네시주(State of Tennessee)이다.

138

아감색(阿甘色): 지금의 아칸소주(State of Arkansas)이다.

약이치(若耳治): 지금의 조지아주(State of Georgia)이다.

아랍파마(阿拉巴麻): 지금의 앨라배마주(State of Alabama)이다.

밀사실필(密士失必): 지금의 미시시피주(State of Mississippi)이다.

밀사실필하(密士失必河): 지금의 미시시피강(Mississippi R.)이다.

로서안납(魯西安納): 지금의 루이지애나주(State of Louisiana)이다.

덕살계(德撒界): 텍사스주 강역이다.

연산(烟山): 시에라마드레산맥(Sierra Madre Mountains)으로, 미국의 로키산맥이다.

불륵이륵리(佛勒爾勒厘): 플로리다준주로, 지금의 플로리다주(State of Florida)이다.

가륵해(加勒海): 지금의 카리브해(Caribbean Sea)이다.

대양해(大洋海): 지금의 태평양이다.

미국[米利堅] 미(米)는 미(彌)라고도 하며, 미리견은 아메리카(America)[1]의 음역이다. 미리가(美利哥)라고도 하고, 아묵리가합중국(亞墨理駕合衆國), 겸섭방국(兼攝邦國), 연방국(聯邦國)이라고도 한다. 영어로는 유나이티드 스테이츠(United States)[2]라고 한다. 은 아메리카의 대국이다. 배에 화기(花旗)[3]를 달고 있기 때문에 광동에서 화기국(花旗國) 화기는 네모난 천에 붉은 색과 흰색이 사이사이에 있으며, 오른쪽 모서리에 따

---

1 아메리카(America): 원문은 '아묵리가(亞墨利加)'로, 미리가(美理哥)라고도 한다.

2 유나이티드 스테이츠(United States): 원문은 '내육사질(奈育土迭)'이다.

3 화기(花旗): 미국의 국기인 성조기를 가리킨다.

로 흑색의 작은 네모가 있고 그 위에 흰색의 북두칠성이 그려져 있다. 이라 불렸다. 북
쪽으로는 영국령과, 남쪽으로는 멕시코·텍사스주(State of Texas)[4]와 경계하고,
동쪽으로는 대서양에 이르고, 서쪽으로는 태평양에 이른다. 동서의 너비는
약 1만 리이고, 남북으로 넓은 곳은 5~6천 리이며, 좁은 곳은 3~4천 리 정
도 된다. 애팔래치아산맥이 미국의 동쪽을 두르고 있고, 로키산맥이 서쪽
을 두르고 있으며, 가운데 몇 천리는 숫돌처럼 평평하다. 강과 하천은 미시
시피강이 으뜸인데, 미시시피강의 수원은 아주 멀며 1만 리 남짓 구불구불
흘러 미주리강(Missouri R.)[5]과 만나서 남쪽으로 흘러 바다로 유입된다. 이 이
외에도 이름난 강으로 컬럼비아강(Columbia R.)[6]·아팔라치코라강(Apalachicola
R.)[7]·모바일강(Mobile R.)[8]·델라웨어강이 있다.

　북쪽 강역의 서쪽에 있는 큰 호수는 네 갈래의 물줄기로 갈라지는데,
온타리오호(Lake Ontario)[9] 흡대라(翕大羅)라고도 한다.·휴런호 호륜(胡崙)이라고도 한

4　텍사스주(State of Texas): 원문은 '덕살(德撒)'로, 덕사(德沙), 특사사(特查士), 덕극살사주(德克薩
　斯州), 덕주(德州)라고도 한다.

5　미주리강(Missouri R.): 원문은 '밀소이리대하(密蘇爾厘大河)'로, 밀소리하(密蘇里河), 미소리하
　(美蘇里河)라고도 한다.

6　컬럼비아강(Columbia R.): 원문은 '가륭비아(哥隆比亞)'로, 가륜비강(可倫比江), 가륜비아하(哥
　倫比亞河)라고도 한다.

7　아팔라치코라강(Apalachicola R.): 원문은 '아파랍제가랄(阿巴拉濟哥剌)'로, 아파랍제가랄(亞巴
　拉濟哥剌), 아파랍계과랍하(阿帕拉契科拉河)라고도 한다.

8　모바일강(Mobile R.): 원문은 '마비륵(麽比勒)'으로, 모비이하(莫比爾河)라고도 한다.

9　온타리오호(Lake Ontario): 원문은 '의라괴(衣羅乖)'로, 안대략호(安大略湖)라고도 한다. 지도의
　위치상 조지아만(Georgian Bay)이 되어야 한다. 다만 조지아만이 온타리오주에 위치해 있어
　이렇게 부른 것으로 추정된다.

다.·슈피리어호(Lake Superior)[10]·미시간호(Lake Michigan)[11]가 그것이다. 동쪽에도
두 개의 호수가 있는데, 이리호[伊爾厘] 이리(以利)라고도 한다.·온타리오호[12]가
그것이다. 이들 호수는 분계 지역에 위치해 있는데, 이를 분계선으로 북쪽
은 영국영토이고, 남쪽은 미국 영토이다.

　처음에 영국이 북아메리카의 땅을 발견하고는 원주민을 몰아내고 옥
토를 차지한 뒤 잉글랜드, 아일랜드, 스코틀랜드의 사람들을 이주시켜 그
땅에 터를 잡고 살게 했다. 영국인들은 물이 골짜기로 흐르듯 이곳으로 모
여들었다. 프랑스·네덜란드·덴마크·스웨덴의 무직자들 역시 배를 타고 이
곳으로 와 날마다 개간해 미국은 결국 비옥한 땅이 되었다. 영국은 대신을
두어 이곳을 지키게 하면서 해안을 따라 두루 도시를 건설하고 세금을 거
두어들여 국고를 늘렸으며, 무역이 날로 번성해져 이곳은 빠르게 부강해
졌다.

　건륭 연간에 영국은 프랑스와 전쟁을 벌였는데 몇 해 동안 승부가 나지
않자, 갖은 방법으로 군량미를 모으고 세금을 배로 올렸다. 관례상 찻잎을
판매하는 사람만 세금을 납부했는데, 영국인이 영을 내려 찻잎을 구매하
는 사람 역시 세금을 납부하라고 하자 미국인들은 이를 감당할 수 없었다.
건륭 40년(1775)에 각 주의 대표들이 의회에 모여 [대륙회의를 열고] 이곳
을 진수하는 총독과 상의하려 했다. 총독은 이들을 쫓아내며 더욱 더 세금

10　슈피리어호(Lake Superior): 원문은 '소필력이(蘇必力爾)'로, 소비리약이(蘇卑里約爾), 소비리이
　　호(素比里耳湖), 소비리적이(蘇卑里的爾)라고도 한다.

11　미시간호(Lake Michigan): 원문은 '밀집안(密執安)'으로, 미제안(米濟安), 미시간호(美是干湖), 밀
　　가근호(密歌根湖)라고도 한다.

12　온타리오호: 원문은 '안척의리아(安剔衣厘阿)'로, 운타리호(雲他利湖), 오달리약(烏達里約), 안
　　대리가호(安大里珂湖)라고도 한다.

을 내라고 독촉했다. 미국인들은 모두 분노하여 배안의 찻잎을 바다에 던지며 군사를 일으켜 영국에 대항할 것을 모의했다. 조지 워싱턴[華盛頓] 올흥등(兀興騰) 혹은 와승돈(瓦乘敦)이라고도 한다. 은 미국의 한 준주 출신이다. 옹정(雍正) 9년(1731)에 태어나 열 살에 부친을 여의고 모친이 그를 가르치고 키웠다. 어려서부터 큰 뜻을 품고 문무를 겸비해 다른 사람들보다 용맹했으며, 일찍이 영국의 무관직을 지냈다. 때마침 영국이 프랑스와 전쟁을 벌이던 중에 인디언들이 남쪽 강역을 약탈하자, 조지 워싱턴이 군사를 이끌고 가서 그들을 막으며 가는 곳마다 승리를 거두었으나, 영국장군은 그의 공을 숨기고 누락시켰다. 마을 사람들이 조지 워싱턴을 대표로 추천했으나, 조지 워싱턴은 이를 거절하고 병을 핑계로 고향으로 돌아가 두문불출했다. 이때에 와서 미국인들이 영국에 반기를 들면서 억지로 조지 워싱턴을 사령관으로 추대했다. 당시 일이 창졸간에 일어나 무기·화약·군량과 건초가 모두 없었지만 조지 워싱턴은 기상을 기르며 군사들을 격려했다. 계획을 세우고 조직을 구성한 뒤에 보스턴(Boston)[13]으로 갔다. 당시 영국은 해군을 보스턴 밖에 주둔시키려 했으나, 갑자기 강풍이 일기 시작해 배가 모두 흩어졌다. 조지 워싱턴은 이 틈을 타서 영국 해군을 공격해 보스턴을 손에 넣었다. 후에 영국 군대가 대대적으로 결집해 전쟁을 하면서 진격해왔다. 조지 워싱턴의 군대가 패배하자 사람들은 겁에 질려 달아나려고 했다. 그러나 조지 워싱턴은 의기양양하게 사람들을 모아 군대를 조직하고 다시 싸워 승리했다. 이로부터 8년 동안 혈전을 치르며 승패를 주고받는 동안 조지 워싱턴의 의기는 꺾이지 않은 반면 영국 군대는 지쳐갔다. 프랑스는

---

13   보스턴(Boston): 원문은 '대성(大城)'으로, 내용상 보스턴으로 추정된다.

나라의 모든 군대를 일으켜 바다를 건너와 조지 워싱턴과 함께 영국 군대를 협공했고, 스페인·네덜란드 역시 대오를 정비하고 화친을 요구했다. 영국은 더 이상 버틸 수 없게 되자 조지 워싱턴과 조약을 맺고 강역을 구획하고 이웃 나라가 되었다. 황량하고 추운 북쪽 강역은 여전히 영국령으로 남았고, 남쪽의 옥토는 모두 조지 워싱턴에게 귀속되었으니, 이때가 건륭 47년(1782)이다.

조지 워싱턴은 나라가 안정되자 병권을 내놓고 전원으로 돌아가려 했으나, 사람들은 그를 놓아주려 하지 않고 한사코 그를 추대해 대통령으로 세웠다. 이에 조지 워싱턴은 사람들과 의논했다.

"나라를 자손에게 양위하는 것은 사적인 것입니다. 백성을 다스리는 일은 [공적인 것으로] 반드시 덕이 있는 현자를 가려 맡겨야 합니다."

이에 각 주의 대표들은 행정을 구분하고 주정부를 세웠다. 주마다 주지사 1인을 두고, 부주지사가 주지사를 보좌했다. 부주지사는 한 명을 두기도 하고, 여러 명을 두기도 한다. 4년을 임기로 하고 만기가 되면 1년이나 2년에 한 번 바뀌는 경우도 있다. 주의 사람들이 모여 논의하며, 사람들이 모두 현명하다고 하면 4년 동안 재임했다. 8년 뒤에 더는 재임할 수 없다. 그렇지 않으면 부주지사를 추천해 주지사로 삼았다. 부주지사가 혹시 사람들의 바람에 맞지 않으면 따로 추천을 받아 뽑았다. 마을의 대표들은 각자 추천하는 사람의 이름을 써서 상자에 넣고, 투표가 끝나면 상자를 열고 유독 많이 추천받은 이가 있으면 그를 주지사로 세우는데, 관리이든 서민이든 자격에 구애 받지 않았다. 자리에서 물러난 주지사는 전과 다름없이 주의 사람들과 함께 살아간다. 각 주의 주지사 중에서 다시 한 명을 대통령으로 추천해 조약과 전쟁 관련 업무를 전담했으며, 각 주에서는 모두 그 명에 따랐다. 대통령을 뽑는 방법은 각 주의 주지사를 뽑을 때와 똑같고, 역시 4년 임기를 만기로 하고, 재임하면 8년이 된다.

조지 워싱턴에서부터 지금에 이르기까지 조지 워싱턴은 가경 3년(1798)에 병사했다. 개국한지 60여 년이 되었으며, 대통령은 모두 9인이 나왔고, 지금 재위하고 있는 대통령은 버지니아주(Commonwealth of Virginia)[14]에서 추대한 사람이다. 처음에 조지 워싱턴은 영국인과 조약을 맺고 나서 군사를 줄이고 전쟁을 그만둔 뒤에 오로지 농업과 상업에 힘쓰며 하명했다.

"오늘 이후로 주지사 가운데 다른 주의 항구를 탐내거나 백성들의 재물을 착취하거나 군사를 일으켜 원한을 만드는 자가 있다면 사람들과 함께 그 죄를 벌할 것이다."

그리고는 전함 20척과 군사 1만 명 만을 남겨둘 따름이었다. 그러나 강역이 광활하고 물자가 풍부하며 각 주가 같은 마음이고, 명령이 하나로 통일되어 있었기 때문에 여러 대국들은 미국과 화목하게 지내면서 감히 무시하는 경우가 없었다. 영국과 조약을 맺은 이래로 지금에 이르기까지 60여 년 동안 전쟁도 없었다. 미국의 상선들이 매년 광동에 왔는데, 그 수가 영국에 버금간다.

생각건대 조지 워싱턴은 남다른 사람이다. 군사를 일으킴에 진승(陳勝)·오광(吳廣)보다 용맹하고, 땅을 차지하고 세력을 형성함에 조조(曹操)·유비(劉備)보다 뛰어나다. 삼척검(三尺劍)을 들고 1만 리의 강역을 개척하고 나서도 자리와 명예를 탐하지 않았고, 자손

---

14 버지니아주(Commonwealth of Virginia): 원문은 '물이길니아국(勿爾吉尼阿國)'으로, 위이제니아(委爾濟尼亞), 위사니(威巳尼), 불길니아(弗吉尼亞)라고도 한다.

들에게 자리를 물려주지 않았다. 그러면서도 사람을 추천하고 인재를 선발하는 방법을 만들어내 천하를 공적 대상으로 만들고 하은주 삼대의 유지로 나라를 다스렸다. 나라를 다스림에 선양을 숭상하고 풍속을 개선하며 무력을 숭상하지 않았으니 역시 다른 나라와 확연히 달랐다. 내가 일찍이 그 초상을 보니 기상과 외모가 일반 사람들보다 훨씬 씩씩하고 강건해 보였다. 오호라! 어찌 걸출한 인물이라 하지 않겠는가!

아메리카[15]는 동쪽으로는 대서양에 이르고, 서쪽으로는 태평양에 이르며, 미합중국은 모두 동쪽 강역에 위치한다. 조지 워싱턴이 처음 나라를 건국했을 때는 10여 개 주에 불과했다. 후에 인근의 여러 주가 속속 귀순해오고 또한 일부 주는 분리되어 모두 26개 주가 되었다. 서쪽 강역은 미개척지로 모두 원주민이 살고 있다. 무릇 새로운 땅을 개척할 때는 먼저 사냥꾼에게 곰·사슴·들소를 죽이게 한 다음 무직자들에게 황무지 개간을 맡겼다. 인구가 4만 명으로 늘어나면 도시를 건설하고 준주라고 부르며, 미합중국으로 편입했다. 오늘날 미합중국 이외에 세 개의 준주가 더 추가되었다. 대통령이 거주하고 있는 곳은 워싱턴(Washington) D. C.[16]로, 어느 주와 준주에도 속하지 않는다. 모두 26개의 주와 세 개의 준주로 구성되어 있다. 장정은 도광(道光) 20년(1840)에 이르러 모두 1716만 9천여 명 정도 되었다.

컬럼비아특별구(District of Columbia)[17] 익람미아(弋攬彌阿), 역사륵과륵미아(力士

---

15 아메리카: 원문은 '미리견전토(米利堅全土)'이다. 일반적으로 미리견은 미국을 지칭하지만, 여기서는 미합중국과 구분하기 위해 아메리카로 번역함을 밝힌다.

16 워싱턴(Washington) D. C.: 원문은 '화성돈도성(華盛頓都城)'이다.

17 컬럼비아특별구(District of Columbia): 원문은 '가륜미아(哥倫米阿)'로, 가륜비아(哥倫比亞)라고도 한다. 바로 워싱턴 D.C.로, 조지 워싱턴과 크리스토퍼 콜럼버스에서 이름을 가져왔다. 미국 어느 주에도 속하지 않는 독립 행정 구역이다.

勒果勒彌阿)라고도 한다. 는 메릴랜드주(State of Maryland)[18] 내항의 서쪽 물줄기 끝자락, 버지니아주의 서북쪽에 위치해 있어 영토가 두 주에 걸쳐 있으며, 면적은 사방 40리로, 미합중국의 수도이다. 처음에 조지 워싱턴이 영국과의 전쟁에서 승리하고 난 뒤 컬럼비아에서 거주해 이곳이 대통령의 관저가 되었다. 미합중국의 의원들은 모두 이곳에 모여 국정을 논의했다. 도시는 조지 워싱턴이 건설했고, 조지 워싱턴은 미합중국의 시조이기 때문에 도시의 이름을 워싱턴이라 부르게 되었다. 이곳에는 대통령관저, 의사당, 문무관서가 있다. 서쪽에 있는 또 다른 도시 조지타운(Georgetown)[19]에는 대학교와 무기제조국이 있다. 맞은 편 언덕에 위치한 또 다른 도시 알렉산드리아(Alexandria)[20]에는 무기제조국과 보육원이 있다. 이 세 도시는 무역이 활발하게 이루어지고, 인구는 4만 3천 명이다. 미국 각 주에는 모두 성(城)이 없으며, 도시나 취락을 일러 성이라 하는데, 실제 담이나 성가퀴가 모두 없다.

메인주(State of Maine)[21] 명(洺), 매내(賣內)라고도 한다. 는 미합중국의 극동북쪽 구석에 위치하며 영국령 북아메리카와 인접해 있다. 서쪽으로는 뉴햄프셔주(State of New Hampshire)[22]와, 남쪽으로는 바다와 경계하며, 면적은 중국의 절강성(浙江省)만하다. 산과 강이 둘러싸고 있고, 초목이 무성하다. 북쪽 강역은 날씨가 아주 추워 겨울에도 눈이 몇 자로 쌓여 있고, 거마가 다닐

---

18 메릴랜드주(State of Maryland): 원문은 '마리란(馬理蘭)'이다.

19 조지타운(Georgetown): 원문은 '사치당(査治當)'이다.

20 알렉산드리아(Alexandria): 원문은 '아력산특리아(阿力山特厘阿)'이다.

21 메인주(State of Maine): 원문은 '면국(緬國)'으로, 매니부(買尼部), 면인주(緬因州)라고도 한다.

22 뉴햄프셔주(State of New Hampshire): 원문은 '뉴한십이(紐罕什爾)'로, 뉴함사(紐含社)라고도 한다.

수 있을 정도로 얼음이 단단하게 언다. 남쪽 강역은 여름에 날씨가 푹푹 찐다. 명나라 천계(天啓) 6년(1626)에 영국인 몇 명이 처음으로 케네벡(Kennebec R.)[23] 강변에 마을 하나를 세웠다. 후에 점점 번영해져 매사추세츠주(The Commonwealth of Massachusetts)[24]와 통합되었다. 가경 25년(1820)에 미합중국에 편입되었다. 도광 원년(1821)에 따로 자립해서 메인주가 되었다. 이 땅에서는 오곡·면화·종이·무두질가죽[25]·양초·철이 나며, 그 중에서도 목재가 가장 많이 나 선박자재는 모두 이곳에서 마련하는데, 매년 수출액은 8백여만 원에 이른다. 미합중국의 무역에서 메인주가 30%를 차지한다. 주도는 오거스타(Augusta)[26]로, 대학이 두 곳 있다. 관리는 주지사 1명, 부주지사 7명, 순회법원판사[27] 12명, 상원의원[28] 수십 명이 있다. 인구는 50만 명 남짓이며, 오로지 농업, 어업, 상업에만 힘써 아주 큰 부자도, 극빈자도 없다.

　뉴햄프셔주[29] 뉴한시이(紐韓詩爾), 뉴함사(紐含社), 신한새(新韓塞), 신항서륵(新杭西勒)이라고도 한다. 뉴는 번역하면 새로운[新]의 뜻이다. 는 메인주의 서쪽에 위치하고, 북쪽으로는 영국령과, 서쪽으로는 버몬트주(State of Vermont)[30]와, 남쪽으

23　케네벡(Kennebec R.): 원문은 '기니하(基尼河)'로, 기니백소하(基泥伯小河), 긍니패극하(肯尼貝克河)라고도 한다.

24　매사추세츠주(The Commonwealth of Massachusetts): 원문은 '마사주색사(麻沙朱色士)'로, 마사제사부(馬沙諸些部), 마살제새주(馬薩諸塞州)라고도 한다.

25　무두질가죽: 원문은 '숙피(熟皮)'이다.

26　오거스타(Augusta): 원문은 '오고사대(奧古士大)'로, 오길사대(奧吉士大), 오길사탑(奧吉斯塔)이라고도 한다.

27　순회법원판사: 원문은 '순찰관(巡察官)'이다.

28　상원의원: 원문은 '찬의관(贊議官)'이다.

29　뉴햄프셔주: 원문은 '뉴한십이국(紐韓什爾國)'이다.

30　버몬트주(State of Vermont): 원문은 '와만적(窪滿的)'으로, 와문(窪門), 불문부(弗門部), 법만적(法

로는 매사추세츠주와 경계하며, 면적은 메인주의 3분의 1이다. 경내에는 산봉우리가 첩첩히 늘어서 있으며, 가장 높은 화이트산맥(White Mountains)[31]은 눈이 쌓여 녹지 않아 1년 내내 하얗다. 위니페소키호(Winnipesaukee Lake)[32]가 있는데, 사방 수십 리에 이르고 풍광이 그윽하고 빼어나며, 기후가 청명하고 좋아 사람들이 대부분 장수한다. 명나라 천계 3년(1623)에 영국인 존 메이슨(John Mason)[33]과 페르디난도 고르헤스 경(Sir Ferdinando Gorges)[34] 두 사람이 이 땅을 처음 개간했으며, 얼마 지나지 않아 매사추세츠주와 통합되었다. 건륭 6년(1741)에 따로 자립해서 뉴햄프셔주가 되었다가 후에 미합중국에 편입되었다. 이 땅에서는 큰 나무가 자라는데, 높이가 20길이나 되는 것도 있다. 또 이 땅에서는 서양 인삼·빙탕(冰糖)[35]·구리·철·아연 등이 난다. 주도는 콩고드(Concord)[36]로, 대학교가 있다. 관제는 메인주와 거의 같고, 의원수가 약간 적다. 인구는 28만 명이다. 동남쪽 구석에 위치한 포츠머스(Portsmouth)[37]는 항구가 깊고 안정되어 미합중국의 병선들은 모두 이곳에 정박한다.

滿的)이라고도 한다.

31 화이트산맥 (White Mountains): 원문은 '백산(白山)'이다.

32 위니페소키호(Winnipesaukee Lake): 원문은 '니비서아니호(尼比西阿尼湖)'로, 니비서하니호(尼比西河尼湖), 온니피새오걸호(溫尼皮塞奧杰湖)라고도 한다.

33 존 메이슨(John Mason): 원문은 '마신(麻臣)'이다. 존 메이슨(1586~1635)은 식민지 미국에 여러 정착지를 건설하는 데 중요한 역할을 했다.

34 페르디난도 고르헤스 경(Sir Ferdinando Gorges): 원문은 '아니사(俄尼士)'이다. 고르헤스(1566~1647)는 존 메이슨과 함께 여러 식민지를 건설하는데 중요한 역할을 했다.

35 빙탕(冰糖): 얼음처럼 생긴 설탕으로, 백설탕의 원료이다.

36 콩고드(Concord): 원문은 '공가돌(公哥突)'이다.

37 포츠머스(Portsmouth): 원문은 '파자모성(波子某城)'으로, 박사무(博士茂)라고도 한다.

버몬트주 옥만적(屋滿的), 와문(窪門), 화만(華滿), 법이만(法爾滿), 위이몽(委爾蒙)이라고도 한다. 는 뉴햄프셔주의 서쪽에 위치하고 북쪽으로는 영국령과, 서쪽으로는 뉴욕주(State of New York)[38]와, 남쪽으로는 매사추세츠주와 경계하며, 면적은 뉴햄프셔주와 비슷하다. 경내에 있는 맨스필드산(Mount Mansfield)[39]은 높이가 4백여 길이다. 산에는 삼나무가 많으며 겨울이나 여름이나 늘 푸르기 때문에 이름을 버몬트주라고 하는데, 번역하면 푸른 산[綠山]이라는 의미이다. 또 샘플레인호(Lake Champlain)[40]라는 큰 호수가 있다. 만력(萬曆) 원년(1573)에 프랑스인이 캐나다에서 이곳으로 이주해왔다. 옹정 2년(1724)에 영국인이 매사추세츠주에서부터 점점 이 땅을 개척해왔다. 건륭연간에 따로 자립해서 버몬트주가 되었다. 건륭 56년(1791)에 미합중국에 편입되었다. 이 땅에서는 포목·면사·거친 모직물·가축이 나고 더불어 아연·구리·철·주석이 나며 그 중에서도 철이 가장 많이 난다. 또한 황산철[41]이 아주 많이 난다. 주도는 몬트필리어(Montpelier)[42]이며, 대학이 있다. 관제는 뉴햄프셔주와 동일하다. 인구는 29만 명이다.

매사추세츠주[43] 마살제색사(馬薩諸色士), 마사주석사(馬沙朱碩斯), 마사제사(馬沙

---

38 뉴욕주(State of New York): 원문은 '뉴약이(紐約爾)'이다.

39 맨스필드산(Mount Mansfield): 원문은 '만사비이대산(曼士非爾大山)'으로, 만사비이덕산(曼斯菲爾德山)이라고도 한다.

40 샘플레인호(Lake Champlain): 원문은 '점발련(占勃連)'으로, 산빈련대호(汕玭連大湖), 상보란호(尙普蘭湖)라고도 한다.

41 황산철: 원문은 '조반(皂礬)'이다.

42 몬트필리어(Montpelier): 원문은 '만비리아(滿比厘阿)'로, 만비리(滿比理), 몽피리애(蒙彼利埃)라고도 한다.

43 메사추세주: 원문은 '마사주색사국(麻沙朱色士國)'이다.

諸些), 마철주실(馬撤主悉), 마륭제새(馬隆諸塞)라고도 한다. 는 뉴햄프셔주·버몬트주의 남쪽에 위치하고, 서쪽으로는 뉴욕주와, 남쪽으로는 코네티컷주(State of Connecticut)⁴⁴·로드아일랜드주(State of Rhode Island)⁴⁵와 경계하고, 동쪽으로는 대서양에 이르며, 면적은 버몬트주와 같다. 근해 지역의 지세는 다소 평평하며, 서쪽은 산봉우리가 첩첩이 늘어서 있다. 코네티컷강(Connecticut R.)⁴⁶은 이곳에서부터 발원해 주 한가운데를 가로질러 관통해 흐른다. 온화한 기후가 중국의 장강 이북과 비슷하다. 명나라 정덕 연간에 영국은 천주교를 숭상했는데, 예수교를 믿는 일부 나라 사람들이 배를 타고 이 땅까지 도망쳐 와서 뉴잉글랜드(New England)⁴⁷라 명명했다. 땅을 개간하고 물산이 풍부해지면서 인구도 점차 늘어났다. 강희(康熙) 31년(1692)에 다시 영국의 관할이 되었다가 건륭연간에 미합중국에 편입되었다. 이 땅에서는 납·주석·백반·석탄·나사(羅紗)⁴⁸·포목·어유(魚油) 등이 난다. 주도는 동쪽 경내에 있는 보스턴⁴⁹으로 미합중국의 대도시이다. 도시 안에 많은 가옥이 구름처럼 이어져 있고, 시가지가 널찍하고 온갖 물건들이 넘쳐나면서도 공터를 사이

---

44 코네티컷주(State of Connecticut): 원문은 '간날저길(干捏底吉)'로, 곤약저격(袞弱底格), 곤특저격(袞特底格)이라고도 한다.

45 로드아일랜드주(State of Rhode Island): 원문은 '락애륜(洛哀倫)'이다.

46 코네티컷강(Connecticut R.): 원문은 '간날저길하(干捏底吉河)'로, 간니저길대하(干尼底吉大河), 곤특저격하(滾特底格河), 강내적극하(康乃狄克河)라고도 한다.

47 뉴잉글랜드(New England): 원문은 '신영길리(新英吉利)'이다. 1614년 런던의 몇몇 무역상들을 위해서 이 지역의 여러 해안을 답사한 존 스미스 선장이 이 지역의 이름을 지었으며, 바로 뒤이어 영국의 청교도들이 이주해왔다.

48 나사(羅紗): 원문은 '대니(大呢)'로, 양털에 무명이나 인조견 등을 섞어서 짠 두터운 혼성 모직물이다.

49 보스턴: 원문은 '마사돈(摩士敦)'으로, 마사돈(摩士頓), 파사돈(波士頓), 포돈읍(布頓邑)이라고도 한다.

사이에 남겨두고 있다. 공터는 모든 곳이 사방 1백무에 이르는데, 난간을 두르고 바깥으로 수목을 둘러 심어 사람들의 놀이와 휴식 공간이 되었으며, 말이나 소가 들어가 밟을 수 없게 했다. 그래서 땅의 기운이 잘 통해 아픈 사람이 드물다. 대학교 6개와 도서관 몇 곳이 있는데, 그 중 한 도서관은 2만 5천권의 서적을 소장하고 있으며, 관리와 학생 모두 들어가 열람은 가능하지만 대출만은 안 된다. 도시 밖 가까이로 항구가 있는데, 미합중국에서 두 번째 큰 항구로, 이곳의 상선이나 화륜선은 가지 않는 곳이 없다. 육지에는 철로가 놓여 있어 마차와 기차 모두 이용할 수 있다. 기차는 속도가 아주 빨라 매일 3백~4백 리를 갈 수 있다. 주지사 1인과 부주지사 2인을 두었다. 인구는 83만 명이다.

로드아일랜드주[50] 률애륜(律愛倫), 이라애륜(爾羅曖倫), 라덕도(羅德島), 라저도(羅底島)라고도 한다. 는 매사추세츠주 남쪽에 위치하고, 서쪽으로는 코네티컷주와 경계하며, 동남쪽으로는 대서양에 이르고, 면적은 중국의 중간규모의 현 정도 되며 미합중국에서는 가장 작은 주이다. 명나라 숭정(崇禎)[51] 9년(1636)에 이곳으로 유배 온 매사추세츠 사람 로저 윌리엄스(Roger Williams)[52]가 사람들을 모으고 땅을 개척하면서 마침내 작은 주로 발전했다. 강희 2년(1662)에 영국령이 되었다가 후에 미합중국에 편입되었다. 이 땅에서는 철, 석탄이 나며, 주도는 프로비던스(Providence)[53]이다. 프로비던스 밖에 뉴포

50　로드아일랜드주: 원문은 '락애륜국(洛哀倫國)'이다.

51　숭정(崇禎): 명나라 제16대 황제 사종(思宗) 주유검(朱由檢)의 연호(1628~1644)이다.

52　로저 윌리엄스(Roger Williams): 원문은 '라사위렴(羅査威廉)'이다.

53　프로비던스(Providence): 원문은 '파라위사돈(波羅威士頓)'으로, 보라비전(普羅費典)이라고도 한다.

트(New Port)[54]라는 항구가 있으며, 항구 내에 작은 섬이 있는데, 로드아일랜드는 이 섬의 이름을 따서 지었다. 아일랜드는 번역하면 섬이란 뜻으로, 로드아일랜드는 번역하면 아일랜드주라는 의미이다. 섬에 건물을 세웠는데, 높이가 10여 길이며, 건물 꼭대기에 작은 방을 만들고 유리로 둘러놓았다. 매일 밤 수십 개의 등불을 밝혀 선박을 인도해 암초를 피할 수 있게 해주었기에 미합중국의 항구들은 모두 이를 따라했다. 인구는 많지 않지만 무역의 규모는 매사추세츠주와 비슷하며, 면화가 특히 우수하다. 땅이 넓고 평평해 수해가 없으며, 해변에 주로 6~7길 높이의 건물을 짓고 풍력을 이용해 풍차를 돌려 미곡을 정미한다. 주지사와 부주지사 각 1명을 두었다. 인구는 10만 8천 명이다. 페르디난트 페르비스트(Ferdinand Verbiest)[55]의 「세계7대 불가사의」[56]에 보면 "로도스섬(Rhodes Island)[57]에 있는 거인동상은 높이가 30여 길에 달하며, 한 손은 등불을 들고 있고 두 발은 각각 두 개의 산기슭을 밟고 있는데, 선박이 그 가랑이 사이에서 나온다. 동상 안에 나선형의 계단이 있는데, 사람이 나선형 계단을 통해

---

54 뉴포트(New Port): 원문은 '신만(新灣)'이다.

55 페르디난트 페르비스트(Ferdinand Verbiest): 원문은 '남회인(南懷仁)'이다. 페르비스트 (1623~1688)는 벨기에 출신으로 1659년 중국에 와서 전도에 일생을 바쳤다. 서양의 천문학과 수학에 통달해 예수회 수사 아담 샬(Adam Schall)을 도와 흠천감(欽天監)에서 근무했다. 강희 원년(1662) 양광선(楊光先)을 중심으로 하는 보수파의 반대 운동에 부딪혀 아담 샬과 함께 북경 감옥에 갇혔다가 보수파 실각이후 다시 흠천감의 일을 맡게 되었다. 궁정의 분수 등을 만들어 강희제의 신임을 받아 공부시랑(工部侍郞)의 직위를 하사받았다. 또한 서양풍의 천문기기를 주조하고 해설한 『영태의상지(靈台儀像志)』(1674) 16권을 출판했으며, 같은 해에 『곤여도설(坤輿圖說)』이라는 세계 지도를 펴냈다.

56 「세계7대 불가사의」: 원문은 '우내칠대굉공기(宇內七大宏工記)'이다. 장조(張潮)의 『우초신지(虞初新志)』에도 페르비스트의 「칠기도설(七奇圖說)」이 실려 있는데, 같은 내용을 다루고 있다.

57 로도스섬(Rhodes Island): 원문은 '락덕도(樂德島)'이다. 그리스 도데카니사(Dodecaneso) 제도에 위치한 섬으로, 그리스 본토와 키프로스섬의 중간 지점에 위치한다.

오른손까지 가서 등불을 피워 선박을 인도한다."라는 문장이 있는데 바로 이 섬을 말한다.[58] 건물을 세우고 등불을 피우는 일 자체는 본래 흔한 일인데 페르비스트가 청동 거인상의 이야기를 만들어 낸 것이다. 또한 높이가 30여 길에 이른다고 하고 있는데, 이 거인동상이 어떤 방법으로 주조되고, 건립되었는지 알 수 없으니, 역시 황당함의 극치라고 할수 있다.

코네티컷주[59] 간니저길(干尼底吉), 가내적길(哥內的吉), 애특저격(哀特底格), 날적격이(捏的格爾)라고도 한다. 는 로드아일랜드주의 서쪽에 위치하고, 북쪽으로는매사추세츠주와, 서쪽으로는 뉴욕주와 경계하며, 남쪽으로는 항구에 이르고, 면적은 로드아일랜드주의 3배이다. 코네티컷강이라는 큰 강이 있는데,메인주에서 발원해 코네티컷주를 거쳐 바다로 유입되기 때문에 강의 이름을 따서 주의 이름으로 명명했다. 토양은 그럭저럭 보통이고 연안은 비옥하며 기후가 따뜻, 근자에 들어 뽕나무를 재배하고 양잠을 해서 이익을보고 있다. 명나라 숭정 6년(1633)에 매사추세츠 사람이 처음으로 이 땅을개간하기 시작했는데, 바로 하트퍼드(Hartford)[60]이다. 후에 한 영국인이 땅을 개간해서 항구를 일구어냈는데, 바로 뉴헤이븐(New Haven)[61]이다. 강희 원년(1662)에 코네티컷주에 병합되어 영국령이 되었다. 가경 23년(1818)에 미

---

58 페르디난트 페르비스트(Ferdinand Verbiest)의…이 섬을 말한다: 이 문장에서 서계여는 미국에있는 로드아일랜드와 그리스에 있는 로도스섬을 동일한 섬으로 보고 있는데, 이는 잘못된 것이다.

59 코네티컷주: 원문은 '간날저길국(干捏底吉國)'이다.

60 하트퍼드(Hartford): 원문은 '적활(赤活)'로, 합득부이(哈得富耳), 합특복덕(哈特福德)이라고도한다.

61 뉴헤이븐(New Haven): 원문은 '뉴륜돈(紐倫敦)'으로 뉴함분(紐舍汾), 뉴흑문(紐黑文)이라고도한다.

합중국에 편입되었다. 이 땅에서는 소·말·양·노새·구리·철·면·마·포목·모직물·종이·철기 등이 난다. 또한 목제 괘종시계를 만드는데, 매년 3만 개를 제작한다. 주도는 두 곳인데, 한 곳은 하트퍼드로 코네티컷강가에 위치하며, 대학교가 있다. 다른 한 곳은 뉴헤이븐으로, 연해에 위치하며 4개의 대학이 있다. 26개 주 가운데 학교가 가장 좋다. 그 외에 농아를 가르치는 학교가 있어 수화로 이야기하는데, 다른 주에서도 모두 이를 본받아 하고 있다. 주지사와 부주지사 각 1명을 두었다. 인구는 30만 9백 명이다.

　뉴욕주[62] 뉴약극(紐約克), 뉴육(紐育), 신약(新約), 신약기(新約基)라고도 한다. 는 미국의 큰 주이다. 동쪽으로는 버몬트주·매사추세츠주·코네티컷주와 경계하고, 동남쪽 구석은 항구에 이르며, 남쪽으로는 뉴저지주(State of New Jersey)[63]·펜실베이니아주(Commonwealth of Pennsylvania)[64]와 경계하고, 서북쪽으로는 온타리오호·이리호에 이르며, 동북쪽으로는 영국령과 경계하며, 삼각형 지형에, 면적은 중국의 복건성(福建省)과 비슷하다. 동쪽 경내에는 산이 많고 애팔래치아산맥이라는 큰 산이 있으며, 나머지는 대부분 평지로 이루어져 있다. 허드슨강(Hudson R.)[65]이라는 큰 강이 있어 북쪽에서부터 남쪽에 이르기까지 길이가 1천여 리이고, 너비는 3~4리 정도 되는데, 선박이 강을 거슬러 올라 몇 백리 갈 수 있다. 북쪽은 아주 추워 거마가 다닐 수 있

62　뉴욕주: 원문은 '뉴약이국(紐約爾國)'이다.

63　뉴저지주(State of New Jersey): 원문은 '뉴절이서(紐折爾西)'이다.

64　펜실베이니아주(Commonwealth of Pennsylvania): 원문은 '빈석이륵니안(賓夕爾勒尼安)'으로, 빈서이와니아(賓西爾洼尼阿)라고도 한다.

65　허드슨강(Hudson R.): 원문은 '활득손(活得遜)'으로, 적신하(赤臣河), 혁덕삼하(赫德森河), 합득손하(哈得孫河)라고도 한다.

을 정도로 얼음이 단단하게 얼고, 중간에는 조지호(Lake George)[66]가 있다. 이 땅은 26개 주 가운데 가장 물자가 풍부하고 인구가 많으며 번화하다. 명나라 중엽에 네덜란드인이 신천지를 찾아와서 처음으로 이 땅을 개간하면서 뉴네덜란드(New Netherland)[67]라고 불렀다. 가정(嘉靖)[68] 연간에 이탈리아의 유민이 찾아와서 네덜란드를 위해 일했다. 만력(萬曆)[69] 연간에 영국인 역시 이 땅에 와서 일을 하고 개간하면서 날로 부유해졌다. 순치(順治)[70] 연간에 영국 왕이 명을 내려 동생 요크 공(Duke of York)[71]에게 이곳을 다스리게 하면서 무력으로 네덜란드를 몰아내고 땅을 모두 차지한 뒤 뉴욕이라 이름 지었다. 건륭 40년(1775)에 조지 워싱턴이 거병하여 영국에게 반란을 일으키자, 뉴욕은 가장 먼저 귀순했다. 영국이 뉴욕의 풍요로움을 애석해하며 누차 전쟁을 일으켜 반격했기 때문에 뉴욕은 전란으로 인한 피해가 가장 심했다. 주도의 이름 역시 뉴욕으로, 밖으로 항구와 통해 있는 미합중국 제일의 항구이다. 이 땅에서는 구리·철·납·소금·소·말·돼지·양·포목·서지(serge)[72]·무두질가죽·종이·유리 등이 난다. 매년 입항하는 화물선만 해도 1500척이나 된다. 수입 물품의 가치는 3800만 원(圓)이고, 수출 물품의 가치

---

66   조지호(Lake George): 원문은 '축치(畜治)'로, 교치호(喬治湖)라고도 한다.

67   뉴네덜란드(New Netherland): 원문은 '신하란(新荷蘭)'이다. 1600년대 초반 아메리카의 뉴욕주, 코네티컷주, 뉴저지주, 델라웨어주 등이 네덜란드의 식민지였기 때문에 뉴네덜란드로 불렸다. 특히 뉴욕은 '뉴암스테르담'이라고 불리었다.

68   가정(嘉靖): 명나라 제11대 황제 세종(世宗) 주후총(朱厚熜)의 연호(1522~1566)이다.

69   만력(萬曆): 명나라 제13대 황제 신종(神宗) 주익균(朱翊鈞)의 연호(1573~1620)이다.

70   순치(順治): 청나라 제3대 황제 세조 애신각라복림(愛新覺羅福臨)의 연호(1644~1661)이다.

71   요크 공(Duke of York): 원문은 '약(約)'으로, 훗날의 제임스 2세(재위 1685~1688)이다.

72   서지(serge): 원문은 '필기(嗶嘰)'이다. 라틴어로 비단을 의미하는 serica에서 유래했으며, 고급 직물을 가리킨다.

는 2300만 원에 이른다. 내지의 도로 즉 철로는 대부분 쇳물을 부어 만들어 기차가 잘 다닐 수 있게 했다. 대도시로는 올버니(Albany)[73]와 트로이(Troy)[74]가 있다. 전체 주 가운데 도서관과 학교가 가장 많아 매년 1백~2백만 원의 비용이 든다. 군사학교가 있는데, 이곳에서 창·대포·무기를 가르치고 배운다. 관제는 메인주와 대체로 비슷하지만, 의원수가 다소 많다. 인구는 242만 8천 명이며, 그 중 주도에 사는 사람은 27만 명이다.

뉴저지주[75] 뉴약이사(紐約爾些), 뉴야서(紐惹西), 신차사(新遮些), 신일이새(新日爾塞)라고도 한다. 는 북쪽으로는 뉴욕주와, 서쪽으로는 펜실베이니아주와, 남쪽으로는 델라웨어주(State of Delaware)[76]와 경계하고, 동쪽으로는 대서양에 임해 있으며, 면적은 메사추세츠주와 비슷하다. 북쪽 경내에는 큰 산이 있고, 평원은 대부분 넓고 비옥하다. 파세익강(Passaic R.)[77]은 여러 하천의 물이 모여서 깊은 연못을 이루며 맑고 깊은 물이 유유히 흘러 사람들이 즐겁게 유람한다. 명나라 천계 4년(1624)에 덴마크 사람이 처음으로 이곳에 정착했다. 그 뒤로 스웨덴 사람이 이곳의 남쪽 구석을 개간했고, 네덜란드 사람이 동북쪽을 개간했다. 강희 41년(1702)에 먼저 영국령이 되었다가 후에 미합중국에 가입했다. 이 땅에서는 철·납·포목 등이 난다. 주도는 트렌턴(Trenton)[78]이며, 주지사와 부주지사를 둔다. 인구는 38만 명이다.

---

73 올버니(Albany): 원문은 '아이파니(阿爾巴尼)'로, 오이파니(奧爾巴尼)라고도 한다.

74 트로이(Troy): 원문은 '추래(推來)'로, 특라이(特羅伊), 특락이(特洛伊)라고도 한다.

75 뉴저지주: 원문은 '뉴절이서국(紐折爾西國)'이다.

76 델라웨어주(State of Delaware): 원문은 '특이랍화(特爾拉華)'이다.

77 파세익강(Passaic R.): 원문은 '파사익하(巴沙盆河)'로, 파새이극하(帕塞伊克河)라고도 한다.

78 트렌턴(Trenton): 원문은 '특련돈(特連頓)'으로, 철련둔(鐵鏈遁), 특륜돈(特倫頓)이라고도 한다.

펜실베이니아주[79] 변서이위니아(邊西爾威尼阿), 빈서와니아(賓西窪尼阿), 변서이문(邊西耳文), 분서이와니(奔西爾瓦尼), 품림(品林)이라고도 한다. 는 뉴저지주의 서쪽에 위치하고, 북쪽으로는 뉴욕주와 경계하며, 서북쪽 모퉁이는 이리호와 인접하고, 서쪽으로는 오하이오주(State of Ohio)[80]와, 남쪽으로는 버지니아주·메릴랜드주·델라웨어주와 경계하며, 면적은 뉴욕주와 비슷하다. 경내에 애팔래지아산맥이 있고 선베리(Sunbury)[81]가 있으며, 그 아래로 서스쿼해나강(Susquehanna R.)[82] 등이 있다. 기후는 더위와 추위가 적절하고 토양은 동쪽이 서쪽보다 좋다. 처음에 이 땅을 개척한 사람은 스웨덴[83] 사람이나, 강희 21년(1682)에 영국 장교 윌리엄 펜(William Penn)[84]이 이곳을 점령하고, 또한 인디언들로부터 대지를 매입하고 개척해서 주를 건립했기 때문에 그의 이름을 따서 펜실베이니아라 명명했는데, 번역하면 펜의 숲이라는 의미이다. 건륭 연간에 미합중국에 가입했다. 이 땅에서는 석탄·철·소금·모직물·포목·모시풀[85]·자기·유리 등이 난다. 주도는 필라델피아(Philadelphia)[86] 비랍지비(費拉地費), 형제애(兄弟愛)라고도 한다. 로 펜실베이니아주의 동남쪽 구석에 위치하며, 도시는 델라웨어강 하구에 건설되었는데, 시가지가 화살처럼 곧게

---

79 펜실베이니아주: 원문은 '빈석이륵니안국(賓夕爾勒尼安國)'이다.

80 오하이오주(State of Ohio): 원문은 '왜해아(倭海阿)'로, 아해아(俄亥俄)라고도 한다.

81 선베리(Sunbury): 원문은 '폭포(瀑布)'이다. 『해국도지』에는 '습포(濕布)'로 되어 있는데, 음역으로 볼 때 습포가 더 타당한 것 같다.

82 서스쿼해나강(Susquehanna R.): 원문은 '소귀합나하(蘇貴哈那河)'이다.

83 스웨덴: 원문은 '서전(瑞典)'이다.

84 윌리엄 펜(William Penn): 원문은 '위렴빈(威廉賓)'이다.

85 모시풀: 원문은 '저마(苧麻)'이다.

86 필라델피아(Philadelphia): 원문은 '비륵특이비이(非勒特爾非爾)'로, 비성(費城)이라고도 한다.

157

뻗어 있고 건물들이 깨끗하며, 밖으로 항구와 통해 있어서 서양선박이 직통으로 도시까지 들어올 수 있는, 미합중국에서 세 번째로 큰 항구이다. 매년 수입되는 물품의 가치가 1100여만 원에 이른다. 경내에 있는 철로를 통해 이웃 주까지 갈 수 있으며, 기차·화륜선의 증기기관[87]은 대부분 이곳에서 제조된다. 관제는 뉴욕주와 대체로 같다. 인구는 182만 명이다.

델라웨어주[88] 저랍화(底拉華), 지나화(地那華), 덕랍위이(德拉委爾), 열륵위이(列勒威爾)라고도 한다. 는 펜실베이니아주의 동남쪽에 위치하고, 서남쪽은 메릴랜드주와 경계하며, 동쪽으로는 항구에 면해 있는데, 델라웨이강 하류에 해당하기 때문에 물 이름을 따서 델라웨이주라 명명했다. 면적은 로드아일랜드주와 비슷하며, 26개 주 가운데 가장 작다. 이 땅 역시 스웨덴 사람이 개척했으나, 네덜란드가 강탈해갔다. 강희 3년(1664)에 영국령이 되었는데, 처음에는 펜실베이니아주에 속했다가 후에 작은 주로 분리되었다. 도광 10년(1834)에 비로소 미합중국에 가입했다. 지세가 낮고 습하며 무역이 많지 않다. 주도는 도버(Dover)[89]이다. 주지사 한 명을 두고 있으며, 인구는 8만 8천 명이다.

메릴랜드주[90] 마리란(馬里蘭), 마려랑(馬黎郎), 맥이리란(麥爾厘蘭)이라고도 한다. 는 동쪽으로는 델라웨어주와, 북쪽으로는 펜실베이니아주와, 서남쪽으로는 버지니아주와 경계한다. 중앙으로 체서피크만(Chesapeake Bay)[91]이 관통하

---

87   증기기관: 원문은 '연궤(煙櫃)'이다.

88   델라웨어주: 원문은 '특이랍화국(特爾拉華國)'이다.

89   도버(Dover): 원문은 '다발(多發)'로, 나와(那洼), 다불(多佛)이라고도 한다.

90   메릴랜드주: 원문은 '마리란국(馬理蘭國)'이다.

91   체서피크만(Chesapeake Bay): 원문은 '차사필해항(遮土畢海港)'으로, 차사벽만(遮土壁灣)이라고

고 있는데, 이를 경계로 두 개의 지역으로 구분되며 면적은 뉴저지주와 비슷하다. 서북쪽은 험준한 산으로 이루어져 있으며, 나머지는 모두 평원으로 오곡백과가 모두 잘 자란다. 명나라 가정 연간에 영국 정치가 볼티모어(Baltimore)[92]가 2백여 명의 사람을 거느리고 와서 이 땅을 개간해 아들[세실 캘버트(Cecilius Calvert)]에게 상속했으며, 숭정 6년(1633)에 와서야 도시를 설립했다. 처음에 개간했을 때 영국의 황후 헨리에타 마리아(Henrietta Maria)[93]가 재위하고 있었기 때문에 [그녀의 이름을 따서] 메릴랜드라고 명명했다. 마리(馬理)는 번역하면 황후이고, 란(蘭)은 땅을 의미한다. 후에 미합중국에 가입했다. 이 땅에서는 모직물·포목·철기·상아기물·유리·종이원료가 난다. 주도는 아나폴리스(Annapolis)[94]이고, 대학이 있다. 관제는 다른 주와 같다. 인구는 48만 명이다. 수도 워싱턴 D.C.는 메릴랜드주의 서남쪽 경내에 위치한다.

버지니아주[95] 비이치니아(費爾治尼阿), 위이제니아(委爾濟尼阿), 와치니아(窪治尼阿), 비치미아(費治彌亞), 위액이(威額爾)라고도 한다. 는 메릴랜드주의 서남쪽에 위치하고, 서북쪽으로는 펜실베이니아주·오하이오주와, 서쪽으로는 켄터키주

도 한다.

92 볼티모어(Baltimore): 원문은 '마이저마(麻爾底磨)'이다. 조지 캘버트 1대 볼티모어 남작(George Calvert, 1st Baron Baltimore)은 1632년 잉글랜드의 찰스 1세로부터 메릴랜드 지역을 허가받았다.

93 헨리에타 마리아(Henrietta Maria): 원문은 '마리(馬理)'로, 마리아여왕(馬里阿女王)이라고도 한다. 찰스 1세의 부인인 헨리에타 마리아로, 앙리에타 마리아라고도 한다.

94 아나폴리스(Annapolis): 원문은 '아나파리(阿那波里)'로, 안나성(安那城), 안납파리사(安納波利斯)라고도 한다.

95 버지니아주: 원문은 '물이길니아국(勿爾吉尼阿國)'이다.

(Commonwealth of Kentucky)[96]와, 서남쪽으로는 테네시주(State of Tennessee)[97]와, 남쪽으로는 노스캐롤라이나주(State of North Carolina)[98]와 경계하며, 동쪽으로는 항구에 이르며, 면적은 26개 주 가운데 가장 넓다. 경내에는 산이 많으며, 가장 높은 산은 블루리지산맥(Blue Ridge Mountains)[99]이다. 하천과 수로가 얽혀 있으며, 가장 긴 강은 포토맥강[100]이다. 천연 석교가 있는데, 수면에서 20길 떨어져 있고, 다리의 너비는 몇 길 남짓이다. 또한 깊이가 1리 정도 되는 동굴이 있는데, 그 안에 자연적으로 생겨난 돌 인형 몇 개가 있어 당시 사람들은 이 동굴을 용동(龍洞)이라 불렀다. 토양은 보통이지만 연해 지역은 꽤 비옥하다. 명나라 중엽에 영국의 제임스 1세(James I)[101] 헨리[102] 몇 세인지는 모르겠다. 때 영국인이 처음으로 이 땅을 개간했기 때문에 이 땅을 제임스타운(Jamestown)[103]이라고 명명했다. 후에 만력 초에 도시가 완공되었는데, 이때 여왕 엘리자베스 1세(Elizabeth I)[104]가 재위하고 있었기 때문에 이름을

---

96 켄터키주(Commonwealth of Kentucky): 원문은 '천적이(阡的伊)'로, 금돌기(金突其)라고도 한다.

97 테네시주(State of Tennessee): 원문은 '전납서(田納西)'로, 전니서부(典尼西部), 정니사부(仃尼士部)라고도 한다.

98 노스캐롤라이나주(State of North Carolina): 원문은 '북객이륵나(北喀爾勒那)'로, 북잡라래납(北卡羅來納), 북가라림부(北加羅林部)라고도 한다.

99 블루리지산맥(Blue Ridge Mountains): 원문은 '파위이사(波威爾士)'로 되어 있으나, 블루리지산맥[藍嶺]의 오기로 보인다. 파위이사는 포위이사산(鮑韋爾斯山)이라고도 하는데, 남극 사우스 셰틀랜드제도(South Shetland Islands)에 위치한 보울스산(Bowells Mountains)이다.

100 포토맥강: 원문은 '파다묵(波多墨)'이다.

101 제임스 1세(James I): 원문은 '점사왕(占士王)'이다. 제임스 1세(재위 1567~1625) 때 스코틀랜드 국기와 합쳐져 영국 국기가 탄생했다.

102 헨리: 원문은 '현리(顯理)'이다.

103 제임스타운(Jamestown): 원문은 '점사(占士)'이다.

104 엘리자베스 1세(Elizabeth I): 원문은 '이리살필(以利撒畢)'로, 의리살백여왕(依里薩柏女王)이라

버지니아로 바꾸었는데, 번역하면 처녀로, 여왕을 칭송하기 위해 이렇게 한 것이다. 건륭 41년(1776)에 미합중국에 가입했다. 이 땅에서는 오곡백과가 나며 무역이 활발하다. 주도는 동쪽 경내의 해변에 위치하는 리치먼드(Richmond)[105]로, 큰 대학이 있다. 관제는 다른 큰 주와 대체로 비슷하다. 인구는 123만 명이다. 미합중국의 총명하고 뛰어난 인물들은 대부분 이곳에 모여든다.

노스캐롤라이나주[106] 나불객이륵나(那弗喀爾勒那)라고도 한다. 나불(那弗)은 번역하면 북쪽을 의미한다. 또한 북격라래납(北格羅來納), 북갑라리나(北甲羅里那), 북과라리(北戈羅里), 북가라련(北駕羅連), 북가락린(北加洛燐)이라고도 한다. 는 버지니아주 남쪽에 위치하고, 서쪽으로는 테네시주와, 남쪽으로는 사우스캐롤라이나주(State of South Carolina)[107]와 경계하며, 동쪽은 바다에 이르고, 면적은 버지니아주와 비슷하다. 경내의 서북쪽에는 산이 많고, 가장 높은 산은 블루리지산맥[108]이다. 동남쪽은 모두 평지이고, 하천은 수없이 갈라져 있으며, 가장 긴 강은 로아노크강(Roanoke R.)[109]이다. 동쪽 강역에는 풍토병이 있고, 서쪽으로

고도 한다. 엘리자베스 1세(재위 1558~1603)는 당시 유럽의 후진국이었던 잉글랜드를 세계 최대의 제국으로 발전시키는 데 이바지한 여왕이다. 엘리자베스 1세는 평생을 독신으로 지냈기 때문에 '처녀 여왕(The Virgin Queen)'으로 불렸다.

105 리치먼드(Richmond): 원문은 '리시만(里是滿)'으로, 리치만(里治滿), 리사만(里士滿)이라고도 한다.

106 노스캐롤라이나주: 원문은 '북객이륵나국(北喀爾勒那國)'이다.

107 사우스캐롤라이나주(State of South Carolina): 원문은 '남객이륵나(南喀爾勒那)'로, 남과라리(南戈羅里)라고도 한다.

108 블루리지산맥: 원문은 '묵로산(墨魯山)'으로, 람령산맥(藍嶺山脈)이라고도 한다.

109 로아노크강(Roanoke R.): 원문은 '라아록(羅阿菉)'으로, 라안옥(羅戾屋), 라아록(羅阿錄)이라고도 한다.

올수록 날씨가 편안하고 좋다. 처음에 영국의 대법관 클래런던(Clarendon)[110]
이 의이액란위이리(依爾額蘭威爾里)[111]와 함께 와서 이 땅을 개척하고 국왕의
이름을 따서 찰스턴(Charleston)[112] 찰스 몇 세인지는 미상이다. 이라 명명했다. 후
에 월터 롤리(Walter Raleigh)[113] 역시 이 땅에 와서 개척한 일이 있다.[114] 두 땅이
인접해 있어서 도시를 완공한 뒤에 통칭해서 캐롤라이나라고 했다. 옹정 7
년(1729)에 노스캐롤라이나주와 사우스캐롤라이나주로 분리되었다. 노스
캐롤라이나주는 월터 롤리가 개척한 곳이다. 건륭 55년(1790)에 미합중국
에 가입했다. 이 땅에서는 황금이 나기 때문에 광산을 개발해 사금을 채취
하는 사람이 늘 2만여 명이나 된다. 나무는 소나무가 많아 송진으로 불을
밝힌다. 오곡 중에 조와 쌀이 가장 많으며 보리가 그 다음으로 많다. 면화·
담배가 난다. 주도는 롤리(Raleigh)[115]이며, 주지사 1명, 사법관[參辦] 7명과 수
십 명의 보좌관이 있다. 인구는 80만 3천 명이며, 경작은 아프리카에서 사
들인 흑인 노예가 한다. 풍속이 사치스럽고 연회를 즐겨 연다.

---

110 클래런던(Clarendon): 원문은 '격랍령돈(格拉領頓)'으로, 제1대 클래런던 백작 에드워드 하이
  드(Edward Hyde, 1st Earl of Clarendon)이다. 클래런던(1608~1674)은 청교도 혁명이 일어나자 찰스
  2세와 함께 프랑스로 망명해 왕정복고를 위해 노력했다. 그 공으로 클래런던을 비롯한 8
  명의 귀족은 찰스 2세로부터 캐롤라이나를 승인받았다.

111 의이액란위이리(依爾額蘭威爾里): 미상.

112 찰스턴(Charleston): 원문은 '사이사돈(査爾士頓)'으로, 사이사돈(渣爾士頓)이라고도 한다.

113 월터 롤리(Walter Raleigh): 원문은 '랍리(臘里)'이다. 월터 롤리(1552? 1554~1618)는 엘리자베스
  1세의 총신으로 신대륙에 최초의 영국 식민지를 세운 인물이다.

114 후에…있다: 노스캐롤라이나주의 주도인 롤리가 월터 롤리의 이름에서 나온 것으로 보아
  월터 롤리의 일을 기술하고 있는 것으로 추정된다. 다만 역사적으로 볼 때 클래런던보다
  100년 전에 일어난 일이지만, 사건의 순서가 역사적 사실과 달리 전후 문맥이 바뀌어 있다.

115 롤리(Raleigh): 원문은 '라리(喇里)'로, 라리(喇理), 라리(羅利)라고도 한다.

사우스캐롤라이나주[116] 수사객이륵나(搜士喀爾勒那)라고도 한다. 수사(搜士)는 번역하면 남쪽을 의미한다. 나머지는 노스케롤라이나주와 같다. 는 노스캐롤라이나주의 남쪽에 위치하고, 서쪽과 남쪽으로는 조지아주(State of Georgia)[117]와 경계하며, 동남쪽으로는 바다에 이르고, 면적은 노스캐롤라이나주의 3분의 2 정도 된다. 경내에 있는 블루리지산맥은 높이가 4백여 길에 이르며, 나머지는 모두 언덕으로 이루어져 있다. 피디강(Pee Dee R.)[118]은 서북쪽에서 발원해 동남쪽을 관통해 바다로 흘러가고, 혹서에 풍토병도 있으며, 서쪽으로 갈수록 기후가 사람이 살기에 적당하다. 처음에는 노스캐롤라이나주와 한 주였으나, 후에 두 개의 주로 분리되어 노스캐롤라이나주와 함께 동시에 미합중국에 가입했다. 이 땅은 조와 벼농사에 알맞고 소나무와 등자나무가 많으며, 면화·모시풀·금·철이 난다. 철로를 이용해 인근 주와 왕래한다. 주도는 컬럼비아(Columbia)[119]이고, 두 개의 대학교가 있다. 관제는 노스캐롤라이나주와 같지만, 다만 노스캐롤라이나주에 부주지사가 없는 것과 달리 부주지사가 있다. 인구는 55만 3천 명이다.

조지아주[120] 약이열(若爾熱), 약치아(若治阿), 열이치아(熱爾治阿), 열가가(熱可加), 차치아(磋治阿), 약이일아(若爾日亞)라고도 한다. 는 사우스캐롤라이나주의 서쪽에 위치하고, 북쪽으로는 노스캐롤라이나주·테네시주와, 서쪽으로는 앨라배

---

116 사우스캐롤라이나주: 원문은 '남객이륵나국(南喀爾勒那國)'이다.

117 조지아주(State of Georgia): 원문은 '약이치(若耳治)'이다.

118 피디강(Pee Dee R.): 원문은 '비저대하(沘底大河)'로, 비저대하(比底大河), 피적하(皮迪河), 패적하(佩迪河)라고도 한다.

119 컬럼비아(Columbia): 원문은 '개륜비아(個倫比亞)'이다.

120 조지아주: 원문은 '약이치국(若耳治國)'이다.

마주(State of Alabama)[121]와, 남쪽으로는 플로리다주(State of Florida)[122]와 경계하며, 면적은 중국의 직례성(直隷省)만 하다. 애팔래치아산맥이 북쪽 경내에 있다. 동북쪽에 있는 서배너강(Savannah R.)[123]·오기치강(Ogeechee R.)[124]·앨라배마강(Alabama R.)[125]은 모두 대서양으로 유입된다. 북쪽 강역에 높이 몇 길에 이르는 동굴이 있는데, 작은 하천은 여기에서 흘러나온다. 작은 배를 타고 동굴로 15리 정도 들어가서 이곳을 지나면 폭포가 휘날리며 떨어져, 더 이상은 들어갈 수 없다. 옹정 10년(1732)에 처음 영국인 1백여 명이 이곳에 거주하면서 서배너 강변에 도시를 세우자, 가난한 무직자들이 다투어 쟁기를 지고 와서 열심히 경작했다. 후에 네덜란드·스페인 사람들 역시 이 땅에 와서 황무지를 개간해 마침내 부락을 이루었다. 남쪽 강역에 위치한 플로리다주는 당시 스페인의 지배하에 있었는데, 이 땅을 차지하고자 군사를 일으킨 지 몇 년 뒤에야 평정되었다. 건륭 18년(1753)에 영국은 비로소 주를 건립했다. 당시 영국 국왕은 조지 2세(George II)[126]로, 그 이름을 본떠 조지아라고 명명했다. 가경 3년(1798)에 미합중국에 가입했다. 기후·풍속·물산은 사우스캐롤라이나주와 같으며, 면화로 큰 수익을 내고 있다. 주도는 밀리지빌(Miledgeville)[127]이며, 대학교가 있다. 관제는 다른 주와 대체로 비슷하다.

---

121   앨라배마주(State of Alabama): 원문은 '아랍파마(阿拉巴麻)'로, 아랍파마(亞拉巴馬)라고도 한다.

122   플로리다주(State of Florida): 원문은 '불륵이륵리(佛勒爾勒厘)'이다.

123   서배너강(Savannah R.): 원문은 '사번아하(卸番亞河)'로, 살범납하(薩凡納河)라고도 한다. 조지아주와 사우스캐롤라이나주의 경계를 이루며 남동방향으로 흘러 대서양으로 유입된다.

124   오기치강(Ogeechee R.): 원문은 '아결치하(阿結治河)'로, 오길기하(奧吉奇河)라고도 한다.

125   앨라배마강(Alabama R.): 원문은 '아랍달마합하(亞拉達麻哈河)'이다.

126   조지 2세(George II): 원문은 '약이치제이(若耳治第二)'이다.

127   밀리지빌(Miledgeville): 원문은 '미리치(靡理治)'로, 미륵덕치유이(米勒德治維爾), 미리기웅이(米

인구는 65만 1천 명이다.

오하이오주[128] 아해아(呵海呵), 아희아(呵希呵), 아희아(阿喜呵), 아의약(阿宜約)이라
고도 한다. 는 펜실베이니아주의 서쪽에 위치하고, 북쪽으로는 이리호에 이
르며, 서북쪽으로는 미시간주(State of Michigan)[129]와, 서쪽으로는 인디애나주
(State of Indiana)[130]와, 남쪽으로는 켄터키주·버지니아주와 경계하고, 면적은
펜실베이니아주와 비슷하다. 산언덕이 많은 반면 큰 산은 없고, 하천과 수
로가 얽혀 있어 토양이 비옥하다. 건륭 35년(1788)에 유럽인이 서북지역에
서 와서 미시간의 여러 지역에 해당한다. 비로소 황무지를 개간하기 시작했다.
가경 5년(1800)에 도시가 완공되자 영국인들은 비로소 관리를 두었다. 가경
7년(1802)에 미합중국에 가입했다. 이 땅에서는 철·석탄·소금·조·벼·담배·
모시풀·유리·면화 등이 생산된다. 수로를 통해 항구에 갈 수 있고 철로를
이용해 이웃 주에 갈 수 있다. 주도는 콜럼버스(Columbus)[131]이다. 관제는 다
른 주와 같다. 인구는 156만 명이다.

미시간주[132] 미시간(米詩干), 미치안(彌治顔), 미시안(迷詩安)이라고도 한다. 는 동북
쪽으로는 휴런호에, 동남쪽으로는 이리호에, 서쪽으로는 미시간호에 이르
고, 남쪽으로는 오하이오주·인디애나주와 경계한다. 면적은 오하이오주
에 약간 못 미친다. 삼면이 호수에 둘러싸여 있고, 모래흙이 흘러 넘쳐 어

利奇雄爾)라고도 한다. 1807~1867년까지 조지아주의 주도였다.

128 오하이오주: 원문은 '왜해아국(倭海阿國)'이다.

129 미시간주(State of Michigan): 원문은 '밀집안(密執安)'이다.

130 인디애나주(State of Indiana): 원문은 '영리안납(英厘安納)'으로, 인지아나(因地阿那), 인지아나
(印地亞拏), 인제안납(印第安納)이라고도 한다.

131 콜럼버스(Columbus): 원문은 '과람모사(戈攬模土)'이다.

132 미시간주: 원문은 '밀집안국(密執安國)'이다.

디에서나 농사를 지을 수 있다. 강희 39년(1700)에 프랑스인이 처음 이 땅을 개척했다. 건륭 28년(1763)에 영국에게 이 땅을 빼앗겼다. 도광 15년(1835)에 비로소 미합중국에 가입했다. 물산은 미상이고, 철로를 통해 이웃 주에 갈 수 있다. 주도는 디트로이트시(City of Detroit)[133]이다. 관제는 다른 주와 같다. 인구는 21만 2천 명이다.

켄터키주[134] 건덕기(建德基), 건대기(建大基), 근특기(根特機), 근도기(根都機)라고도 한다. 는 펜실베이니아주의 서쪽에 위치하고, 북쪽으로는 오하이오주·인디애나주와, 서쪽으로는 일리노이주(State of Illinois)[135]와, 남쪽으로는 테네시주와 경계하며, 면적은 중국의 절강성만하다. 이곳은 미국 26개 주의 정중앙에 위치해 기후가 평균적이고, 수로가 종횡으로 관통하고 있어 땅이 비옥하며, 오곡백과가 다 먹을 수 없을 정도로 넘쳐난다. 동쪽 강역은 애팔래치아산맥에 인접하고 있고 바람굴이 있는데, 상반기에는 바람이 밖에서 불어 들어가고, 하반기에는 바람이 안에서 불어 나온다. 일찍이 한 인디언이 상반기에 창문으로 바람굴 입구를 덮고 횃불을 들고 안으로 들어가 50리를 가도 끝이 나오지 않자 두려워 돌아왔는데, 그 다음날에야 바람굴에서 나왔으며, 결국 그 깊이를 알 수 없었다. 이 땅은 과거에는 버지니아주에 속했다. 건륭 33년(1768)에 대니얼 분(Daniel Boone)[136]이 이곳으로 이주해서

---

133 디트로이트시(City of Detroit): 원문은 '저특률(底特律)'로, 1837~1847년까지 미시간주의 주도였다.

134 켄터키주: 원문은 '천적이국(阡的伊國)'이다.

135 일리노이주(State of Illinois): 원문은 '혁륜낙이(奕倫諾爾)'로, 이리내부(伊理奈部)라고도 한다.

136 대니얼 분(Daniel Boone): 원문은 '단야리봉(單耶利蓬)'으로, 단야리봉(單爺利蓬)이라고도 한다. 대니얼 분(1734~1820)은 사냥꾼으로, 켄터키주의 탐험가이자 애팔래치아산맥을 넘어 정착한 최초의 미국인이다.

살았다. 건륭 38년(1773)에 이곳으로 이주해 오는 사람이 점차 많아지면서 헤러즈버그(Harrodsburg)[137]라는 하나의 마을을 세웠다. 건륭 44년(1779)에 따로 하나의 주를 건립했다. 건륭 46년(1781)에 미합중국에 가입했다. 이 땅에서는 벼·마·콩·보리·담배가 난다. 보리가 많이 나는데, 여러 주 중에서 으뜸이다. 또한 철·아연·석탄이 난다. 수로가 바다와 통하지 않아 화물을 외부로 운반해 나가는 것이 어려워, 단지 화륜선을 이용해 국내무역을 할 뿐이다. 주도는 프랭크퍼트(Frankfort)[138]로, 대학교가 있다. 관제는 대략 다른 주와 같으나, 의원수가 아주 많다. 인구는 78만 9천 명이다. 그 외에 루이빌(Louisvelle),[139] 렉싱턴(Lexington)[140]이라는 대도시 두 곳이 있다. 군사가 가장 용맹해 각주의 정예병으로 추천되었다.

플로리다준주[141] 불라리득(佛羅理得), 불라리달(佛羅里達), 박리타(縛利他), 비라리대(費羅里大)라고도 한다. 는 미합중국의 극동남쪽에 위치하며 지형이 엄지손가락을 비스듬하게 펼쳐 바다로 넣고 있는 것처럼 생겼다. 북쪽으로는 조지아주·앨라배마주와 경계하고, 나머지는 모두 바다와 인접해 있으며, 면적은 미시간주와 비슷하다. 평탄한 지형에, 모래와 돌이 섞여 있으며, 지대가 유달리 낮고 습하다. 명나라 정덕 7년(1512)에 스페인사람 후안 폰세 데 레온(Juan Ponce de León)[142]이 이 땅을 처음 개척했다. 가정 43년(1564) 영국에게

---

137 헤러즈버그(Harrodsburg): 원문은 '가률사(嘏律士)'로, 켄터키주의 첫 백인 정착지이다.

138 프랭크퍼트(Frankfort): 원문은 '법란부이(法蘭富耳)'로, 법란극복(法蘭克福)이라고도 한다.

139 루이빌(Louisvelle): 원문은 '루사(累土)'이다.

140 렉싱턴(Lexington): 원문은 '력성돈(歷星頓)'으로, 루이빌 다음가는 켄터키주 제2의 도시이다. 켄터키대학교가 들어서면서 교육의 중심지가 되었다.

141 플로리다준주: 원문은 '불륵이륵리부(佛勒爾勒厘部)'로, 지금의 플로리다주이다.

142 후안 폰세 데 레온(Juan Ponce de León): 원문은 '반사저리안(般士底里晏)'이다. 후안 폰세 데 레

빼앗겼다가 20년 뒤에 스페인이 재탈환했다. 가경 연간에 스페인이 다른 주와 교전할 때 한 미국 화물선이 스페인군에게 습격당하는 일이 발생했다. 미국이 군사를 일으켜 배상을 요구하자 스페인은 자신들에게 잘못이 있음을 알았고, 또한 미국 화물선의 화물이 이미 다 사라진 뒤라 플로리다를 넘겨주어 배상했는데, 이때가 가경 25년(1820) 때이다. 스페인 사람들은 모두 다른 곳으로 이주하고 어부와 농부만 남았다. 근래에 들어 유랑민을 불러들여 인구가 점차 늘어났다. 아직 완전히 항복하지 않은 해변의 원주민들이 때로 주민들과 격투를 벌였다. 이 땅에서는 대모(玳瑁)·밀랍·대추·등자나무·석류·무화과·사탕수수·면화·인디고(indigo)[143]가 난다. 주도는 탤러해시(Tallahassee)[144]로, 단지 의사당 1곳만 있고 주지사 등을 두지 않았기 때문에 주에는 들어가지 않는다. 인구는 50만 3천 명이다. 이상 1개의 수도와 18개의 주, 1개의 준주는 모두 미합중국의 동부에 해당한다.

테네시주[145] 전날서(典捏西), 지니서(地尼西), 덕내서(德內西)라고도 한다. 는 켄터키주 남쪽에 위치한다. 동북쪽으로는 버지니아주와, 동쪽으로는 노스캐롤라이나와, 남쪽으로는 조지아주·앨라배마주·미시시피주(State of Mississippi)[146]와 경계하고, 서쪽으로는 미시시피강을 끼고 아칸소주(State of Arkansas)[147]와

온(1474~1521)은 푸에르토리코의 초대 총독이다.

143 인디고(indigo): 원문은 '양람(洋藍)'으로, 쪽빛 염료이다.

144 탤러해시(Tallahassee): 원문은 '달나합(達那哈)'으로, 달나합서(達那哈西), 탑랍혁서(塔拉赫西)라고도 한다.

145 테네시주: 원문은 '전납서국(田納西國)'이다.

146 미시시피주(State of Mississippi): 원문은 '밀사실필(密士失必)'로, 미사세비부(美士細比部), 밀서서비(密西西比), 미서실비부(米西悉比部)라고도 한다.

147 아칸소주(State of Arkansas): 원문은 '아감색(阿甘色)'으로, 아긍색주(阿肯色州), 아간소부(阿干蘇

경계하며, 면적은 중국의 절강성만하다. 동쪽 경내에 있는 험준한 산봉우리가 북쪽에서 남쪽에 이르기까지 몇 백리에 걸쳐 있고, 애팔래치아산맥과는 이어져 있다. 절기가 조화롭고 토양이 비옥하며 하천과 수로가 얽혀있어 오곡백과가 모두 잘 자란다. 켄터키주와 함께 미합중국의 중원으로, 중국의 낙양(洛陽)에 해당한다. 이 땅은 처음에는 버지니아주와 노스캐롤라이나 사람이 개척한 곳이었으나, 가경 원년(1796)에 주를 설립하고 미합중국에 가입했다. 이 땅에서는 철기·포목·모시가 나며, 주도는 내슈빌(Nashville)[148]이다. 관제는 다른 주와 비슷하다. 인구는 82만 9천 명이다. 농업과 공업에 모두 힘을 기울여 집집마다 살림이 넉넉하고 풍족하다.

앨라배마주[149] 아라파마(阿喇巴麻), 파리특마(巴里特摩), 아나마마(阿那麻馬), 아라파마(亞喇罷麻)라고도 한다. 는 조지아주의 서쪽에 위치하고, 북쪽으로는 테네시주와, 서쪽으로는 미시시피주와 경계하며, 서남쪽 구석은 바다에 이르고, 남쪽으로는 플로리다주와 경계하며, 면적은 조지아주에 비해 다소 작다. 애팔래치아산맥이 동북쪽 경내에 위치하는데, 높이가 1백여 길에 이른다. 경내의 하천 가운데 앨라배마강이 가장 크기 때문에 이를 본떠 앨라배마주로 명명했다. 남쪽은 여름에 날씨가 견디기 힘들 정도로 더워서 원주민들은 대부분 산속으로 들어가 더위를 피한다. 북쪽은 눈과 서리가 다소 내리지만 역시 아주 춥지는 않다. 인근의 산과 바다 근처의 토양은 대부분 비옥하며 땅은 넓고 사람은 드물며, 짐승과 새의 족적이 들판에 나 있다. 이

部), 아간살사(阿干薩斯), 압가나부(押加拿部)라고도 한다.

148 내슈빌(Nashville): 원문은 '나실(那實)'로, 납십유이(納什維爾)라고도 한다.

149 앨라배마주: 원문은 '아랍파마국(阿拉巴麻國)'이다.

땅은 과거에 토지의 절반이 조지아주에 속하고, 반은 플로리다주에 속했다. 도광 원년(1821)에 별도로 하나의 주를 설립하고 미합중국에 가입했다. 이 땅에서는 금·철·벼·오곡·과실·사탕수수·담배·면화·인디고가 나는데, 그 중에서 면화가 가장 많이 난다. 주도는 모빌(Mobile)[150]로 해구에 건설되었으며, 남쪽 최대의 항구이다. 면화와 보릿가루를 수출하며 무역이 아주 활발하게 이루어진다. 대학이 있다. 주지사와 부주지사 각 1명과 의원 수십 명을 두고 있다. 인구는 59만 명이다. 상인들은 대부분 벽지와 험지, 먼 곳까지 갈 수 있는데, 이곳에서 만든 쾌속선은 아주 빨리 달리며, 내지의 철로 역시 사방으로 모두 통한다.

　　미시시피주[151] 미서세비(米西細比), 미사서배(彌斯栖北), 미사세비(美士細比), 미서서비(米西西比)라고도 한다. 는 앨라배마주의 서쪽에 위치하고, 북쪽으로는 테네시주와, 서북쪽으로 미시시피강을 끼고 아칸소주와, 서남쪽으로는 미시시피강을 끼고 루이지애나주(State of Louisiana)[152]와 경계하며, 동남쪽 구석은 바다에 이르고, 면적은 앨라배마주와 비슷하다. 미시시피강은 미국의 큰 강으로, 발원지가 상당히 멀며, 중국의 황하만큼 크다. 미시시피강이 미시시피주의 서쪽강역을 거쳐 바다로 들어가기 때문에, 주의 이름을 미시시피주라 명명했다. 애팔래치아산맥도 이곳에 이르러 끝난다. 기후는 앨라배마주와 비슷하지만, 풍토병이 있어 여름이면 사람들 대부분이 전염병에 잘 걸린다. 토지는 남부 최고의 토질로 추천될 정도로 비옥하다. 다만 서쪽 경

150　모빌(Mobile): 원문은 '마비리만(磨庇理灣)'으로, 모비이(莫比爾)라고도 한다. 모빌만(Mobile Bay) 연안에 위치해 있다.

151　미시시피주: 원문은 '밀사실필국(密士失必國)'이다.

152　루이지애나주(State of Louisiana): 원문은 '로서안납(魯西安納)'이다.

내에 제방이 없어 큰 수해를 입는다. 강희 54년(1715)에 프랑스인들이 처음 이 땅에 들어와 살았는데, 스페인 사람들이 뒤이어 들어와 이 땅을 다투면서 이 땅은 공유지가 되었다. 건륭 27년(1762)에 영국의 차지가 되었다. 가경 2년(1797)에 미합중국에 가입했다. 가경 22년(1817)에 하나의 주가 되었다. 과거에는 담배·인디고가 났으나, 근년에 들어서는 면화가 가장 많이 생산된다. 주도는 잭슨(Jackson)[153]이다. 관제는 다른 주들과 비슷하다. 인구는 13만 6800명이다. 미시시피강 하구는 밖으로 항구와 통하는데, 나체스(Natchez),[154] 뉴올리언스(New Orleans)[155]가 그것이다. 이들 항구는 선박이 모여들어 서남쪽의 큰 항구가 되었다.

루이지애나주[156] 루서안납(累西安納), 뢰서아나(雷栖阿那), 로의서안(盧宜西安), 루사안(累斯安)이라고도 한다. 는 미시시피주의 서남쪽에 위치하며, 미시시피강을 끼고 미시시피주와 경계하고 있다. 북쪽으로는 아칸소주와, 서쪽으로는 텍사스주[157]와 경계하고, 남쪽으로는 바다에 이르며, 면적은 중국의 직례성만하다. 서북쪽에는 낮은 산이 있고, 동남쪽은 지대가 평평하며, 기후가 찌는 듯이 덥고 악성 전염병이 많다. 토지는 비옥하지만 수재가 나기도 한다. 이 땅은 프랑스인들에 의해 개간되었으나, 건륭 28년(1763)에 스페인

---

153 잭슨(Jackson): 원문은 '사기손(查基遜)'으로, 열순(熱循), 걸극손(杰克遜)이라고도 한다.

154 나체스(Natchez): 원문은 '나길사(邢吉士)'로, 납제자(納齊玆)라고도 한다.

155 뉴올리언스(New Orleans): 원문은 '신아이란(新阿爾蘭)'으로, 뉴합란(紐哈蘭), 신아이란(新阿耳蘭), 신오이란(新奧爾蘭), 신오이량(新奧爾良), 신가량사(新珂凉士)라고도 한다. 지금의 루이지애나주 최대의 도시이다.

156 루이지애나주: 원문은 '로서안납국(魯西安納國)'이다.

157 텍사스주: 원문은 '득살(得撒)'이다. 덕살(德撒), 덕사(德沙), 덕극살사주(德克薩斯州), 덕주(德州)라고도 한다.

이 차지했다. 가경 5년(1800)에 프랑스가 그 땅을 다시 수복했다. 가경 8년(1803)에 미합중국이 은 1500만 원을 들여 루이지애나를 매입했다. 가경 23년(1818)에 하나의 주가 되었다. 이 땅에서는 사탕수수·면화가 나는데, 주들 가운데 최고이다. 15무(畝)의 땅에 사탕수수를 심으면 5천근의 설탕을 수확한다. 탈곡기로 목화를 수확하는데, 한 궤짝 당 수백 명의 노동력이 필요하다. 주도는 뉴올리언스[158]이다. 관제는 다른 주와 비슷하고, 인구는 21만 5500명이다. 무역은 미시시피강 하구에서 활발하게 이루어지는데, 미시시피강 상류에 있는 각 주들의 화물이 모두 이곳에서 운집한다. 내지에 역시 철로가 있다.

인디애나주[159] 인저안납(引底安納), 인지아나(因地阿那), 음적아나(音的亞那)라고도 한다. 는 북쪽으로는 미시간주와 경계하고, 서북쪽으로는 미시간호에 이르며, 서쪽으로는 일리노이주와, 남쪽으로는 켄터키주와, 동쪽으로는 오하이오주와 경계하며, 면적은 미시간주와 비슷하다. 토양이 비옥해 산봉우리에서도 파종할 수 있으며, 수목이 더욱 무성하다. 강희 39년(1700)에 프랑스인들이 이 땅을 처음 개척했다. 건륭 28년(1763)에 영국에게 빼앗겼다가 후에 미합중국에 가입했다. 이 땅에서는 석탄·소금·철·조·모시풀·담배·서양인삼·밀랍이 난다. 철로를 두어 이웃 주와 왕래했으며, 주도는 인디애나폴리스(Indianapolis)[160]이다. 관제는 다른 주와 비슷하며, 인구는 67만 5천 명이다.

---

158 뉴올리언스: 원문은 '유합련(紐哈連)'이다.

159 인디애나주: 원문은 '영리안납국(英厘安納國)'이다.

160 인디애나폴리스(Indianapolis): 원문은 '영리안납파리(英厘安納波里)'로, 인지아나파리사(因地阿那波里土), 인제안납파리사(印第安納波利斯)라고도 한다.

일리노이주[161] 이리내사(伊理奈士), 의리내사(依里內士), 의려내(意黎乃)라고도 한다. 는 인디애나주 서쪽에 위치하고, 북쪽으로는 아이오와주(State of Iowa)[162]와, 서쪽으로는 미주리주(State of Missouri)[163]와, 남쪽으로는 테네시주와 경계하며, 면적은 루이지애나주와 비슷하다. 지세는 평탄하고 나무와 숲이 울창하고 무성해 가축을 키우기에 적합하다. 일리노이주는 처음에 인디애나주와 한 주였으며, 모두 프랑스인이 개척한 곳이다. 후에 영국에게 넘어갔다. 가경 14년(1809)에 일리노이주로 분리되어 나왔으며, 후에 미합중국에 가입했다. 이 땅의 산물은 인디애나주와 동일하다. 주도는 반달리아(Vandalia)[164]이고, 인구는 47만 6천 명이다.

아칸소주[165] 아간살사(阿干薩士), 아이간살(阿爾干薩)이라고도 한다. 는 루이지애나주 북쪽에 위치하고, 동쪽으로는 미시시피강에 이르며, 미시시피강을 끼고 미시시피주·테네시주와 경계하고, 서쪽으로는 인디언 원주민 부락[166]과, 북쪽으로는 미주리주와 경계하며, 면적은 루이지애나주보다 크다. 서쪽 경내에는 오자크산맥(Ozark Plateau)[167]이 있고 나머지는 모두 평지이다. 아칸소주는 과거에는 원래 미주리주와 한 주였으며, 모두 프랑스인이 개척한 곳이다. 가경 24년(1819)에 비로소 따로 분리되어 준주가 되었다. 도광 16년

---

161 일리노이주: 원문은 '혁륜낙이국(奕倫諾爾國)'이다.

162 아이오와주(State of Iowa): 원문은 '의아화신부(衣阿華新部)'이다.

163 미주리주(State of Missouri): 원문은 '미사리(彌梭里)'이다.

164 반달리아(Vandalia): 원문은 '만달리아(灣達里阿)'로, 범대리아(范代利阿)라고도 한다.

165 아칸소주: 원문은 '아감색국(阿甘色國)'이다.

166 인디언 원주민 부락: 원문은 '인저아(因底阿)'로, 인디언 원주민 부락으로 추정된다.

167 오자크산맥(Ozark Plateau): 원문은 '아살마살니대산(阿薩麻薩尼大山)'으로, 구찰극산(歐扎克山)이라고도 한다.

(1836)에 미합중국에 가입했다. 이곳의 풍속과 물산은 루이지애나주와 대체로 같다. 주도는 리틀록(Little Rock)[168]이며, 관제는 다른 주와 비슷하다. 인구는 9만 7천 명이다.

미주리주[169] 밀소리(密蘇理), 미사리(彌梭里), 미소리(迷蘇利)라고도 한다. 는 아칸소주의 북쪽에 위치하고, 동쪽으로는 미시시피강을 끼고 일리노이주와, 서북쪽으로는 인디언 원주민 부락과 경계하며, 면적은 아칸소주와 비슷하다. 경내에 큰 산은 없지만, 초목이 무성하고 토양은 조, 보리, 벼농사에 적합하다. 경내에 미주리라는 큰 강이 있어, 주의 이름을 미주리주라 명명했다. 강희 39년(1700)에 프랑스인들이 처음 이 땅을 개척했으며, 아칸소주와는 한 주였다. 가경 24년(1819)에 비로소 두 개의 주로 분리되었다. 도광 2년(1822)에 미합중국에 가입했다. 이 땅에서는 백연(白鉛)·흑연(黑鉛)·비상(砒礵)·철·석탄·소금·면화·소가죽이 난다. 주도는 제퍼슨시티(Jefferson City)[170]이다. 관제는 다른 주와 비슷하다. 인구는 23만 3천 명이다. 사람들은 두 종족으로 나뉘는데, 하나는 프랑스의 후예인 격랍포사(格臘包士)[171]이고, 다른 하나는 아모사(牙模士)[172]로 프랑스인과 인디언 원주민이 결혼해서 낳은 이들로, 피부색이 자색과 흰색 사이이다. 인디언은 피부가 붉다.

---

168 리틀록(Little Rock): 원문은 '력특이락(力特爾洛)'으로, 소석성(小石城)이라고도 한다.

169 미주리주: 원문은 '밀소이리국(密蘇爾厘國)'이다.

170 제퍼슨시티(Jefferson City): 원문은 '사법순(渣法旬)'으로, 걸불손성(杰弗遜城)이라고도 한다.

171 격랍포사(格臘包士): 미국 초기 루이지애나 프랑스인을 비롯해 프랑스 정착민의 후손을 지칭하는 크리올(Créoles)로 추정된다.

172 아모사(牙模士): 프랑스의 유럽인과 아메리카 원주민의 혼혈을 의미하는 메티스(métis)로 추정된다.

위스콘신준주(State of Wisconsin)[173] 위사곤신달다리(威斯滾申達多里)라고도 한다. 와 아이오와준주(State of Iowa)[174] 의아위사(依阿威士)라고도 한다. 는 슈피리어호[175] 의 남쪽, 미시간호의 서쪽, 일리노이주의 북쪽, 미시시피강 좌우에 걸쳐 위치하고 있다. 강역은 광활하고 드넓어 큰 주의 4배 정도 된다. 언덕이 많고 큰 산이 없으며, 토양이 비옥해 개간해서 경작하기에 수월하다. 본래는 인디언 원주민의 거주지였으나, 도광 10년(1830)에 처음 미시간의 백인이 이주해 와서 점점 마을을 이루고 인디언들 사이에 섞여 살면서 모두 포대를 건설하고 스스로를 지켰다. 최근에 들어 인구가 점점 많아지면서 두 개의 준주로 분리되었다. 북쪽은 위스콘신준주로 인구가 3만 명이고, 남쪽은 아이오와준주로 인구가 4만 3천 명이다. 이제 막 생겨나 아직 주지사 등의 관리를 두지 않았기 때문에 주에는 들어가지 않는다. 이상 8개의 주와 2개의 준주는 모두 미합중국의 서부에 해당한다.

미합중국의 서쪽은 태평양에 이르며, 아직도 황무지가 수 천리에 걸쳐 있다. 북쪽으로는 영국 속지와, 남쪽으로는 멕시코와 경계하며, 가운데 로키산맥이 있는데 큰 강의 대부분이 여기서 발원한다. 원주민은 통칭해서 인디언이라고 하는데, 종족이 아주 많고 신장이 크고 힘이 세며, 용모가 단정한 것이 중국과 비슷하고, 얼굴색이 붉고 머리카락과 눈동자는 모두 검다. 농사짓고 천을 짜며 불을 피우고 물을 길을 줄 몰라 털을 뽑지 않고 피묻은 채로 먹거나 혹은 열매나 채소를 먹었으며, 초목으로 오두막집을 지

---

173 위스콘신준주(State of Wisconsin): 원문은 '위사간손부(威士干遜部)'로, 위사곤신(威斯滾申), 위사곤신(威士袞申)이라고도 한다. 지금의 위스콘신주이다.

174 아이오와준주(State of Iowa): 원문은 '의아화부(衣阿華部)'로, 지금의 아이오와주이다.

175 슈피리어호: 원문은 '소필력호(蘇必力湖)'이다.

어 비바람을 피했다. 여름에는 웃통을 벗고 허리에는 짐승의 가죽을 두른
다. 겨울에 날씨가 추워지면 상체에도 가죽을 걸친다. 또한 얼굴에 오색을
칠하고 머리에 새 깃털을 꽂아 무용을 드러내기도 한다. 그저 물고기를 잡
아 생활하며 글자는 모른다. 병이 나면 처방전 없이 오로지 술사에게 주술
을 청해 병을 치료한다. 사람됨이 현명하고 성실하며 노인을 공경할 줄 알
고, 모욕을 받으면 물불을 가리지 않고 반드시 복수한다. 화폐가 없어 나무
껍질·진주와 보석으로 교역한다. 추장이 인디언들을 다스린다. 바야흐로
영국이 미국과 싸울 때 인디언들을 교사해 서쪽 변경지대를 흔들고 미국
땅을 나누어가지려고 했다. 그러나 언어가 통하지 않아 인디언을 이용하지
못했다. 반면 미국 서쪽 변경지대의 사람들은 대부분 인디언과 친하기 때
문에 이들을 모집해 군대를 조직하고 병기를 주고 대오를 가르쳤다. 인디
언은 날래고 용맹해 목숨을 다해 싸워 누차 영국군을 패배시켰다. 그래서
미합중국이 영국에게 승리를 거둘 때 인디언이 큰 힘이 되었다. 근년에 들
어 미국인이 날로 서쪽으로 이주해와 인디언과 섞여 살고 농사짓는 방법을
가르쳐주면서 풍속이 점점 개화되기 시작했다. 미시간호의 서쪽에 위스콘
신준주·아이오와준주가 설립되었다. 두 준주의 서쪽에는 여전히 인디언이
살고 있다. 미국인들은 그 땅을 단속하면서 인디언준주(Indian Territory),[176] 서

---

176 인디언준주(Indian Territory): 원문은 '위사돈달다리(威斯頓達多里)'로, 지금의 캔자스주와 오클
라호마주 등지에 해당한다. 글자 그대로 보면 위사돈은 웨스턴을 의미하고, 달다리는 준
주로, 서부지역을 가리키나 다음에 나오는 '위사돈저특력(威斯頓底特力)'과 겹치기 때문에
여기서는 인디언준주로 해석한다. 인디언준주는 미국에서 인디언부족을 정착시키기 위
해 할당한 땅을 가리키는 미국 역사상의 용어로, 인디언 컨트리(Indian Country), 인디안 지
역, 인디언 특별 보호구역으로도 불리는데, 1907년에 오클라호마주로 합쳐졌다.

부지역(Western District),[177] 오리건준주(Oregon Territory)[178]로 나누었다.

　인디언준주는 아칸소주·미주리주의 서쪽에 위치하고, 남쪽으로는 텍사스주·멕시코와 경계하며, 서쪽으로는 로키산맥에 이르고, 북쪽으로는 서부지역과 경계한다. 강역은 광활하지만, 토지는 비옥한 곳도 있고 척박한 곳도 있다. 비옥한 곳은 경작도 가능하고 목축도 가능하지만 척박한 곳은 대부분 불모지이다. 미국인들은 이 땅을 목축과 수렵의 장소로 인디언에게 주고, 또한 도서관을 짓고 일자리와 기물을 주면서 나날이 그들을 교화시켜 인도할 수 있기를 바랐다. 인디언은 종족이 아주 많은데, 원주민도 있고 외부에서 들어온 사람도 있다. 도광 16년(1836)에 미국인들은 인구조사를 하면서 이들을 촉토족(Choctaw),[179] 크리크족(Creek),[180] 체로키족(Cherokee),[181] 오세이지족(Osage)[182], 콰포족(Quapaw),[183] 쇼니족(Shawnee),[184] 캔사스족(Kanzaus),[185] 델라웨어족(Delaware),[186] 키카푸족(Kickapoo),[187] 포니족(pawnee),[188]

177　서부지역(Western District): 원문은 '위사돈저특력(威斯頓底特力)'이다.

178　오리건준주(Oregon Territory): 원문은 '아리안달다리부(阿里顏達多里部)'로, 지금의 오리건주이다.

179　촉토족(Choctaw): 원문은 '작도사(作島斯)'로, 작도사(作島土)라고도 한다.

180　크리크족(Creek): 원문은 '격력사(格力土)'이다

181　체로키족(Cherokee): 원문은 '지라기사(支羅機土)'이다.

182　오세이지족(Osage): 원문은 '아사치사(阿些治土)'이다.

183　콰포족(Quapaw): 원문은 '과포사(瓜包土)'로, 잡파족(卡波族)이라고도 한다. 아칸사족(akansa), 아르칸사족(Arcansa)이라고도 불린다.

184　쇼니족(Shawnee): 원문은 '사와니사(沙窪尼土)'이다.

185　캔사스족(Kanzaus): 원문은 '간살사(干薩土)'로, 감살사족(堪薩斯族), 고소사(高搔土), 고조족(考拇族)이라고도 한다.

186　델라웨어족(Delaware): 원문은 '지나와사(地那窪土)'로, 레나페족(Lenape)이라고도 한다.

187　키카푸족(Kickapoo): 원문은 '기가포사(機加布土)'이다.

188　포니족(pawnee): 원문은 '포니사(包尼土)'이다.

오마하족(Omaha),[189] 오토족(Otoe),[190] 세네카족(Seneca),[191] 웨아족(Wea),[192] 피앤케쇼족(Piankeshaw),[193] 피오리아족(Peoria),[194] 카스카스키아족(Kaskaskia),[195] 오타와족(Ottawa),[196] 포타와토미족(Pattawatamie)[197]의 19개 부족으로 분류했다. 이상의 각 종족은 모두 경작과 목축을 할 줄 알고 집을 지어 거주하고 있으며, 장사를 배웠고, 개중에는 글자를 아는 사람도 있다. 그 나머지 종족은 여전히 대부분 이전처럼 숲에서 미개하게 살고 있다.

서부지역은 인디언준주의 북쪽에 위치하고, 동쪽으로는 위스콘신준주·아이오아준주와, 북쪽으로는 영국의 속지와 경계하며, 서쪽으로는 로키산맥에 이른다. 강역은 광활하고 산길이 구불구불하게 이어져 있어, 이 땅까지 간 미국인도 드물기 때문에 이 땅은 잘 알려져 있지 않다. 종족으로는 만단족(Mandan),[198] 미네타리족(Minnetaree),[199] 블랙풋(blackfoot),[200] 테톤족

---

189 오마하족(Omaha): 원문은 '아마합(阿麻哈)'이다.

190 오토족(Otoe): 원문은 '아다사(阿多士)'이다.

191 세네카족(Seneca): 원문은 '서니가사(西尼加士)'이다.

192 웨아족(Wea): 원문은 '위사(委士)'이다.

193 피앤케쇼족(Piankeshaw): 원문은 '비앙기소사(比昻機搔士)'이다.

194 피오리아족(Peoria): 원문은 '비아리아사(比阿里阿士)'이다.

195 카스카스키아족(Kaskaskia): 원문은 '가사기아사(加士機阿士)'이다.

196 오타와족(Ottawa): 원문은 '아도사(阿島士)'이다.

197 포타와토미족(Pattawatamie): 원문은 '파달와미사(波達窪彌士)'이다.

198 만단족(Mandan): 원문은 '만단사(曼丹士)'이다.

199 미네타리족(Minnetaree): 원문은 '민니달리사(敏尼達里士)'이다.

200 블랙풋(blackfoot): 원문은 '묵랍불(墨臘弗)'로, 몰랍불(沒拉弗)이라고도 한다.

(Teton),²⁰¹ 얀크톤족(Yankton),²⁰² 수족(Sioux)²⁰³ 등이 있다. 도광 15년(1835)에 일찍이 미국과 전쟁을 벌였다. 이 땅에서는 산양·사슴 가죽이 난다.

오리건준주는 컬럼비아준주(Columbia Territory)²⁰⁴라고도 하는데, 로키산맥의 서쪽에 위치한다. 북쪽으로는 영국속지와, 남쪽으로는 멕시코와 경계하고, 서쪽으로는 대양해(大洋海) 중국의 동양대해로, 태평양이라고도 한다. 에 이르며, 강역이 아득하고 광활해 면적이 얼마인지는 자세히 알려져 있지 않다. 서쪽 강역은 바다에 가깝고 산봉우리가 첩첩이 쌓여 있지만, 동쪽경내에 있는 로키산맥이 가장 높다. 이 땅에서는 목재와 모피가 난다. 파수(擺樹)라는 나무가 있는데, 높이가 20~30길, 둘레가 4~5길 정도 되고 줄기가 곧아 마디가 없으며, 나뭇가지 끝에서 가지와 잎사귀가 나눠져 멀리서 바라보면 마치 우산을 펼쳐놓은 것 같다. 또 다른 한 나무는 수액이 설탕처럼 달아 가을에 열매를 추수해 떡을 만들어 먹으면 맛이 아주 좋다. 인디언들은 경작을 할 줄 몰라 낚시 아니면 사냥을 해서 먹고 살았다. 나무를 뚫어 배를 만드는데, 40~50명은 탈 수 있다. 사냥한 짐승 가죽은 컬럼비아강(Columbia R.)²⁰⁵ 하구까지 운반해가 백인의 대포·가마솥·흰색 진주·파란색 진주·담배·철도(鐵刀) 등의 물건과 바꾼다. 풍속에 남녀 아기가 태어나면 바로 물건으로 머리를 묶어 머리와 코를 똑바로 세우는 동시에 지방과 기름으로 닦아 외모를 아름답게 꾸몄다. 간혹 곰 발톱·구리 팔찌·파란색 진

---

201 테톤족(Teton): 원문은 '저돈사(底頓土)'이다.

202 얀크톤족(Yankton): 원문은 '연돈사(然頓土)'이다.

203 수족(Sioux): 원문은 '서아사(西阿士)'이다.

204 컬럼비아준주(Columbia Territory): 원문은 '과람미아달다리(戈攬彌阿達多里)'이다.

205 컬럼비아강(Columbia R.): 원문은 '과람미아하(戈攬彌阿河)'이다.

주·흰색 진주를 거는 사람도 있다. 교역할 때 주로 여자를 내다 파는데 마음대로 예쁜 여자를 골라가도 개의치 않는다. 또 한 종족은 아이가 태어나면 두상을 납작하게 만들기 위해 돌로 머리를 누르고, 1년 뒤에야 비로소 돌을 빼기 때문에 '플랫헤드족(Flathead)[206]'이라 불렀다. 컬럼비아강의 북쪽 강안은 밴쿠버섬(Vancouver Island)[207]이다. 인디언들은 물고기를 잡아먹고 짐승의 가죽을 걸친다. 미리사(彌里土)[208]라는 유럽인이 일찍이 이 땅에 왔다가 추장의 집을 보았는데, 8백 명이 들어갈 수 있을 정도로 컸다. 음식을 먹고 있는 이도 있고 앉아 있거나 누워 있는 이도 있는데, 덩치가 크고 우악스러우며 사람의 뼈로 장식을 하고 있었다. 용모는 반듯하게 생겼다. 다만 붉은 흙과 검은 모래를 얼굴에 칠해 사람을 질색하게 만든다. 음식은 물고기만을 먹는데, 인육을 먹는 사람도 있기 때문에 시장에서 사람의 손과 발이 보이기도 한다.

살펴보건대 미국 26개 주 중 내지의 각주는 면적의 크기가 현격하게 다르지 않지만, 동북쪽 해안에 위치한 몇 개주만은 면적이 아주 협소하다. 예컨대 뉴햄프셔주·버몬트주·매사추세츠주·코네티컷주·뉴저지주·메릴랜드주는 큰 주의 삼분의 일에도 못 미치고, 로드아일랜드주·델라웨어주는 면적이 1백여 리에 불과해 큰 주의 십분의 일도 안 된다. 이것은 땅을 불균등하게 구획해서 그런 것이 아니다. 유럽인이 처음 이 땅을 개척했을 때 사람들은 먼저 연안지대에 살면서 각각 부락을 형성했다. 후에 점점 서쪽으로 개척

---

206 플랫헤드족(Flathead): 원문은 '편두인(扁頭人)'이다.

207 밴쿠버섬(Vancouver Island): 원문은 '만과와도(鬱戈窪島)'로, 온가화도(溫哥華島)라고도 한다.

208 미리사(彌里土): 미상.

해가면서 나날이 개간한 땅이 넓어졌다. 이 나라의 3대 항구 **보스턴·뉴욕·필라델피아** 또한 모두 동북쪽에 모여 있는데, 이들 항구는 부자상인과 큰 장사치들이 모여드는 곳이다. 땅은 비록 협소하지만 이곳 사람들의 기상은 진실로 남다르다. 내지의 각주는 모두 경작에 의지하며 강역은 쉽게 넓혀졌지만, 재력은 해변 지역만큼 풍요롭지 못하고, 위상도 그러하다. 조지 워싱턴이 의병을 일으켜 영국에 항거하자 각 지역의 호걸들은 모두 군대를 일으키고 이에 호응했다. 성공한 뒤에 거사를 일으킨 무릇 10여 개 지역의 사람들은 곧장 강역을 나누어 10여 개의 주를 건립했다. 그 뒤로 계속해서 뒤따라 가입하기도 하고, 기존의 주를 나누기도 해 모두 26개 주가 되었다. 모두 구습을 따르면서 편안히 지낼 뿐 땅을 쪼개고 영지를 정한 것은 아니다. 로드아일랜드주는 인구가 10여만 명에, 델라웨어주는 인구가 8만여 명에 그치고, 강역이 탄환과 검은 바둑돌처럼 좁다고 해서 큰 주에 귀속시킬 수는 없었다. 제(齊)나라·노(魯)나라와 같은 큰 나라가 주(邾)나라·거(莒)나라 같은 작은 나라를 겸병하지 않은 것 역시 처음 제도가 그래서이다. 동부에서 통상하는 주로는 뉴욕주가 가장 번화하고, 매사추세츠주와 펜실베이니아주가 그 다음이며, 메인주와 버지니아주가 또 그 다음이다. 오하이오주는 토지가 비옥하고 인구가 많으며, 켄터키주와 테네시주는 중원에 위치하며 옥토가 천리나 된다. 남부의 주들은 해변에 위치하고 서부의 주들은 하천을 끼고 있으며, 거기서 나는 산물과 용이한 운반 덕분에 주들이 대부분 풍요롭다. 생각해보면 이리호와 온타리오호의 남쪽과 미시시피강의 동쪽은 개간되지 않은 땅이 없다. 미시시피강의 서쪽에는 루이지애나주·아칸소주·미주리주만 있었는데, 최근에 위스콘신준주와 아이오와준주가 새로 생겨났다. 서쪽 수 천리는 밀림과 잡초로 뒤덮여 있고 인디언들이 사는 곳이라 개간이 쉽지 않다. 그렇지만 또 인구가 나날이 늘어난다 해도 국토가 꽉 찰까 뭐 때문에 걱정하는가? 수백 년 뒤에는 틀림없이 논밭이 구름처럼 이어져 곧장 서해의 해변에 닿을 것이다. 수천만 리에 걸친 농토가 개벽한 이래 수천만 년 동안 빗장을 닫아걸고 문호를 개방하지 않아 땅에 보물이 널려 있으니, 진실로 이와 같을 수 있단 말인가? 그런데 지금에 와서는 초라한 수레를 끌고 어렵게 강역을 개척하고 있으니, 진실로 끝까지 신비롭게 놔둘 수는 없는 모양이구나.

미국의 각 주는 기후가 조화롭다. 북쪽은 연(燕) 땅, 진(晉) 땅과 비슷하고, 남쪽은 강소(江蘇), 절강과 비슷하다. 기후와 풍토가 좋고 사막이 없으며 풍토병이 드물다. 남쪽에는 풍토병이 다소 있기는 하지만, 또한 그다지 심하지 않다. 땅이 평탄하고 비옥하여 오곡이 모두 잘 자라며, 그 중에서도 면화가 가장 품질이 좋고 생산량도 가장 많아, 영국과 프랑스 등 여러 나라가 모두 공급받아 간다. 채소와 과실까지 나며, 담배가 가장 좋아 아주 멀리까지 유통된다. 산에서는 석탄·소금·쇠·백연(白鉛)이 난다. 나라 안팎으로 하천이 매우 많아 미국인들은 곳곳을 파서 운하를 개통했다. 또한 기차를 만들고 돌을 길에 깔아 쇳물을 녹여 부어서 기차의 운행을 편리하게 만들었는데, 하루에 3백여 리를 갈 수 있다. 화륜선이 특히 많아 베를 짜듯이 조직적으로 강과 바다를 왕래하는데, 땅에서 석탄이 나기 때문이다. 화륜선은 반드시 석탄을 태워야 하며 장작은 화력이 약해 사용할 수 없다. 영국의 화륜선용 석탄은 모두 스코틀랜드(Scotland)[209]에서 가져온다.

미국의 정치는 아주 간소하고 세금도 가벼우며 호구조사는 10년에 한 번씩 한다. 2년마다 4만 7700명 중에 재주와 학식이 뛰어난 사람 1명을 선출해 수도에 살게 하면서 국정에 참여시킨다. 대통령은 수도에서 지내고, 각 주에서는 의회를 세우고 각각 선출된 의원 2인은 의회에서 지내면서 국정, 예를 들어 동맹·전쟁·무역·세금 등을 결정하는데 참여하고, 임기는 6

209　스코틀랜드(Scotland): 원문은 '소각란(蘇各蘭)'이다.

년을 만기로 한다. 주마다 판사 6인을 두어 심문과 판결을 주관하게 하며 역시 추천해서 선출하고 결원이 생기면 보충한다. 공정하지 않고 편파적으로 사건을 처리하는 자가 있으면, 중론을 모아 그만두게 한다. 미합중국의 세수는 약 4천만 원이다. 문관의 녹봉은 476만 원, 육군 관병의 녹봉은 430만 원, 해군 관병의 녹봉은 457만 원, 잡비 380만 원, 토지 개간비가 1300만 원이다. 대통령이 비록 재무를 총괄하지만, 녹봉 1만 원 이외에 조금도 사적으로 유용할 수 없다. 미합중국 역시 과거에 채무가 있었는데, 도광 17년(1837)에 모두 청산하고 더 이상 국민들에게 돈을 빌리지 않았다. 그런데 이 때문에 국영은행과 민간은행이 대부분 폐업해서 국가에 뜻하지 않은 비용이 발생할 경우 융통할 방법이 없어, 역시 그 피해가 자못 크다고 한다.

미합중국의 정규군은 1만 명을 넘지 않으며 각각 포대와 요충지에 예속되어 있다. 그 나머지는 지식인·의사·천문(天文) 관리 이외에 농업·공업·상업에 종사하는 20세 이상 40세 이하의 사람을 관에서 일괄적으로 모집 선발해서 신패(信牌)를 주고 민병으로 활용한다. 군량과 병장기는 대개 각자가 준비한다. 일이 없을 때는 각자 본업에 충실하다가 유사시에는 모두 군대에 들어간다. 또한 대장(隊長)·장군 등의 관직을 두는데, 모두 직분만 있고 녹봉은 없다. 매년 농한기에는 모여서 훈련한다. 민병은 대략 170여만 명으로, 평상시에는 농사일에 종사하다가 전시에는 참전하는 옛 사람들의 정책과도 대체로 일치한다.

미합중국의 백인들은 모두 객지에서 온 사람들로, 유럽 각국의 사람들이 다 있으며, 영국·네덜란드·프랑스 사람들이 많다. 세 나라 중에 영국인이 절반을 차지하기 때문에 언어와 문자가 영국과 같다. 체제에 따르면 인디언들은 각각 정해진 곳에서 지내고 국가에서 준 농지를 받아 활동하면서 다른 지역으로 옮겨 갈수 없으며, 교역이나 노동은 모두 백인이 한다. 사람들은 온순하고 후덕해 사나운 기색이 없으며, 아주 열심히 살길을 도모해 상선이 온 사방으로 다 나간다. 미합중국은 모두 예수교를 신봉하고 배우기를 좋아해 도처에 학교를 세웠다. 지식인들은 세 분류로 나뉘는데, 학문은 천문지리 및 예수의 교리를 연구하고, 의약은 치료를 위주로 연구하고, 법률은 소송을 위주로 연구한다.

살펴보건대 남북아메리카의 면적은 수만 리에 이르며 정수는 미국에 다 모여 있다. 사계절이 있고 토지가 비옥한 것이 중국과 거의 다를 바 없다. 영국이 1만 리를 항해해와 그곳을 차지했으니, 가히 큰 위험을 감수하고 큰 이익을 얻었다[210] 할 만하다. 백성이 늘어나고 나라를 부강하게 한 지 2백여 년 만에 빠르게 세계에서 부가 넘쳐나게 되었다. 영국이 미국을 수탈했기 때문에 불만이 한 번 터지자 더 이상 되돌릴 수 없었다. 국가를 키우고 재부에 힘쓰면 변방에도 이런 행운이 깃들 수 있을까? 미합중국은 하나의 국가로서 면적이 1만 리에 이르고, 왕과 제후를 세우지 않고 제위를 세습하는 규범을 따르지 않으며, 국가의 인재도 공론에 부쳤는데, 고금이래로 일찍이 이런 국면이 없었으니, 이 얼마나 기이한가! 그러니 서양의 고금인물 가운데 워싱턴을 첫째로 일컫지 않을 수 있겠는가!

---

210 큰 위험을 감수하고 큰 이익을 얻었다: 원문은 '탐려득주(探驪得珠)'이다. 『장자(莊子)』「열어구(列御寇)」에 나오는데, 깊은 물속에 들어가 검은 용이 잠자는 틈을 타서 검은 용의 턱에서 구슬을 얻었다는 뜻으로, 즉 위험을 감수하고 큰 이익을 얻었음을 의미한다.

⟦ 北亞墨利加米利堅合衆國 ⟧

米利堅, 米一作彌, 卽亞墨利加之轉音. 或作美利哥, 一稱亞墨理駕合衆國, 又稱兼攝邦國, 又稱聯邦國, 西語名奈育士迭. 亞墨利加大國也. 因其船挂花旗, 故粤東呼爲花旗國. 其旗方幅, 紅白相間, 右角另一小方黑色, 上以白點繪北斗形. 北界英土, 南界墨西哥・得撒, 東距大西洋海, 西距大洋海. 東西約萬里, 南北闊處五六千里, 狹處三四千里. 押罷拉既俺大山環其東, 落機大山繞其西, 中間數千里大勢砥平. 江河以密士失必爲綱領, 來源甚遠, 曲折萬餘里, 會密蘇爾厘大河, 南流入海. 此外名水, 曰哥隆比亞・曰阿巴拉濟哥刺・曰麼比勒・曰德拉瓦勒.

北境迤西有大湖, 分四汊, 曰衣羅乖 一作翁大羅.・曰休侖 一作胡侖.・曰蘇必力爾・曰密執安. 迤東又有兩湖相屬, 曰伊爾厘, 一作以利.・曰安剔衣厘阿. 諸湖爲分界之地, 北爲英土, 南則米利堅地也.

初, 英吉利探得北亞墨利加之地, 驅逐土番, 據其膏腴之土, 徙三島之人實其地. 英人趨之, 如水赴壑. 佛郎西・荷蘭・嗹國・瑞國無業之民, 亦航海歸之, 日漸墾闢, 遂成沃壤. 英以大臣居守, 沿海遍置城邑, 榷稅以益國用, 貿易日益繁盛, 以此驟致富強.

乾隆中, 英與佛郎西構兵, 連年不解, 百方括餉, 稅額倍加. 舊例, 茶葉賣者納稅, 英人下令, 買者亦納稅, 米利堅人不能堪. 乾隆四十年, 紳耆聚公局, 欲與居守大酋酌議. 酋逐議者, 督徵愈急. 衆皆怒, 投船中茶葉於海, 謀舉兵拒英. 有華盛頓者, 一作兀興騰, 又作瓦乘敦. 米利堅別部人. 生於雍正九年, 十岁喪父, 母敎成之. 少有大志, 兼資文武, 雄烈過人, 嘗爲英吉利武職. 時方與佛郎西構兵, 土蠻寇鈔南境, 頓率兵禦之, 所向剋捷, 英帥沒其功不錄. 鄉人欲推頓爲酋長, 頓謝病歸, 杜門不出. 至是衆既畔英, 強推頓爲帥. 時事起倉卒, 軍械·火藥·糧草皆無, 頓以養氣激厲之. 部署既定, 薄其大城. 時英將屯水師於城外, 忽大風起, 船悉吹散. 頓乘勢攻之, 取其城. 後英師大集, 轉戰而前. 頓軍敗, 衆恇怯欲散去. 頓意氣自如, 收合成軍, 再戰而克. 由是血戰八年, 屢蹶屢奮, 頓志氣不衰, 而英師老矣. 佛郎西擧傾國之師渡海, 與頓夾攻英軍, 西班牙·荷蘭亦勒兵勸和. 英不能支, 乃與頓盟, 畫界址爲鄰國. 其北境荒寒之土, 仍屬英人, 南界膏腴之土, 悉以歸頓, 時乾隆四十七年也.

頓既定國, 謝兵柄欲歸田, 衆不肯捨, 堅推立爲國主. 頓乃與衆議曰: "得國而傳子孫, 是私也. 牧民之任, 宜擇有德者爲之." 仍各部之舊, 分建爲國. 每國正統領一, 副統領佐之. 副統領有一員者, 有數員者. 以四年爲任滿, 亦有一年·二年一易者. 集部衆議之, 衆皆曰賢, 則再留四年. 八年之後, 不准再留. 否則推其副者爲正. 副或不協人望, 則別行推擇. 鄉邑之長, 各以所推, 書姓名, 投匭中, 畢則啓匭, 視所推獨多者立之, 或官吏·或庶民, 不拘資格. 退位之統領, 依然與齊民齒, 無所異也. 各國正統領之中, 又推一總統領, 專主會盟戰伐之事, 各國皆聽命. 其推擇之法, 與推擇各國統領同, 亦以四年爲任滿, 再任則八年.

自華盛頓至今, 頓以嘉慶三年病卒. 開國六十餘年, 總統領凡九人, 今在位之總統領, 勿爾吉尼阿國所推也. 初, 華盛頓既與英人平, 銷兵罷戰, 專務農商, 下令曰: "自今以往, 各統領有貪圖別國埠頭·朘削民膏·興兵構怨者, 衆其誅之." 留戰艦二十, 額兵萬人而已. 然疆土恢闊, 儲備豐饒, 各部同心, 號令齊一, 故諸大國與之輯睦, 無敢凌侮之者. 自與英人定盟至今, 已六十餘年, 無兵革之事. 其商船每歲來粤東, 數亞於英吉利.

按: 華盛頓, 異人也. 起事勇於勝廣, 割據雄於曹劉. 既已提三尺劍, 開疆萬里, 乃不僭位

186

號, 不傳子孫. 而創爲推擧之法, 幾於天下爲公, 駸駸於三代之遺意. 其治國崇讓善俗, 不尚武功, 亦迥與諸國異. 余嘗見其畫像, 氣貌雄毅絶倫. 嗚呼! 可不謂人杰矣哉!

米利堅全土, 東距大西洋海, 西距大洋海, 合衆國皆在東境. 華盛頓初建國時, 止十餘國. 後附近諸國, 陸續歸附, 又有分析者, 共成二十六國. 西境未闢之地, 皆土番. 凡闢新土, 先以獵夫殺其熊·鹿·野牛, 無業之民, 任其開墾荒地. 生聚至四萬人, 則建立城邑, 稱爲一部, 附於衆國之後. 今衆國之外, 已益三部. 總統領所居華盛頓都城, 不在諸國諸部數內. 計國二十六, 部三. 其丁至道光二十年, 計一千七百一十六萬九千餘.

哥倫米阿, 一作弋攬彌阿, 又作力士勒果勒彌阿. 在馬理蘭內港西汊之尾, 勿爾吉尼阿之西北, 地跨兩國, 周四十里, 合衆國之都城也. 初, 華盛頓既勝英, 居於哥倫米阿, 定爲總統領治所. 合衆國之紳耆者, 皆會集於此議國政. 城爲華盛頓所建, 乃合衆國創業之祖, 故卽名其城曰華盛頓, 有總統領府·議事堂·文武衙署. 迤西別一城, 查治當, 有書院·鑄砲局. 對岸別一城, 曰阿力山特厘阿, 有鑄砲局·育嬰館. 三城貿易極盛, 居民四萬三千. 米利堅各國皆無城, 都會聚落卽謂之城, 其實幷無垣堞也.

緬國, 一作洺, 又作賣內. 在合衆國極東北隅, 與英吉利屬部接壤. 西界紐罕什爾, 南界海, 幅員如中國之浙江省. 山水環匝, 林木叢茂. 北境極寒, 冬月雪深數尺, 堅冰可勝車馬. 南境夏令頗熱. 明天啓六年, 英吉利有數人, 始至基尼河畔, 創立一鄉. 後漸繁衍, 與麻沙朱色士合. 嘉慶二十五年, 歸合衆國. 道光元年, 別立爲緬國. 地產五穀·棉花·紙·熟皮·蠟燭·鐵, 以材木爲最多, 船料皆取辦於此, 每歲出口貨價, 約八百餘萬. 合衆國貿易, 緬居十之三. 以奧古士大爲會城, 有大書院二所. 正統領一人, 副七人, 巡察官十二人, 贊議官數十人.

居民五十萬餘, 所務惟農漁商, 無巨富, 無極貧.

紐罕什爾國, 一作紐韓詩爾, 又作紐含社, 又作新韓賽, 又作新杭西勒. 紐卽譯言新
也. 在緬國之西, 北界英土, 西界窪滿的, 南界麻沙朱色士, 幅員如緬三之一. 境
内峰巒叠聳, 最高者曰白山, 積雪不消, 終歲皓然. 有尼比西阿尼湖, 周數十里,
風景幽絶, 土氣清和, 其人多壽. 明天啓三年, 英人麻臣·俄尼士始墾此土, 旋
與麻沙朱色士合. 乾隆六年, 別立爲紐罕什爾部, 後歸於合衆國. 地產大木, 有
高二十丈者. 又產洋參·冰糖·銅·鐵·鉛. 會城曰公哥突, 有大書院. 官制與
緬略同, 員數差少. 居民二十八萬零. 東南隅有波子某城, 港口深穩, 合衆國兵
船皆泊於此.

窪滿的國, 一作屋滿的, 一作窪門, 又作華滿, 又作法爾滿, 又作委爾蒙. 在紐罕什爾
之西, 北界英土, 西界紐約爾, 南界麻沙朱色士, 幅員與紐罕什爾相埒. 境内有
曼士非爾大山, 高四百餘丈. 山多杉木, 冬夏常靑, 故名其地曰窪滿, 譯言綠山
也. 又有大湖曰占勃連. 萬曆元年, 佛郎西人由加拿他轉徙至此. 雍正二年, 英
吉利人由麻沙朱色士漸拓其地. 乾隆年間, 別立爲一部. 乾隆五十六年, 歸合衆
國. 產布匹·棉紗·粗呢·牲畜, 兼產鉛·銅·鐵·錫, 而鐵尤王. 又產皂礬極多.
會城曰滿比厘阿, 有書院. 官制與紐罕什爾同. 居民二十九萬零.

麻沙朱色士國, 一作馬薩諸色士, 又作馬沙朱碩斯, 又作馬沙諸些, 又作馬撒主悉, 又
作馬薩諸塞. 在紐罕什爾·窪滿的之南, 西界紐約爾, 南界干捏底吉·洛哀倫, 東
距大西洋海, 幅員與窪滿的相埒. 近海地勢稍平, 迤西山嶺重叠. 干捏底吉河
由此發源, 橫貫國中. 氣候溫和, 似中國之江北. 明正德年間, 英吉利尙天主教,
國人尙耶穌教者, 航海逃至此地, 名曰新英吉利. 開墾生聚, 戶口漸繁. 康熙
三十一年, 復歸英轄, 乾隆年間, 歸合衆國. 土產鉛·錫·白礬·煤炭·大呢·布
匹·魚油. 會城在東界, 曰摩士敦, 爲合衆國大都會. 城内萬室雲連, 市廛盤匝,

百貨闐溢, 仍留隙地相間. 隙地每方百畝, 圍以欄干, 外環樹木, 爲居人游憩之地, 牛馬不容踐踏. 故地氣疏通, 人少疾疫. 有大書院六所, 藏書樓數處, 一樓藏書二萬五千冊, 官吏士子, 皆許就讀, 惟不准攜歸. 城外近臨海港, 在合衆國埔頭爲第二, 其商船·火輪船無所不到. 陸地有鐵路, 馬車與火輪車并用. 火輪車行甚速, 每日可三四百里. 設正統領一, 副二. 居民八十三萬零.

洛哀倫國, 一作律愛倫, 又作爾羅暖倫, 又作羅德島, 又作羅底島. 在麻沙朱色士之南, 西界干捏底吉, 東南距大西洋海, 幅員如中國之一中縣, 在合衆國爲最小. 明崇禎九年, 麻沙朱色士人羅查威廉謫居於此, 鳩衆開墾, 遂成小部. 康熙二年, 歸英吉利, 後歸合衆國. 土産鐵煤, 會城曰波羅威士頓. 城外有海港曰新灣, 港内有小島, 其國以此島爲名. 哀倫譯言島, 洛哀倫, 譯言島部也. 島上建樓, 高十餘丈, 樓頂作小屋, 圍以玻璃. 每夜燃燈數十, 以導海舶避礁石, 合衆國港口皆效之. 戸口不繁, 而貿易工作與麻沙朱色士相埒, 棉花尤良. 地平坦無水磨, 海濱多建樓, 高六七丈, 借風激輪爲磨, 以屑穀麥. 設正副統領各一. 居民十萬八千零. 南懷仁『宇内七大宏工記』, 有 "樂德島銅人, 高三十餘丈, 一手持燈, 兩足踏兩山腳, 海舶出其褲間. 銅人内有旋梯, 人由旋梯至其右手, 燃燈以引海舶?", 卽此島也. 建樓燃燈, 事本尋常, 乃懷仁造爲銅人之誕說. 而云三十餘丈, 不知此銅人何由而鑄, 亦何由而立也, 亦可謂荒唐之極矣.

干捏底吉國, 一作干尼底吉, 又作哥内的吉, 又作袞特底格, 又作捏的格爾. 在洛哀倫之西, 北界麻沙朱色士, 西界紐約爾, 南距海港, 幅員三倍洛哀倫. 有大河曰干捏底吉, 發源緬國, 由此入海, 故以水名爲國名. 土壤中平, 沿河腴沃, 氣候溫和, 近年已興蠶桑之利. 明崇禎六年, 麻沙朱色士人始墾其地, 曰赤活. 後有英吉利人墾出港口之地, 曰紐倫敦. 康熙元年, 合爲干捏底吉部, 歸英轄. 嘉慶二十三年, 歸合衆國. 土産牛·馬·騾·羊·銅·鐵·棉·麻·布匹·大小呢·

紙·鐵器. 又造木時辰鍾, 每歲得三萬件. 會城有二, 一曰哈得富耳, 在河濱, 有大書院一. 一曰紐倫敦, 在海口, 有大書院四. 其學館爲二十六國之最. 又有別院, 敎啞與聾者, 以手指代語言, 諸國皆效之. 設正副統領各一. 居民三十萬九百零.

紐約爾國, 一作紐約克, 又作紐育, 又作新約, 又作新約基. 米利堅大國也. 東界窪滿的·麻沙朱色士·干捏底吉, 東南一隅臨海港, 南界紐折爾西·賓夕爾勒尼安, 西北距安剔衣厘阿·伊爾厘兩湖, 東北界英土, 地形三角, 幅員如中國之福建省. 東境多山, 大者曰押罷拉既俺, 餘多平土. 有大河曰活得遜, 由北而南, 長千餘里, 闊三四里, 洋舶溯流而上, 可數百里. 迤北甚寒, 冰堅可任車馬, 中間有湖曰畜治. 其地富庶繁華, 爲二十六國之最. 前明中葉, 荷蘭人尋新地, 初闢此土, 名曰新荷蘭. 嘉靖年間, 意大里游民麕至, 爲荷蘭傭. 萬曆間, 英吉利人亦至其地, 經營開墾, 日益富盛. 順治年間, 英吉利王命其昆弟名約者主之, 以兵力逐荷蘭, 盡有其地, 名曰紐約爾. 乾隆四十年, 華盛頓擧兵畔英, 紐約爾首附之. 英人惜其殷富, 屢以大兵攻取, 故被兵爲最甚. 會城亦名紐約爾, 外通海港, 爲合衆國第一埠頭. 產銅·鐵·鉛·鹽·牛·馬·羊·豕·棉布·嗶嘰·熟皮·白紙·玻璃. 每歲貨船入港者, 一千五百艘. 運入之貨, 値三千八百萬圓, 運出之貨, 値二千三百萬圓. 内地通衢, 多用鐵汁冶成, 以利火輪車之行. 有大市鎮二, 曰阿爾巴尼, 曰推來. 通國書院·學館甚多, 其費歲一二百萬圓. 有演武館, 敎習槍砲軍械. 官制略同緬國, 員數較多. 居民二百四十二萬八千, 居會城者二十七萬.

紐折爾西國, 一作紐約爾些, 又作紐惹西, 又作新遮些, 又作新日爾塞. 北界紐約爾, 西界賓夕爾勒尼安, 南界特爾拉華, 東面大西洋海, 幅員與麻沙朱色士相仿. 北境有大山, 平原多衍沃. 有巴沙益河, 受諸水匯爲深潭, 澄泓涵演, 怡人游眺.

明天啓四年, 嗹國人初寓其地. 後有瑞典人墾其南隅, 荷蘭人墾其東北. 康熙四十一年, 始歸英吉利, 後歸合衆國. 産鐵·鉛·布匹. 會城曰特連頓, 設正副統領. 居民三十八萬零.

賓夕爾勒尼安國, 一作邊西爾威尼阿, 又作賓西窪尼阿, 又作邊西耳文, 又作奔西爾瓦尼, 又作品林. 在紐折爾西之西, 北界紐約爾, 西北隅連伊爾厘湖, 西界倭海阿, 南界勿爾吉尼阿·馬理蘭·特爾拉華, 幅員與紐約爾相埒. 境內有押罷拉既俺大山, 有瀑布, 下蘇貴哈那等河. 地氣寒暑適均, 土壤東勝於西. 初開其地者爲瑞典人, 康熙二十一年, 英吉利將領威廉賓據之, 又買土番曠土, 拓爲大部, 故以姓名其地, 曰賓夕爾勒尼安, 譯言賓之林野也. 乾隆年間, 歸合衆國. 土産煤·鐵·鹽·呢·布·苧麻·磁器·玻璃. 會城曰非勒特爾非爾, 一作費拉地費, 又作兄弟愛. 在東南隅, 建於特爾拉華河口, 街直如矢, 萬廈整潔, 外通海港, 洋船可直抵城下, 爲合衆國第三埠頭. 每歲運入之貨, 値一千一百餘萬圓. 境內有鐵路可達鄰封, 火輪車·船之烟櫃, 多造於此. 官制與紐約爾略同. 居民一百八十二萬零.

特爾拉華國, 一作底拉華, 又作地那窪, 又作德拉委爾, 又作列勒威爾. 在賓夕爾勒尼安之東南, 西南界馬理蘭, 東面臨海港, 爲特爾拉華河下游, 故以水名爲國名. 幅員與洛哀倫相仿, 在二十六國中爲最小. 地亦瑞典人所開, 荷蘭奪之. 康熙三年, 歸英吉利, 初附於賓夕爾勒尼安, 後析爲小部. 道光十年, 始歸合衆國. 土田卑濕, 貿易無多. 會城曰多發. 設統領一, 居民八萬八千零.

馬理蘭國, 一作馬里蘭, 又作馬黎郎, 又作麥爾厘蘭. 東界特爾拉華, 北界賓夕爾勒尼安, 西南界勿爾吉尼阿. 中貫遮士畢海港, 分境土爲兩畔, 幅員與紐折爾西相埒. 西北有峻嶺, 餘多平土, 五穀百果皆宜. 明嘉靖間, 英吉利有律官曰麻爾底磨, 率二百人來墾此土, 父子相繼, 至崇禎六年告成. 其初開時, 値英吉利

191

女主馬理在位, 故名之曰馬理蘭. 馬理譯言王后, 蘭譯言地也. 後歸合衆國. 產呢·布·鐵器·牙器·玻璃·紙料. 會城曰阿那波里, 有書院. 官制與諸國同. 居民四十八萬. 華盛頓都城, 在國之西南界.

勿爾吉尼阿國, 一作費爾治尼阿, 又作委爾濟尼阿, 又作窪治尼阿, 又作費治彌亞, 又作威額爾拿. 在馬理蘭之西南, 西北界賓夕爾勒尼安·倭海阿, 西界阡的伊, 西南界田納西, 南界北喀爾勒那, 東距海港, 幅員之廣, 爲二十六國之最. 境內多山, 最大者曰波威爾士. 河渠交絡, 最長者曰波多墨. 有天生石橋, 離水二十丈, 闊數丈. 又有石洞深一里許, 內有生成數石人, 名曰龍洞. 土壤中平, 沿河者較腴沃. 明中葉, 英吉利王占士時, 未知是顯理第幾. 英人初墾此土, 因名其地曰占士. 後於萬曆初告成, 值女主以利撒畢在位, 更名曰勿爾吉尼阿, 譯言貞女, 用以讚揚女主也. 乾隆四十一年, 歸合衆國. 產五穀果實, 貿易繁盛. 會城在東界海濱, 曰里是滿, 有大書院. 官制略同諸大國. 居民一百二十三萬零. 合衆國聰明英杰之士, 多萃於此.

北喀爾勒那國, 一作那弗喀爾勒那. 那弗, 譯言北也. 又作北格羅來納, 又作北甲羅里那, 又作北戈羅里, 又作北駕羅連, 又作北加洛燐. 在勿爾吉尼阿之南, 西界田納西, 南界南喀爾勒那, 東距海, 幅員與勿爾吉尼阿相埒. 境內西北多山, 以墨魯山爲最高. 東南皆平土, 河道紛歧, 最長者曰羅阿菜. 東界有瘴氣, 迤西平善. 初, 英吉利律官格拉領頓, 與依爾額蘭威爾里等, 來墾此土, 因以國王之名名之, 曰查爾士頓. 未詳是查理第幾. 後又有臘里者, 亦來墾. 兩土毗連告成之後, 總名曰喀爾勒那. 雍正七年, 分爲南北兩部. 北部乃臘里所墾也. 乾隆五十五年, 歸合衆國. 地產金, 開礦淘沙者常二萬餘人. 木多松, 以松脂代燭. 穀以粟米爲主, 小麥次之. 產棉花·烟葉. 會城曰喇里, 設正統領一, 參辦七人, 僚佐數十. 居民八十萬三千零, 耕作買阿非黑奴爲之. 俗侈靡, 好宴飲.

192

南喀爾勒那國, 一作搜士喀爾勒那. 搜士, 譯言南也. 餘與北國同. 在北喀爾勒那之南, 西南界若耳治, 東南距海, 幅員如北喀爾勒那三之二. 境內墨魯山, 高四百餘丈, 余皆部嶁. 有泚底大河, 由西北而貫東南海濱, 炎熱有瘴氣, 迤西適中. 初與北喀爾勒那爲一部, 後分兩部, 與北部同時歸合衆國. 土宜粟稻, 木多松橙, 產棉花·苧麻·金·鐵. 有鐵路通鄰封. 會城曰個倫比亞, 有大書院二. 官制同北部, 惟北部無副統領, 南部有之. 居民五十五萬三千零.

若耳治國, 一作若爾熱, 又作若治阿, 又作熱治阿, 又作熱可加, 又作磋治阿, 又作惹爾日亞. 在南喀爾勒那之西, 北界北喀爾勒那·田納西, 西界阿拉巴麻, 南界佛勒爾勒厘, 幅員如中國之直隸省. 押罷拉既俺大山, 在北境. 東北有卸番亞河, 又有阿結治·亞拉達麻哈等河, 皆注南洋. 北界有石洞高數丈, 小河從此流出. 駕小舟入洞, 可十五里, 過此, 瀑布飛下, 不能進矣. 雍正十年, 始有英吉利百餘人居此, 立城於卸番亞河畔, 無業貧民, 競負耒來耕. 後荷蘭·瑞典之人, 亦來墾荒地, 漸成聚落. 時南境之佛勒爾勒厘爲西班牙所據, 以兵爭此土, 數年乃定. 乾隆十八年, 英吉利始建爲一部. 時英王爲若耳治第二, 遂名之曰若耳治. 嘉慶三年, 歸合衆國. 地氣·土俗·物產與南喀爾勒那同, 以棉花爲大利. 會城曰靡理治, 有大書院. 官制與諸部略同. 居民六十五萬一千零.

倭海阿國 一作呵海呵, 又作呵希呵, 又作阿喜呵, 又作呵宜約. 在賓夕爾勒尼安之西, 北距伊爾厘湖, 西北界密執安, 西界英厘安納, 南界肝的伊·勿爾吉尼阿, 幅員與賓夕爾勒尼安相埒. 地多岡阜, 無大山, 河渠交絡, 土壤膏腴. 乾隆三十五年, 歐羅巴人從西北方來, 密執安諸部. 始開荒地. 嘉慶五年告成, 英人始設官. 七年, 卽歸合衆國. 產鐵·煤·鹽·粟·稻·烟葉·苧麻·棉花·玻璃. 有河道可達港口, 有鐵路通鄰封. 會城曰戈攬模士. 設官如諸國. 居民一百五十六萬零.

密執安國, 一作米詩干, 又作彌治顔, 又作迷詩安. 東北距休侖湖, 東南距伊爾厘湖, 西距密執安湖, 南界倭海阿·英厘安納. 幅員略遜於倭海阿. 三面包湖, 沙土疏衍, 隨處可耕. 康熙三十九年, 佛郞西人始墾其地. 乾隆二十八年, 爲英吉利所奪. 道光十五年, 始歸合衆國. 物産未詳, 有鐵路通鄰封. 會城曰底特律. 設官如諸國. 居民二十一萬二千零.

阡的伊國, 一作建德基, 又作建大基, 又作根特機, 又作根都機. 在勿爾吉尼阿之西, 北界倭海阿·英厘安納, 西界奕倫諾爾, 南界田納西, 幅員如中國之浙江省. 地居二十六國之中, 寒暑均平, 河道縱橫穿貫, 田土膏腴, 五穀百果不可勝食. 東境連押罷拉旣俺大山, 有風穴, 上半年風從外入, 下半年風從內出. 嘗有土人於上半年, 用窗掩穴口, 秉炬而入, 行五十里不能盡, 懼而返, 次日乃出穴, 竟莫知其淺深. 其地舊屬勿爾吉尼阿. 乾隆三十三年, 有單耶利蓬者, 徙居於此. 至三十八年, 來者漸衆, 立一邑曰暇律士. 四十四年, 別立爲一部. 四十六年, 歸合衆國. 土産禾·麻·菽·麥·烟葉. 麥之多, 甲於諸國. 兼産鐵·鉛·煤. 水道不通海, 貨難出運, 惟用火輪船貿遷於本國. 會城曰法蘭富耳, 有大學堂. 官制略同諸國, 員數頗多. 居民七十八萬九千零. 別有大市鎭二, 曰累士, 曰歷星頓. 兵最强, 推爲諸國勁旅.

佛勒爾勒厘部, 一作佛羅理得, 又作佛羅里達, 又作縛利他, 又作費羅里大. 合衆國之極東南境, 地形如拇指, 斜伸入海. 北界若耳治·阿拉巴麻, 餘皆距海, 幅員與密執安相埒. 地形平坦, 壤土與沙石相間, 卑濕殊甚. 明正德七年, 西班牙人般士底里晏始墾此土. 嘉靖四十三年, 爲英吉利所奪, 越二十年, 西班牙復奪回. 嘉慶年間, 西班牙與別國交兵, 有米利堅貨船, 爲西班牙軍所劫. 米利堅起兵索償, 西班牙知曲在己, 而米船之貨已散失, 乃以佛勒爾勒厘地償之, 時嘉慶二十五年也. 西班牙人皆他徙, 惟留漁戶農夫. 近年招集流徙, 生聚漸繁. 海濱土番尚未全服, 時與居民格鬥. 產玟瑁·蜜蠟·棗·橙·榴·無花果·甘蔗·棉花·洋藍. 以達那哈爲會城, 止設議事處一所, 未立統領等官, 故不列於諸國. 居民五萬三千零. 以上一都十八國一部, 爲米利堅東路.

田納西國, 一作典捏西, 又作地尼西, 又作德内西. 在阠的伊之南. 東北界勿爾吉尼阿, 東界北喀爾勒那, 南界若耳治·阿拉巴麻·密士失必, 西與阿甘色隔河爲界, 幅員如中國之浙江省. 東界有峻嶺, 自北而南, 綿亙數百里, 與押罷拉既俺大山相連. 節序和平, 土脈膏腴, 河渠交貫, 五穀百果皆宜. 合阠的伊爲米利堅中原, 如中華之河雒. 其地初爲勿爾吉尼阿·北喀爾勒那人所墾, 嘉慶元年, 立爲國, 歸合衆國. 產鐵器·棉布·夏布, 會城曰那實. 官制同諸國. 居民八十二萬九千零. 工農并力, 家給人足.

阿拉巴麻國, 一作阿喇巴麻, 又作巴里特摩, 又作阿那麻馬, 又作亞喇罷麻. 在若耳治之西, 北界田納西, 西界密士失必, 西南隅距海, 南界佛勒爾勒厘, 幅員差遜於若耳治. 押罷拉既俺山在東北境, 高百餘丈. 境内之水以阿拉巴麻爲最大, 因以爲國名. 南方夏苦熱, 土人多入山避暑. 北方稍見霜雪, 亦不甚寒. 近山近海之土多腴沃, 地曠人稀, 獸蹄鳥迹交於野. 其地舊半屬若耳治, 半屬佛勒爾勒厘. 道光元年, 別立爲一部, 歸合衆國. 產金·鐵·稻·穀·果實·甘蔗·烟葉·棉花·洋藍, 以棉花爲最盛. 會城曰磨庇理灣, 建於海口, 爲南方大埔頭. 出運棉花·麥粉, 貿易極盛. 有大書院. 設正副統領各一, 議事官數十人. 居民五十九萬零. 經商者多能窮險遠, 所造快船行駛極速, 内地鐵路亦四達.

密士失必國, 一作米西細比, 又作彌斯栖北, 又作美士細比, 又作米西西比. 在阿拉巴麻之西, 北界田納西, 西北隔河界阿甘色, 西南隔河界魯西安納, 東南隅距海, 幅員與阿拉巴麻相埒. 密士失必者, 米利堅大河, 來源甚遠, 大如中國之黃河. 其河由此土西界入海, 故以爲國名. 押罷拉既俺大山, 至此而盡. 地氣與阿拉巴麻同, 有瘴氣, 夏令人多染疫. 土田腴沃, 推南邦上壤. 惟西界未立堤防, 頗受水患. 康熙五十四年, 佛朗西人初至寄居, 西班牙人續至爭之, 以爲公地. 乾隆二十七年, 英吉利取之. 嘉慶二年, 歸合衆國. 二十二年, 立爲一國. 舊產烟葉・洋藍, 近年以棉花爲盛. 會城曰查基遜. 官制與諸國同. 居民十三萬六千八百零. 密士失必河口, 外通海港, 有城曰那吉士, 又名新阿爾蘭. 洋艘所聚, 爲西南大埔頭.

魯西安納國, 一作累西安納, 又作雷栖阿那, 又作盧宜西安, 又作累斯安. 在密士失必之西南, 隔河爲界. 北界阿甘色, 西界得撒, 南距海, 幅員如中國之直隸省. 西北有小山, 東南平坦, 地氣炎熱, 多疫癘. 土膏腴, 有水患. 地爲佛郎西人所墾, 乾隆二十八年, 西班牙奪之. 嘉慶五年, 佛郎西復奪回. 八年, 合衆國以番銀千五百萬圓買之. 二十三年, 立爲一國. 土產甘蔗・棉花, 甲於諸國. 種蔗十五畝, 得糖五千斤. 有風櫃彈棉花, 一櫃可敵數百人之工. 會城曰紐哈連. 官制同諸國, 居民二十一萬五千五百零. 貿易之盛, 在密士失必河口, 上游諸國之貨, 皆萃於此. 內地亦有鐵路.

英厘安納國, 一作引底安納, 又作因地阿那, 又作音的亞那. 北界密執安, 西北距密執安湖, 西界奕倫諾爾, 南界阡的伊, 東界倭海阿, 幅員與密執安相埒. 土壤膏沃, 山嶺亦堪播種, 樹木尤叢茂. 康熙三十九年, 佛郎西人始開其地. 乾隆二十八年, 爲英吉利所奪, 後歸合衆國. 產煤・鹽・鐵・粟米・苧麻・烟葉・洋參・蜜蠟. 有鐵路通鄰封, 會城曰英厘安納波里. 官制同諸國, 居民六十七萬五千零.

奕倫諾爾國, 一作伊理奈士, 又作依里內士, 又作意黎乃. 在英厘安納之西, 北界衣呵華新部. 西界密蘇爾厘, 南界田納西, 幅員與魯西安納相埒. 地平坦, 多茂林豐草, 宜牧畜. 初與英厘安納爲一部, 皆佛郎西所墾. 後爲英吉利所奪. 嘉慶十四年, 分爲奕倫諾爾部, 後歸合衆國. 土產與英厘安納同. 會城曰灣達里阿. 居民四十七萬六千零.

阿甘色國, 一作阿干薩士, 又作阿爾干薩. 在魯西安納之北, 東距密士失必大河, 與密士失必·田納西隔河爲界, 西界因底阿土番, 北界密蘇爾厘, 幅員大於魯西安納. 西界有阿薩麻薩尼大山, 餘皆平土. 舊本與密蘇爾厘爲一部, 皆佛郎西人所墾. 嘉慶二十四年, 始別爲一部. 道光十六年, 歸合衆國. 土俗物產, 與魯西安納略同. 會城曰力特爾洛, 官制同諸國. 居民九萬七千零.

密蘇爾厘國, 一作密蘇理, 又作彌梭里, 又作迷蘇利. 在阿甘色之北, 東與奕倫諾爾隔密士失必河爲界, 西北界土番, 幅員與阿甘色相埒. 境內無大山, 多茂林, 土宜粟麥稻. 有大河曰密蘇爾厘, 因以爲國名. 康熙三十九年, 佛郎西人初墾此土, 與阿甘色爲一部. 嘉慶二十四年, 始分兩部. 道光二年, 歸合衆國. 產白黑鉛·砒石·煤·鐵·鹽·棉花·牛皮. 會城曰渣法旬. 官制略同諸國. 居民二十三萬三千零. 分兩種, 一曰格臘色士, 卽佛郎西人後裔, 一曰牙模士, 乃佛郎西人與因底阿土番婚配所生, 介乎紫白之間. 土番紫色.

威士干遜部, 一作威斯滾申達多里. 衣呵華部, 一作依阿威士. 在蘇必力湖之南, 密執安湖之西, 奕倫諾爾之北, 跨密士失必大河左右. 地界遼闊, 約如諸大國之四倍. 多岡阜, 無大山, 土沃易於墾種. 本因底阿土番所居, 道光十年, 始有密執安白人遷居, 漸成聚落, 錯雜於土番之中, 皆建砲臺, 以資保衛. 近年人戶漸多, 分爲兩部. 北曰威士干遜, 居民三萬零, 南曰衣呵華, 居民四萬三千零. 經營方始, 未設統領等官, 故不成爲國. 以上八國二部, 爲米利堅西路.

合衆國之西, 抵大洋海, 尚有荒地數千里. 北界英吉利屬地, 南界墨西哥, 中有落機大山, 諸大河多從此發源. 其土番總稱因底阿, 種類甚多, 長大多力, 五官停正, 似中華, 面色紫赤, 髮與睛皆黑色. 不解耕織炊汲, 茹毛飮血, 或啖果菜瓜, 以草木爲棚蓁蔽風雨. 夏月裸上體, 腰圍獸皮. 冬寒, 則上體亦披皮.
又有面塗五色, 頭插鳥翎以示武者. 業惟漁獵, 不知文字. 病無方藥, 惟求持咒
者叱解之. 其人明信, 知敬老, 受侮必報, 湯火不辭. 無錢幣, 以樹皮·珠石相交
易. 有頭目以約番衆. 方英吉利與米利堅兵爭, 欲誘土番擾西邊, 以分米勢. 言
語不通, 土番不爲用. 而米利堅西鄙之民, 多與土番狎熟, 因募爲一軍, 授以兵
械, 敎成隊伍. 土番踴躍用命, 屢破英軍. 故合衆國之勝英, 土番與有力焉. 近
年米人日漸西徙, 與土番雜居, 敎以耕作, 風氣漸開. 密執安湖之西, 已立威士
干遜·衣呵華兩部. 兩部之西, 仍係土番. 米人約其地形, 分爲三部, 曰威斯頓
達多里, 曰威斯頓底特力, 曰阿里顏達多里.

威斯頓達多里, 在阿甘色·密蘇爾厘之西, 南界得撒·墨西哥, 西抵落機大
山, 北界威斯頓底特力. 地界遼闊, 土肥磽不齊. 肥者可耕可牧, 瘠者多不毛.
米人以其地與因底阿番, 爲牧獵之場, 又立書館, 給工作器具, 冀日漸化導之.
土番種類甚多, 有土著者, 有外來者. 道光十六年, 米人査其戶口, 分十九種,
曰作島斯, 曰格力士, 曰支羅機士, 曰阿些治士, 曰瓜包士, 曰沙窪尼士, 曰干
薩士, 曰地那窪士, 曰機加布士, 曰包尼士, 曰呵麻哈, 曰呵多士, 曰西尼加士,
曰委士, 曰比晏機搔士, 曰比呵里阿士, 曰加士機阿士, 曰阿島士, 曰波達窪彌
士. 以上各種, 俱已解耕牧, 居廬舍, 學商賈, 間有通文字者. 其餘種類, 尚多榛
狉如故.

威斯頓底特力, 在威斯頓達多里之北, 東界威士干遜·衣呵華兩新部, 北
界英吉利屬地, 西抵落機大山. 地界遼闊, 山路崎嶇, 米人罕至其地, 故未得其
詳. 其種人有曼丹士, 敏尼達里士, 墨臘弗, 底頓士, 然頓士, 西阿士等名. 道光
十五年, 嘗與米人戰鬥. 地產山羊·鹿皮.

阿里顏達多里, 又名戈攬彌阿達多里, 在落機大山之西. 北界英吉利屬地,

南界墨西哥, 西距大洋海, 卽中國之東洋大海, 又名太平海. 地界遼邈, 里數未詳. 西界近海有山嶺數叠, 而東境之落機山爲大. 產木料·皮毛. 有木曰擺樹, 高二三十丈, 圍四五丈, 亭直無枝, 至杪始分枝葉, 遙望如傘. 又有一種樹, 其脂如糖, 秋收其子, 作餠甚美. 土番不解耕作, 非漁卽獵. 鑿木爲舟, 可載四五十人. 運獸皮至戈攬彌阿河口, 易白人壞砲·鐵鍋·白珠·藍珠·烟葉·鐵刀等物. 其俗, 生男女, 卽以物束頭, 俾其頂鼻挺直, 并塗脂膩爲美觀. 間有佩熊爪·銅鐲·藍珠·白珠者. 交易多以女, 任人調姍, 不以爲意. 又一種番, 生子卽以物壓頭, 欲其扁, 經年始除去之, 故亦稱'扁頭人'. 戈攬彌阿河之北岸, 卽彎戈窪島. 土番食海魚, 衣獸皮. 歐羅巴人有彌里士者, 曾至其地, 見其頭目之屋, 可容八百人. 有飲食者, 有坐臥者, 儀軀粗莽, 以人骨爲飾. 五官亦平正, 惟以赤土和黑沙塗面, 令人望而駭惡. 食惟魚, 亦有以人爲食者, 故市上有人手足.

按米利堅二十六國, 內地各國, 大小不甚懸殊, 惟東北濱海數國, 壤地甚褊. 如紐罕什爾·窪滿的·麻沙朱色士·干捏底吉·紐折爾西·馬理蘭, 已不及諸大國三分之一, 而洛哀倫·特爾拉華二國, 周回皆不過百餘里, 乃不及諸大國十分之一. 此非其分地之不均也. 當歐人之初闢此土也, 人戶先栖托於海壖, 各成聚落. 後乃漸拓而西, 日益墾闢. 其國之三大埠頭, 摩士敦·紐約爾·非勒特爾非爾. 又皆萃於東北, 富商大賈之所聚. 地雖偏小, 氣象固殊. 內地各國, 皆資耕作, 幅員易廣, 而財力不如海濱之盛, 其勢然也. 迨華盛頓倡義拒英, 各部之豪, 皆起兵相應. 功成之後, 擧事者凡十餘部, 因卽分爲十餘國. 其後有續附者, 有新分者, 遂成二十六國. 皆仍其舊而安之, 非裂地而定封也. 洛哀倫人戶止十餘萬, 特爾拉華止八萬餘, 不能因其彈丸黑子, 并歸大國. 齊·魯之不兼邾·莒, 亦初制則然耳. 東方通商諸國, 紐約爾最富厚, 麻沙朱色士·賓夕爾勒尼安次之, 緬與勿爾吉尼阿又次之. 倭海阿土沃人殷, 阡的伊·田納西地處中原, 沃野千里. 南方諸國濱海, 西方諸國傍河, 地利之產, 運行較便, 故國多富饒. 計兩湖之南, 密士失必大河之東, 已無不闢之土. 河西止魯西安納・阿甘色・密蘇爾厘三國, 近盆以威士干遜・衣呵華二部. 其迤西數千里, 密林奧草, 野番所宅, 開墾不易. 然生齒日繁, 何慮生滿? 數百年後, 當亦阡陌雲連, 直抵西海之濱矣. 數千萬里稼穡之土, 剖判歷數千萬年, 閟而不發, 地不愛寶, 固如是乎? 然至今日, 而篳路啓彊, 固亦莫能終秘矣.

米利堅各國, 天時和正. 迤北似燕晉, 迤南似江浙. 水土平良, 無沙磧, 鮮瘴厲. 南方微有瘴氣, 亦不甚毒. 其土平衍膏腴, 五穀皆宜, 棉花最良, 亦最多, 英佛諸國, 咸取給焉. 蔬菜果實皆備, 烟葉極佳, 通行甚遠. 山内所出者, 石炭・鹽・鐵・白鉛. 境内外河甚多, 米人處處疏鑿, 以通運道. 又造火輪車, 以石鋪路, 鎔鐵汁灌之, 以利火輪車之行, 一日可三百餘里. 火輪船尤多, 往來江海如梭織, 因地產石炭故也. 火輪船必須燃石炭, 木柴力弱, 不能用也. 英吉利火輪石炭, 皆自蘇各蘭帶來.

米利堅政最簡易, 権稅亦輕, 戶口十年一編. 每二年, 於四萬七千七百人之中, 選才識出衆者一人, 居於京城, 參議國政. 總統領所居京城, 衆國設有公會, 各選賢士二人, 居於公會, 參決大政, 如會盟・戰守・通商・稅餉之類, 以六年爲秩滿. 每國設刑官六人, 主讞獄, 亦以推選充補. 有偏私不公者, 群議廢之. 合衆國稅入, 約四千萬圓. 文職俸祿, 四百七十六萬圓, 陸路官兵, 俸餉四百三十萬圓, 水師官兵, 俸餉四百五十七萬圓, 雜費三百八十萬圓, 開墾土費一千三百萬圓. 統領雖總財賦, 而額俸萬圓之外, 不得私用分毫. 衆國舊亦有欠項, 道光十七年, 一概清還, 不復丐貸於民. 然緣此公私銀號多歇業, 而國家或有不虞之費, 無從取給, 亦頗受其累云.

米利堅合衆國額兵不過一萬, 分隸各砲臺關隘. 其餘除儒士・醫士・天文生外, 農工商賈, 自二十歲以上四十歲以下, 一概聽官徵選, 給牌效用爲民兵. 糇糧器械, 概由自備. 無事各操本業, 有事同入行伍. 又設隊長·領軍等官, 皆有職無俸. 每歲農隙, 集聚操演. 其民兵約一百七十餘萬丁, 與古人寓兵於農之法, 蓋暗合焉.

米利堅合衆國白人皆流寓, 歐羅巴各國之人皆有之, 而英吉利·荷蘭·佛郎西爲多. 三國之中, 英吉利又居大半, 故語言文字與英同. 其制, 土番各畫地授田, 不准遣徙, 貿遷工作皆白人. 其人馴良溫厚, 無鷙悍之氣, 謀生最篤, 商舶通行四海. 衆國皆奉耶穌敎, 好講學業, 處處設書院. 其士類分三等, 曰學問, 研究天文地理, 暨耶穌敎旨, 曰醫藥, 主治病, 曰刑名, 主訟獄.

按南北亞墨利加袤延數萬里, 精華在米利堅一土. 天時之正, 土脈之腴, 幾與中國無異. 英吉利航海萬里, 跨而有之, 可謂探驪得珠. 生聚二百餘年, 駸駸乎富溢四海. 乃以接剡之故, 一決不可復收. 長國家而務財用, 卽荒裔其有幸乎? 米利堅合衆國以爲國, 幅員萬里, 不設王侯之號, 不循世及之規, 公器付之公論, 創古今未有之局, 一何奇也! 泰西古今人物, 能不以華盛頓爲稱首哉!

영환지략

권10

본권에서는 북아메리카의 남쪽에 위치한 멕시코, 텍사스와 남부 아메리카의 과테말라, 엘살바도르, 온두라스, 코스타리카, 파타고니아, 칠레, 콜롬비아, 페루 등의 지리, 연혁, 인구, 종교 및 물산 등에 대해 서술하고 있다. 특히 스페인의 멕시코 식민화과정과 멕시코의 독립과정을 상세히 기술하면서, 미국을 본받아 독립을 한 멕시코가 강국으로 발전하지 못한 원인과 '금광'으로 이름났던 페루가 빈국으로 전락할 수밖에 없었던 원인을 함께 분석하고 있다.

[북아메리카 남부 각국]

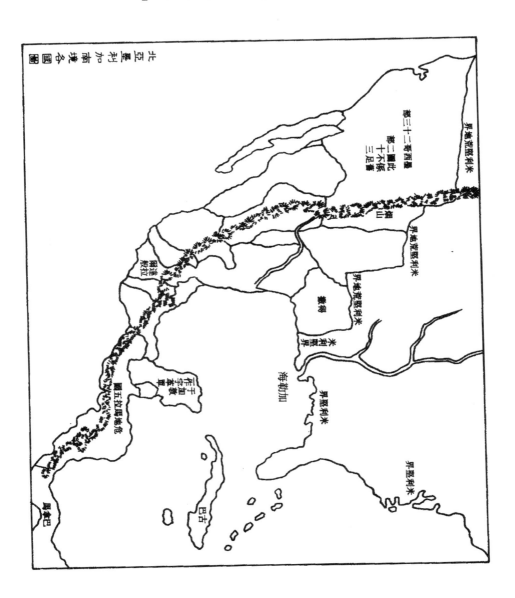

북아메리카 남부 각국 지도

미리견계(米利堅界) : 미국 강역이다.

미리견황지계(米利堅荒地界) : 미국의 황무지 지역이다.

득살(得撒) : 텍사스(Texas)이다.

연산(烟山) : 시에라마드레산맥(Sierra Madre Mountains)으로, 미국의 로키산맥(Rocky Mountains)이다.

묵서가이십삼부(墨西哥二十三部) : 멕시코(Mexico) 23개 주이다. 이것은 구지도로, 과거에는 23개 주가 되지 않았다.

가륵해(加勒海) : 지금의 카리브해(Caribbean Sea)이다.

고파(古巴) : 지금의 쿠바(Cuba)이다.

달랍이반(達拉爾般) : 테노치티틀란(Tenochtitlan)으로, 아즈텍제국의 수도이다.

우가돈(于加敦) : 우혁단(宇革單)이라고도 하는데, 지금의 유카탄(Yucatán)이다.

위지마랍오국(危地馬拉五國) : 과테말라(Guatemala) 5개 주이다.

파나마(巴拿馬) : 지금의 파나마(Panama) 지협이다.

멕시코(Mexico) 일명 미시가(美詩哥), 묵시가(墨是可), 묵서과(墨西科), 묵서과(墨西果), 맥실가(麥悉哥), 묵서가(黙西可)라고도 한다. 는 북아메리카의 서남쪽 강역에 위치한다. 북쪽으로는 미국의 황무지와 경계하고, 동쪽으로는 미국의 텍사스주(State of TexasTexas)[1]를 끼고 대서양에 이르며, 서쪽으로는 태평양과 잇닿

---

1 텍사스주(State of TexasTexas) : 원문은 '득살(得撒)'로, 득극살사(得極撒斯), 득주(得州)라고도 한다.

아 있고, 남쪽으로는 과테말라(Guatemala)²와 경계한다. 지형은 남쪽으로 갈수록 점점 깎이다 서북쪽을 지나 동남쪽에서 뚝 떨어진다. 남북의 길이는 약 1만 리이고, 동서의 너비는 최북단은 약 3천 리에 이르며, 최남단은 4백 ~5백 리에 불과하다. 연산(烟山)³ 이 산은 미국의 서쪽에 위치하는 로키산맥(Rocky Mountains)⁴으로, 멕시코에서는 연산이라고 하는데, 화산이 아주 많기 때문이다. 과테말라 이남부터 남아메리카의 최남단에 이르기까지는 모두 안데스산맥(Andes Mountains)⁵이라 하는데, 실제로는 하나의 산맥이 이어져 있는 것으로, 길이는 2만여 리 정도 된다. 은 서북쪽에서부터 시작해 나라의 한가운데를 관통하고 있는 척량산맥이다. 화산이 아주 많은데, 그 중에 네 개의 큰 화산은 연기와 불꽃이 늘 하늘을 향해 타오르고 있다. 지진이 극렬하게 일어나 언덕과 계곡의 지형이 수시로 바뀐다. 북쪽 강역은 평탄하고 넓으며, 나무는 없지만 풀이 자라 사람들은 1백만억 마리의 소를 치고 살아가며, 의식은 모두 소에게서 공급받는다. 가을 하늘이 높아지면 풀이 시드는데, 간혹 횃불을 광야에 던지면 번번이 불길이 번져 수십 백리를 태우기도 한다. 남쪽 강역은 산의 동쪽은 사막이 많고 산의 서쪽은 토지가 비옥해, 온갖 초목이 무성하게 자라고, 서양의 과실이 모두 난다. 큰 강으로는 리오그란데강(Rio Grande),⁶ 콜로라도강(Rio

---

2   과테말라(Guatemala): 원문은 '위지마랍(危地馬拉)'으로, 과적마랍국(瓜的馬拉國), 신과적마랍(新瓜的馬拉), 과적마랄(跨的馬剌)이라고도 한다.

3   연산(烟山): 지금의 시에라마드레산맥(Sierra Madre Mountains)이다. 화산이 많으며, 멕시코 경내에 위치한 로키산맥이다.

4   로키산맥(Rocky Mountains): 원문은 '락기대산(落機大山)'이다.

5   안데스산맥(Andes Mountains): 원문은 '안달사대산(安達斯大山)'이다.

6   리오그란데강(Rio Grande): 원문은 '파랍와(巴拉窩)'로, 파랄오(巴剌吾)라고도 한다. 리오그란데강은 미국과 멕시코를 통과하는 강으로, 멕시코에서는 리오브라보강 또는 리오브라보

Colorado),[7] 소노라강(Rio Sonora),[8] 리오사비네강(Rio Sabine)[9]이 있다. 이북은 아주 춥고, 이남의 해변 일대는 이상할 정도로 날씨가 푹푹 찐다. 내지는 지대가 높아질수록 열기가 점점 줄어들어서, 높이 4백~5백 길 되는 곳에 이르면 중원처럼 사람이 살기 편안한 날씨가 된다. 물산은 많지 않고 오직 오목(烏木)·홍목(紅木)·코치닐(Cochineal)[10]·향료가 나며, 큰 이윤은 은에서 난다. 산에는 광물이 아주 많이 나서, 광산이 3천 곳 남짓 된다. 각국에서 통용되는 은 가운데 멕시코에서 산출되는 것이 3분의 2 정도 된다고 한다. 처음에 북아메리카는 미국 이북은 모두 야만족이 함께 섞여 살면서 부락을 이루지 못했다. 오직 멕시코만이 일찍이 나라를 세워서 도시, 제단과 신전, 왕, 관리를 두었으며, 사물의 형상을 본떠서 글자를 만들고, 법률과 판례도 있었다. 이 땅에 폐허가 된 아주 큰 성이 있는데, 1천여 년 전의 고적이라고 하지만 어느 시대 누구의 것인지는 모른다. 명나라 홍치(弘治)[11] 초에 스페인은 크리스토퍼 콜럼버스(Cristoforo Colombo)[12]를 보내 신천지를 찾아 나섰다가 멕시코가 금광이고, 또 그 나라에 아무런 대비책이 없다는 것을 인지하고

델놀테(Río Bravo del Norte)라 부르기도 한다.

7 콜로라도강(Rio Colorado): 원문은 '가라랍다(哥羅拉多)'로, 과라랍다(科羅拉多), 랄색하(剌索河), 가라랍다하(哥羅拉多河)라고도 한다.

8 소노라강(Rio Sonora): 원문은 '색낙랍(索諾拉)'이다.

9 리오사비네강(Rio Sabine): 원문은 '살비나(薩比那)'로, 살배인하(薩拜因河)라고도 한다.

10 코치닐(Cochineal): 원문은 '아란미(牙蘭米)'로, 열대와 아열대 아메리카에서 서식하는 선인장을 먹고 사는 암곤충을 말려서 가루로 만든 붉은 염료이다.

11 홍치(弘治): 명나라 제9대 황제 효종(孝宗) 주우탱(朱祐樘)의 연호(1487~1505)이다.

12 크리스토퍼 콜럼버스(Cristoforo Colombo): 원문은 '가륜(可倫)'으로, 가륜포(哥倫布), 각룡(閣龍), 가륜파(可倫波)라고도 한다.

는 정덕(正德) 14년(1519)에 장군 에르난 코르테스(Hernán Cortés)[13]를 보내 군대를 끌고 가서 공격하면서 포화로 멕시코를 흔들어놓았다. 멕시코는 무너져서 결국 스페인의 속지가 되었다. 스페인사람들이 선단을 이끌고 서쪽으로 와서 산에 들어가 광산을 개발하고 여기저기 흩어져 살면서 인구가 날로 번성해졌다. 매년 1천 수백 만원어치의 은을 채굴한 덕분에 스페인은 벼락부자가 되었다. 건륭(乾隆)[14] 말년에 조지 워싱턴(George Washington)[15]이 영국에 들고 일어나 자립해서 미국을 건립했다. 멕시코는 이를 흠모해 가경(嘉慶)[16] 15년(1810)에 스페인에 들고 일어났다. 스페인은 9년 동안 전쟁을 치르고 나서야 멕시코를 겨우 이겼다. 그로부터 1년 남짓 뒤에 멕시코는 다시 봉기해 아구스틴 데 이투르비데(Agustín de Iturbide)[17]를 왕으로 세웠다. 도광(道光)[18] 3년(1823)에 국왕을 폐위시키고 15개의 주로 분리해 각주에서 관리를 추천 선발해 국정을 맡아 처리했다. 최근에 들어 다시 23개 주로 분리되었다. 정치 체제는 대체로 미국을 비슷하게 따라 했지만, 강역이 아직 확정되지 않았고 법제가 갖추어지지 않았으며, 각주들은 내홍을 겪고 있어 미국과는 치세와 난세로 명암이 갈리었다.

---

13 에르난 코르테스(Hernán Cortés): 원문은 '가이덕사(哥爾德斯)'이다. 에르난 코르테스 (1485~1547)는 에스파냐의 아메리카 식민화의 시작을 알린 식민지 개척자의 제1세대에 속하는 인물이다.

14 건륭(乾隆): 청나라 제6대 황제 고종 애신각라홍력(愛新覺羅弘曆)의 연호(1735~1795)이다.

15 조지 워싱턴(George Washington): 원문은 '화성돈(華盛頓)'이다. 조지 워싱턴(1732~1799)은 미국 초대 대통령으로, 미국 독립전쟁 당시 총사령관으로 활동했다.

16 가경(嘉慶): 청나라 제7대 황제 인종 애신각라옹염(愛新覺羅顒琰)의 연호(1796~1820)이다.

17 아구스틴 데 이투르비데(Agustín de Iturbide): 원문은 '의도이비달(義都爾比達)'이다. 이투르비데(1783~1824)는 멕시코 독립전쟁의 지도자이자, 멕시코 제1제국의 초대 황제이다.

18 도광(道光): 청나라 제8대 황제 선종 애신각라민녕(愛新覺羅旻寧)의 연호(1820~1850)이다.

멕시코는 원래 스페인에 의해 건설된 나라이기 때문에 언어와 문자가 스페인과 같다. 인종은 세 부류로 구분되는데, 첫째는 스페인 사람들로, 모두 스페인에서 와서 살고 있는 실질적인 지주들로, 집이 대부분 부유하며, 사치를 좋아해 비단 옷에 준마를 타고 도시를 유람한다. 그 다음은 원주민들로 얼굴색이 붉고 코가 납작하며 뼈대가 굵다. 농사를 본업으로 하고, 채소를 팔아 입에 풀칠하며 집이 대부분 가난하고, 수명을 고려해 술을 마시지 않는 사람도 있다. 스페인사람들이 인두세를 징수해서 그들과는 왕래하지 않는다. 마지막으로 혼혈인으로, 흑인과 백인 두 인종이 서로 결혼해 출생한 이들이다. 인구는 총 8백만 명으로, 모두 천주교를 신봉한다. 19개의 주 가운데 최고는 멕시코주(Estado de México)[19]로, 남쪽 강역에 위치하고 로키산맥의 동서 양쪽에 걸쳐 있다. 수도는 나라의 중앙에 위치한 테노치티틀란(Tenochtitlan)[20]으로, 크고 높은 건물이 구름처럼 이어져 있으며, 궁궐이 가지런하게 조성되어 있고 인구는 12만 명이다. 이 땅은 산수가 빼어나고 꽃과 나무가 무성히 자라나 경관이 아주 뛰어나다. 다만 지형이 낮고 움푹 패어 호수와 웅덩이의 물이 불어 넘쳐나 때때로 수해를 입는다. 그 다음은 케레타로주(Querétaro)[21]와 과나후아토주(Guanajuato)[22]로, 주도 역시 [케레타로

---

19   멕시코주(Estado de México): 원문은 '묵서가(墨西哥)'이다.

20   테노치티틀란(Tenochtitlan): 원문은 '달랍이반(達拉爾般)'으로, 현재의 멕시코시티에 위치한다.

21   케레타로주(Querétaro): 원문은 '급륵타라(給勒打羅)'로, 귀리타라(貴里他羅), 극뢰탑라(克雷塔羅), 귀리단(貴利但)이라고도 한다.

22   과나후아토주(Guanajuato): 원문은 '과나적아다(瓜那寂阿多)'로, 과나화탁(瓜那華托), 오나주아다(吳拿主亞多)라고도 한다.

와 과나후아토로] 주의 이름과 같다. 미초아칸주(Michoacan)²³는 주도가 바야
돌리드(Valladolid)²⁴이다. 할리스코주(Jalisco)²⁵는 주도가 과달라하라(Guadalajara)²⁶
이다. 사카테카스주(Zacatecas)²⁷는 주도 역시 사카테카스이다. 소노라주
(Sonora)²⁸는 주도가 비야데피틱(Villa de Pitic)²⁹이다. 치와와주(Chihuahua)³⁰와 두
랑고주(Durango)³¹는 주도 역시 [치와와와 두랑고로] 주의 이름과 같다. 코아
우일라주(Coahuila)³²는 주도가 몽클로바(Monclova)³³이다. 누에보레온주(Nuevo
León)³⁴는 주도가 몬테레이(Monterrey)³⁵이다. 타마울리파스주(Tamaulipas)³⁶는 주

---

23 미초아칸주(Michoacan): 원문은 '미쇄간(迷刷干)'으로, 미쇄간(彌刷干)이라고도 한다.

24 바야돌리드(Valladolid): 원문은 '와랍다려(瓦拉多黎)'로, 와랍다륵(瓦拉多勒), 파아다리덕(巴亞多
利德)이라고도 한다.

25 할리스코주(Jalisco): 원문은 '사려사가(沙黎斯哥)'로, 합리사과(哈利斯科)라고도 한다.

26 과달라하라(Guadalajara): 원문은 '과달랍사라(瓜達拉沙喇)'로, 과달랍합랍(瓜達拉哈拉)이라고도
한다.

27 사카테카스주(Zacatecas): 원문은 '살가덕가(薩加德架)'로, 살잡특잡사(薩卡特卡斯), 살갑부아(撒
甲副亞)라고도 한다.

28 소노라주(Sonora): 원문은 '색낙랍(索諾拉)'으로, 손아랍(孫阿拉)이라고도 한다.

29 비야데피틱(Villa de Pitic): 원문은 '유랍덕불이적(維拉德佛爾的)'으로, 지금의 멕시코 소노라주
에 위치한 에르모시요(Hermosillo)이다.

30 치와와주(Chihuahua): 원문은 '제화화(濟華花)'로, 기와와(奇瓦瓦), 치오아나(治烏亞拿)라고도
한다.

31 두랑고주(Durango): 원문은 '도랑액(都郎額)'으로, 두란과(杜蘭戈), 토랑하(土郎河)라고도 한다.

32 코아우일라주(Coahuila): 원문은 '탁합회랍(卓哈回拉)'으로, 과아위랍(科阿韋拉), 가합휘(可哈
輝)라고도 한다.

33 몽클로바(Monclova): 원문은 '몽가라와(蒙哥羅瓦)'로, 몽극락와(蒙克洛瓦)라고도 한다.

34 누에보레온주(Nuevo León): 원문은 '신량(新良)'으로, 신래앙(新萊昂), 마파미(馬巴米)라고도
한다.

35 몬테레이(Monterrey): 원문은 '몽덕륵(蒙德勒)'으로, 몽뢰특(蒙雷特)이라고도 한다.

36 타마울리파스주(Tamaulipas): 원문은 '달모려파(達毛黎巴)'로, 타마오리파(他馬烏里巴)라고도 한다.

도가 아구아요(Aguayo)[37]이다. 산루이스포토시주(San Luis Potosí),[38] 베라크루스주(Veracruz),[39] 푸에블라주(Puebla),[40] 오악사카주(Oaxaca)[41]는 주도 역시 [산루이스포토시, 베라크루스, 푸에블라, 오악사카로] 주의 이름과 같다. 치아파스주(Chiapas)[42]는 주도가 툭스틀라구티에레스(Tuxtla Gutiérrez)[43]이다. 타바스코주(Tabasco)[44]는 주도가 산티아고(Santiago)[45]이다. 유카탄주(Yucatán)[46] 일명 우각단(于各單), 우각단(宇各單)이라고도 한다. 는 주도가 메리다(Mérida)[47]이다. 준주 4곳

---

37 아구아요(Aguayo): 원문은 '아과약(阿瓜約)'이다. 멕시코의 초대 대통령인 과달루페 빅토리아(Guadalupe Victoria)의 이름을 따서 후에 지금의 시우다드빅토리아(Ciudad Victoria)로 개칭했다.

38 산루이스포토시주(San Luis Potosí): 원문은 '상로의사파다새(桑盧意斯波多塞)'로, 성로이사파탁서(聖路易斯波托西), 로의파다서(路義破多西)라고도 한다.

39 베라크루스주(Veracruz): 원문은 '위랍고로사(委拉古盧斯)'로, 유랍극로사(維拉克鲁斯), 진십자가(眞十字架)라고도 한다.

40 푸에블라주(Puebla): 원문은 '포위파랍(布委巴拉)'으로, 포위파랄(布委巴剌), 포익랍(布益拉)이라고도 한다.

41 오악사카주(Oaxaca): 원문은 '화사가(華沙加)'로, 아살가(阿撒加), 소가노가부(所可奴可部)라고도 한다.

42 치아파스주(Chiapas): 원문은 '제아파(濟阿巴)'로, 치아파(治亞巴), 치파부(治巴部)라고도 한다.

43 툭스틀라구티에레스(Tuxtla Gutiérrez): 원문은 '노달륵아이(盧達勒阿爾)'로, 사성(卸城)이라고도 한다.

44 타바스코주(Tabasco): 원문은 '파달사가(巴達斯哥)'로 되어 있으나, 『해국도지』에 근거해 '달파사가(達巴斯哥)'로 고쳐 번역한다. 타파가(他巴哥), 탑파사과(塔巴斯科)라고도 한다.

45 산티아고(Santiago): 원문은 '삼적아각(三的阿各)'이다.

46 유카탄주(Yucatán): 원문은 '우가돈(于加敦)'으로, 우가탄(尤加坦), 우가탄(禹加坦), 우가단(宇加單)이라고도 한다.

47 메리다(Mérida): 원문은 '미리달(美里達)'로, 매리달(梅里達)이라고도 한다.

이 있는데, 캘리포니아(California)준주[48]는 주도가 새크라멘토(Sacramento)[49]이다. 뉴멕시코(New Mexico)준주[50]는 주도가 산타페(Santa Fe)[51]이다. 틀락스칼라(Tlaxcala)준주[52]와 콜리마주(Colima)[53]는 주도 역시 [틀락스칼라와 콜리마로] 주의 이름과 같다. 과달라하라는 인근에 은광이 있어 은을 캐는 광부들이 모여살고 있으며, 인구는 7만 명이다. 영국과 프랑스 등의 거상들이 주로 자금을 내어 은광을 개발했다. 그러나 비용이 많이 든 것에 비해 이익은 거의 없다. 아카풀코(Acapulco)[54]는 서쪽의 큰 항구로, 예전에 스페인의 상선이 매년 이곳으로 와서 무역할 때 남아메리카 티에라델푸에고(Tierra del Fuego)[55]의 남쪽 길로 왔는데, 바람이 사납게 불고 파도가 아주 위험했다. 스페인이 이 땅을 버린 뒤로 선박의 발길이 끊기면서 교역도 저조해졌다. 베라크루

---

48 캘리포니아(California)준주: 원문은 '가리불이니아(加里佛爾尼亞)'로, 가리불니(加里佛尼), 가리복이니아(加里伏爾尼亞)라고도 한다.

49 새크라멘토(Sacramento): 원문은 '상가이몽덕뇌(桑加爾蒙德雷)'로, 지금의 미국 캘리포니아주 북부에 위치한다.

50 뉴멕시코(New Mexico)준주: 원문은 '신묵서가(新墨西哥)'로, 신미시가(新美詩哥)라고도 한다.

51 산타페(Santa Fe): 원문은 '삼달비(三達非)'로, 성비(聖菲)라고도 한다. 지금의 미국 뉴멕시코주에 위치한다.

52 틀락스칼라(Tlaxcala)준주: 원문은 '달랍사가랍(達拉斯加拉)'으로, 달랍사가랄(達拉斯加剌), 특랍사잡랍(特拉斯卡拉)이라고도 한다. 지금의 멕시코 중부에 위치한다.

53 콜리마주(Colima): 원문은 '가려마(哥黎麻)'로, 과리마(科利馬)라고도 한다. 지금의 멕시코 서부에 위치한다.

54 아카풀코(Acapulco): 원문은 '아가보라가(亞加補羅可)'로, 아잡보이과(阿卡普爾科)라고도 한다. 지금의 멕시코 게레로주(Guerrero)에 위치한 항구도시로, 공식 명칭은 아카풀코 데 후아레스(Acapulco de Juárez)이다.

55 티에라델푸에고(Tierra del Fuego): 원문은 '철이섭리(鐵耳聶離)'로, 철이섭리의휴구(鐵耳聶離依休勾)라고도 한다.

스[56]는 동쪽의 큰 부두로, 모래사장에 건설되어 드넓기는 하지만 배를 정박할 만한 곳이 없다. 배가 정박할 경우 바람에 휩쓸려 좌초되기 일쑤이지만, 무역은 상당히 활발하다.

살펴보건대 남아메리카 서부의 나라들은 과거에 모두 스페인의 속지였으며 멕시코가 그 중심에 있었다. 멕시코는 미개한 미국과 달리 예로부터 제국을 건설했다. 스페인이 이 땅에 매장된 금은보화를 탐내 이 땅을 침략해 차지했다. 이로부터 은 술동이[57]를 동쪽으로 가져와서 이득을 취한지 수백 년이 되었다. 예로부터 장구한 계책을 세워 먼 이역을 다스릴 때는 반드시 천하를 총괄할 수 있을 만큼의 기상과 역량이 넘쳐야 후에 오랫동안 차지할 수 있다. 기세가 한 번 꺾이면 딴 마음이 생겨나기 마련이다. 스페인은 프랑스에게 화를 당한 이후로 내란이 계속 일어나고 날로 쇠퇴해지면서 국내에서 진승(陳勝)과 오광(吳廣)[58]을 칭하는 자들이 나오고 있는데, 어찌 해외의 임효(任囂)와 위타(尉佗)[59]를 탓하는

---

56 베라크루스: 원문은 '진십자가(眞十字架)'이다.

57 은 술동이: 원문은 '은옹(銀瓮)'으로, 고대 전설에 따르면 태평성대에 나타나는 상서로운 물건이다. 즉 스페인이 멕시코의 귀중한 은제품을 가져와서 되팔아 이득을 취했음을 의미한다.

58 진승(陳勝)과 오광(吳廣): 원문은 '승광(勝廣)'이다. 진나라에 봉기를 든 최초의 인물들로, 진승의 자는 섭(涉), 오광의 자는 숙(叔)이다. 두 사람은 하남성 빈농 출신으로, 남의 토지를 경작하며 생계를 유지했다. 기원전 209년 북방의 수비수로 징발되어 가다가 홍수로 제때에 가지 못하게 되자, 결국 반란을 일으키고 장초(張楚)를 건설했다. 이는 중국 최초의 농민반란으로, 진나라 타도의 도화선이 되었다. 여기서는 스페인 본토에서 내란을 일으키는 자를 의미한다.

59 임효(任囂)와 위타(尉佗): 원문은 '효타(囂佗)'이다. 진시황이 천하를 통일한 뒤 광동(廣東)과 광서(廣西)에 진출하고 임효를 남해군위(南海郡尉)로 파견했다. 진시황 사후 이세황제 호해의 폭정으로 진나라가 혼란에 빠지자 임효와 그의 부하 위타는 진나라로부터의 독립을 꾀했다. 임효가 병사한 뒤 위타는 계림군과 상군을 비롯한 남방 3군을 통합해서 남월(南越)을 세우고 초대 왕이 되었다. 남월은 기원전 203년부터 기원전 111에 걸쳐 5대 93년

가? 미국의 앞선 독립이 없었다면 멕시코 등의 국가가 종국에는 스페인의 차지가 되었을 까? 멕시코는 땅을 차지하고 전횡하면서 오로지 미국을 본받았지만 치세와 난세로 명암 이 서로 달랐는데, 조지 워싱턴 그 사람을 영수로 삼지 않아서이다. 나라를 세우고 규모 를 키우는 것은 정말이지 전적으로 나라를 건국한 사람에게 달려있구나!

텍사스[得撒] 일명 덕사(德沙), 특극(特極)이라고 한다. 는 필라도리아(Philadolia)[60] 라고도 하며, 멕시코의 동쪽, 미국의 서남쪽에 위치하고 남쪽으로는 바다 에 임해있으며, 길이와 너비는 모두 약 1천 리이다. 지세는 숫돌처럼 평평 하고 토지는 매우 비옥해서 초목이 울창하며 오곡백과가 모두 잘 된다. 브 라조스강(Brazos R.)[61]은 텍사스를 거쳐 바다로 유입되며, 기후가 온화해서 사 람이 살기 좋다. 다만 인구가 되레 희박하고, 잡초와 수목이 우거진 곳에 장독(瘴毒)이 있다. 예전에는 본래 멕시코의 영토로, 강희(康熙)[62] 26년(1687) 에 프랑스인이 일찍이 이 땅을 개척하고자 했지만 성과를 내지 못했다. 강 희 32년(1693)에 스페인이 이 땅을 차지했지만, 미국의 일 없는 유민 역시 무리를 지어 이주해왔다. 후에 멕시코가 스페인에 반기를 들자 텍사스 역 시 이를 따라 반기를 들고 멕시코의 코아우일라주에 편입되었다. 도광 9

동안 중국 남부에서 베트남 북부에 존재했던 왕국이다. 위타(B.C.207~B.C.137)는 본명이 조 타(趙佗)로, 진나라의 군위라는 의미로 위타라고 불렸다. 여기서는 스페인 밖 멕시코에서 독립을 외치는 자를 의미한다.

60 필라도리아(Philadolia): 원문은 '비륵다니아(費勒多尼亞)'로, 비랍다리아(費拉多利亞)라고도 한다.

61 브라조스강(Brazos R.): 원문은 '파랍와하(巴拉窩河)'로, 파랄색하(巴剌索河), 포랍색사하(布拉索 斯河)라고도 한다.

62 강희(康熙): 청나라 제4대 황제 성조 애신각라현엽(愛新覺羅玄燁)의 연호(1661~1722)이다.

년(1829)에 다시 멕시코에 반기를 들었다. 멕시코는 6년 동안 텍사스를 공격했지만 정복하지 못한 채 텍사스의 독립을 그대로 두는 수밖에 없었다. 텍사스는 국왕을 세우지 않고 관리를 추천하고 선출해 정사를 처리한다. 이 땅은 모두 27개의 작은 주로 구분되는데, 앨라배마(Alabama),[63] 브래조리아(Brazoria),[64] 콜로라도(Colorado),[65] 코만치(Comanche),[66] 골리아드(Goliad),[67] 곤잘레스(Gonzales),[68] 해리스버그(Harrisburg),[69] 휴스턴(Houston),[70] 야스퍼(Jasper),[71] 재퍼슨(Jefferson),[72] 라바카(Lavaca),[73] 리버티(Liberty),[74] 마타고다(Matagorda),[75] 밀

---

63 앨라배마(Alabama): 원문은 '아랄파마(阿剌巴麻)'로, 미국 텍사스주내의 앨라배마를 가리킨다.

64 브래조리아(Brazoria): 원문은 '파랄새리아(巴剌塞里亞)'로, 포랍색리아(布臘索利亞)라고도 한다.

65 콜로라도(Colorado): 원문은 '가라랍다(哥羅拉多)'로, 과라랍다(科羅拉多)라고도 한다.

66 코만치(Comanche): 원문은 '고만치(古曼治)'로, 과만기(科曼奇)라고도 한다.

67 골리아드(Goliad): 원문은 '가리아(哥里亞)'로, 과리아덕(戈利亞德)이라고도 한다.

68 곤잘레스(Gonzales): 원문은 '공살륵(公薩勒)'으로, 공살륵(貢薩勒), 강살뇌사(岡薩雷斯)라고도 한다.

69 해리스버그(Harrisburg): 원문은 '아려사불리(阿黎斯不里)'로, 아려사포리(阿黎斯布里), 합리사보(哈里斯堡)라고도 한다.

70 휴스턴(Houston): 원문은 '후사돈(厚斯敦)'으로, 휴사돈(休斯敦)이라고도 한다.

71 야스퍼(Jasper): 원문은 '왜사비이(倭斯卑爾)'로, 왜사비이(稜斯卑爾), 가사박(賈斯珀)이라고도 한다.

72 재퍼슨(Jefferson): 원문은 '일비륵손(日非勒孫)'으로, 걸비손(杰斐遜)이라고도 한다.

73 라바카(Lavaca): 원문은 '랄파가(剌巴加)'로, 랍와잡(拉瓦卡)이라고도 한다.

74 리버티(Liberty): 원문은 '려비이적(黎卑爾的)'으로, 리파체(利帕蒂)라고도 한다.

75 마타고다(Matagorda): 원문은 '마적가이달(麻的痂爾達)'로, 마덕과이달(麻德科爾達), 마탑과이달(馬塔戈爾達)이라고도 한다.

람(Milam),[76] 미들랜드(Midland),[77] 미나(Mina),[78] 나코드도취스(Nacogdoches),[79] 락월(Rockwall),[80] 레푸지오(Refugio),[81] 사비날(Sabinal),[82] 세인트어거스틴(Santa Augustine),[83] 샌안토니오(Santo Antonio),[84] 샌펠리페드오스틴(San-Felipe de Austin),[85] 샌파트리시오(San Patricio),[86] 테나하(Tenaha),[87] 트래윅(Trawick),[88] 워싱턴카운티(Washington County)[89]가 그것이다. 주도는 오스틴(Austin)[90]으로 콜로라도강[91] 강변에 세워져 있으며 무역이 아주 활발하다. 이 땅의 주요 산물은 목재이다.

---

76 밀람(Milam): 원문은 '미랑(迷郞)'으로, 미람(米藍)이라고도 한다.

77 미들랜드(Midland): 원문은 '미란(迷蘭)'으로, 미덕란(米德蘭)이라고도 한다.

78 미나(Mina): 원문은 '미나(米那)'로, 미납(米納)이라고도 한다. 지금의 배스트롭(Bastrop)으로, 멕시코 순교자이자 영웅인 프란시스코 하비에르 미나(Francisco Xavier Mina)를 기리기 위해 한때 미나로 개칭했다.

79 나코드도취스(Nacogdoches): 원문은 '나가다사(那哥多士)'로, 납과다계사(納科多契斯)라고도 한다.

80 락월(Rockwall): 원문은 '륵려위이(勒黎委爾)'로, 락월로 추정된다.

81 레푸지오(Refugio): 원문은 '륵부일약(勒夫日約)'으로, 리비길오(里菲吉奧)라고도 한다.

82 사비날(Sabinal): 원문은 '살비나(薩比那)'로, 살비인(薩比因)이라고도 한다.

83 세인트어거스틴(Santa Augustine): 원문은 '삼달고사적음(三達古斯的音)'으로, 성오고사정(聖奧古斯丁)이라고도 한다.

84 샌안토니오(Santo Antonio): 원문은 '삼당다니아(三當多尼亞)'로, 성안동니오(聖安東尼奧)라고도 한다.

85 샌펠리페드오스틴(San-Felipe de Austin): 원문은 '상비리비(桑非里卑)'로, 오사적음(奧斯的音), 오사정(奧斯汀)이라고도 한다.

86 샌파트리시오(San Patricio): 원문은 '상파적려서약(桑巴的黎西約)'으로, 성파특리서오(聖帕特里西奧)라고도 한다.

87 테나하(Tenaha): 원문은 '달나합(達那哈)'으로, 달나합(達那合), 특납합(特納哈)이라고도 한다.

88 트래윅(Trawick): 원문은 '달랍위(達拉委)'이다.

89 워싱턴카운티(Washington County): 원문은 '와성돈(瓦盛敦)'으로, 텍사스 주내에 위치한다.

90 오스틴(Austin): 원문은 '오사적음(奧斯的音)'이다. '텍사스의 아버지'로 알려진 개척자 스티븐 오스틴을 기리기 위한 데서 생겨난 이름이다.

91 콜로라도강: 원문은 '파랍색하(巴拉索河)'로, 브라조스강이다. 주도 오스틴은 콜로라도강이 보이는 절벽에 위치해 있다. 따라서 역사적 사실에 근거해 콜로라도강으로 번역한다.

과테말라는 멕시코의 동남쪽에 위치하고 지형이 갈수록 협소해지며 두 바다를 사이에 두고 가로 걸쳐 있다. 서북쪽에서 동남쪽으로 길이는 약 3600리, 너비는 약 1천 리에 이른다. 지형이 가운데는 높고 바깥쪽은 광활하며, 안데스산맥이 척추처럼 나라를 관통하고 있다. 화산이 매우 많아 주야로 화산활동이 그치지 않는 경우도 있고, 갑자기 용암을 토해내다가도 갑자기 멈추기도 한다. 서쪽 강역은 날씨가 아주 뜨거워 사람들이 말라리아 병에 잘 걸린다. 동쪽 강역은 날씨가 따뜻해 사람이 살기는 좋지만, 지진이 빈번히 발생해 수시로 땅에 파묻힐까 걱정한다. 이 땅은 본래 스페인의 속지였으나, 멕시코가 스페인에 반란을 일으켜 독립하면서 멕시코에 귀속되었다. 이후 멕시코가 국왕을 폐위시키자 과테말라는 도광 4년(1824)에 자립해 나라를 세워 멕시코의 지배를 받지 않게 되었다. 근년에 들어 5개 주로 분리되었으며, 각주에서는 관리를 추천해 국사를 처리하고 국왕을 세우지 않는다.

과테말라주(Departamento de Guatemala)[92]는 남북의 길이는 약 1천 리이고, 동서의 너비는 약 4백 리이며, 주도는 과테말라시티(Guatemala City)[93]이다. 엘살바도르(El Salvador)[94]는 지형이 구불구불해서 면적을 측량하기가 힘들며 주도는 엘살바도르로, 주의 이름과 같다. 온두라스(Honduras)[95]는 길이가 약

---

92 과테말라주(Departamento de Guatemala): 원문은 '위지마랍국(危地馬拉國)'이다.

93 과테말라시티(Guatemala City): 원문은 '신위지마랍(新危地馬拉)'으로, 과테말라의 수도이자 과테말라주의 주도이다.

94 엘살바도르(El Salvador): 원문은 '상살이와다이국(桑薩爾瓦多耳國)'이다.

95 온두라스(Honduras): 원문은 '홍도랍사국(哄都拉斯國)'으로, 홍도랍사국(洪都拉斯國)이라고도 한다.

1200여 리이고 너비는 약 5백 리이며, 주도는 코마야과(Comayagua)[96]이다. 니카라과(Nicaragua)[97]는 길이와 너비가 모두 180리이고, 주도는 레온(Leon)[98]이다. 코스타리카(Costa Rica)[99]는 동서의 너비는 약 6백 리이고, 남북의 길이는 약 4백 리이며, 주도는 산호세(San Jose)[100]이다. 이들 5개 주는 모두 토지가 비옥해 곡식과 과일이 풍성하게 나며, 금·은·진주·호박·운모(雲母)·목재·안료·향료·약재·소가죽이 난다. 과테말라의 해안가 산에서 나는 목재는 아주 견고해서 값이 상당히 비싸다. 영국인들이 대오를 이루어 입산해서 목재를 채집했는데, 이 일에 종사하는 사람이 4천여 명에 달했다.

과테말라의 동남쪽은 남북아메리카의 경계지역으로 파나마라고 하는데, 콜롬비아에 속한다. 하나의 지협을 경계로 두개의 대양을 끼고 있는데, 폭은 겨우 60리이다. 서양인들은 이곳에 바닷길을 뚫으면 동서 두 바다가 하나가 되어 돛을 달고 서쪽으로 항해해 곧장 중국 동쪽 강역으로 갈 수 있어 매우 편리하고 빨라질 것이라 여겼다. 그러나 돌[101]이 능선을 막고 있어 뚫기가 쉽지 않았기에 서양인들 역시 생각만 가지고 있었을 뿐, 이런 큰 공사는 미처 할 수 없었다.

---

96 코마야과(Comayagua): 원문은 '가마아과(哥麻牙瓜)'이다.

97 니카라과(Nicaragua): 원문은 '니가랍과국(尼加拉瓜國)'이다.

98 레온(Leon): 원문은 '량(良)'으로, 래앙(萊昻)이라고도 한다.

99 코스타리카(Costa Rica): 원문은 '가사덕이려가국(哥斯德爾黎加國)'으로, 가사달려가(哥斯達黎加)라고도 한다.

100 산호세(San Jose): 원문은 '상약새(桑若塞)'로, 성약슬(聖約瑟)이라고도 한다.

101 돌: 원문은 '석(石)'이다. 원래는 '지(地)'로 되어 있으나 『해국도지』권61에 근거해 '석'으로 고쳐 번역한다.

생각건대, 유럽에서 중국으로 오는 길은 멀고 험난하며 아프리카·홍해·지중해가 사이에서 막고 있고 수에즈(Suez)[102] 지협 170리가 가로막고 있는데, 만약 뚫어서 배가 다닐 수 있다면 물길이 2만 리나 줄어든다. 미국에서 중국으로 오는 길은 멀고 험난하며 조그마한 파나마 땅이 가로막고 있다. 만약 뚫어서 배가 다닐 수 있다면 서쪽으로 항해해 곧장 중국 동쪽에 이를 수 있으니, 물길이 3만여 리나 줄어들 것이다. 두 땅의 사람들이 이를 뚫으려고 계획한 것이 하루 이틀이 아니다. 그러나 하천을 뚫어 길을 내는 것은 쉽지만, 바다를 뚫어 길을 내는 것은 어렵다. 또한 두 땅의 경계가 막혀 있는 것은 천지가 경계선을 동서로 나누어 놓았기 때문이다. 지금 사람의 힘으로 그곳을 뚫으려 한다면 [천지의 뜻에서] 또한 어긋나는 것이 아니겠는가!

---

102   수에즈(Suez): 원문은 '소이사(蘇爾士)'이다.

〚北亞墨利加南境各國〛

　　墨西哥, 一作美詩哥, 又作墨是可, 又作墨西科, 又作墨西果, 又作麥悉哥, 又作默西可.
北亞墨利加之西南境也. 北界米利堅荒地, 東界米利堅得撒, 距大西洋海, 西
距大洋海, 南界危地馬拉. 地形漸南漸削, 由西北而掉於東南. 長約萬里, 極北
廣約三千里, 極南不過四五百里. 烟山自西北來, 此山在米利堅西界, 稱落機大山,
在墨西哥, 稱烟山, 因火峰最多故也. 自危地馬拉以南, 至南亞墨利加之極南境, 皆稱安達斯
大山, 實則一脈相連, 長約二萬餘里. 貫國中如脊. 火峰甚多, 大者有四, 烟焰常灼霄
漢. 地震最烈, 陵谷時時易形. 北境平漫, 有草無木, 居民牧牛以百萬億計, 衣
食皆取給於牛. 秋高草枯, 或投炬曠野中, 延燒輒數十百里. 南境在山東者多沙
磧, 山西土田肥沃, 百卉繁生, 西國果實皆備. 河之長者, 曰巴拉窩, 曰哥羅拉
多, 曰索諾拉, 曰薩比那. 迤北頗寒, 迤南濱海一帶, 炎熱異常. 內地漸高, 熱漸
減, 高至四五百丈, 則和適如中原. 物產無多, 惟烏木・紅木・牙蘭米・香料, 而
大利則在於銀. 其山產礦最王, 攻礦之廠, 三千餘所. 各國行用番銀, 出於墨西
哥者, 蓋三分之二云. 初, 北亞墨利加一土, 自米利堅以北, 皆野番雜處, 不成
部落. 惟墨西哥早建爲國, 有城邑, 有壇廟, 有王, 有官, 肖物形而作字, 有律例.
地有廢城極大, 云是千餘年前古迹, 不知何代何名也. 明弘治初, 西班牙遣可倫
探尋新地, 知墨西哥爲金穴, 又稔其國無備, 正德十四年, 遣其將哥爾德斯率
兵攻之, 震以砲火. 墨西哥潰敗, 國遂爲西班牙所據. 西人連䑸西來, 入山掘礦,
流布雜居, 戶口日益繁盛. 每歲得番銀一千數百萬圓, 西班牙以此驟富. 乾隆
末年, 華盛頓畔英吉利, 自立爲米利堅國. 墨西哥羨之, 嘉慶十五年, 畔西班牙.
西班牙征之九年, 方克復. 甫一歲, 又畔, 立部人義都爾比達爲王. 道光三年,

221

廢國王, 分爲十五部, 各推擇官司理事. 近年又分爲二十三部. 其制大略仿米利堅, 而疆界未定, 法制不立, 諸部不免內訌, 與米利堅有治亂之分焉.

墨西哥本西班牙所改建, 故語言文字, 與西班牙同. 其人分三種, 一曰西人, 皆西班牙流寓, 實爲地主, 戶多殷富, 俗尙奢靡, 錦衣駿馬, 邀游都市. 一曰土人, 面紫色, 扁鼻大骨. 以耕田爲業, 資蔬菜以糊口, 家多貧乏, 不飮酒者恒壽考. 西人徵其口率之賦, 而不與之往來. 一曰雜人, 白黑人嫁娶所生. 居民共計八百萬丁, 皆奉天主敎. 大部十九, 首曰墨西哥, 在南境, 跨大山之東西. 都城在其中, 曰達拉爾般, 傑構雲連, 殿堂整肅, 居民十二萬. 其地山川秀發, 花樹繁茂, 風景淸絶. 惟地形低窪, 湖瀦漲溢, 時受水患. 次曰給勒打羅, 曰瓜那寂阿多, 會城皆同名. 曰迷刷干, 會城名瓦拉多黎. 曰沙黎斯哥, 會城名瓜達拉沙喇. 曰薩加德架, 會城同名. 曰索諾拉, 會城名維拉德佛爾的. 曰濟華花, 曰都郎額, 會城皆同名. 曰卓哈回拉, 會城名蒙哥羅瓦. 曰新良, 會城名蒙德勒. 曰達毛黎巴, 會城名阿瓜約. 曰桑盧意斯波多塞, 曰委拉古盧斯, 曰布委巴拉, 曰華沙加, 因會城皆同名. 曰濟阿巴, 會城名盧達勒阿爾. 曰達巴斯哥, 會城名三的阿各. 曰于加敦, 一作于各單, 又作宇各單. 會城名美里達. 小部四, 曰加里佛爾尼亞, 會城名桑加爾蒙德雷. 曰新墨西哥, 會城名三達非. 曰達拉斯加拉, 曰哥黎麻, 會城皆同名. 瓜達拉沙喇城, 附近銀山, 礦徒所萃, 居民七萬. 英佛諸國富商, 多出資開礦廠. 然費用浩繁, 獲利無幾. 亞加補羅可, 西地之大海口, 昔時西班牙每歲有商船來此貿易, 取道於南亞墨利加鐵耳聶離之南, 風濤極險. 自西班牙棄地之後, 帆檣絶迹, 生意微矣. 眞十字架, 東地之大埔頭, 建於沙灘, 敞闊無港澳. 海船停泊, 往往遭風擱淺, 然貿易極繁盛.

按: 南亞墨利加西畔各國, 舊皆西班牙屬藩, 而以墨西哥爲綱領. 墨西哥自古建國, 不同米利堅之棒狂. 西班牙艷其寶藏, 奪而有之. 由此銀瓮東來, 享其利者數百年. 自古長駕遠取, 必氣力足以包擧, 而後長爲我有. 聲威一挫, 不免生心. 西班牙自遭佛郎西之禍, 內變迭生, 衰亂日甚, 境內或稱勝廣, 海外安問豎佗? 微米利堅之先導, 墨西哥諸國, 其能終爲西人有乎? 墨西哥擁土自擅, 全效米利堅, 而治忽殊途, 顯晦異轍, 則無華盛頓其人以爲之渠也. 立國規模, 固全在乎創始之人哉!

得撒, 一作德沙, 又作特極. 又名費勒多尼亞, 在墨西哥之東, 米利堅之西南, 南面距海, 長廣皆約千里. 地平如砥, 田土極腴, 草木暢茂, 穀果皆宜. 巴拉窩河由此入海, 地氣溫和可居. 惟烟戶尙稀, 奧草叢林中有瘴氣. 舊本墨西哥曠土, 康熙二十六年, 佛郎西人嘗欲開其地, 事未果. 康熙三十二年, 西班牙人據之, 米利堅無業游民亦麕至. 後墨西哥畔西班牙, 得撒亦效之, 附於墨西哥之卓哈回拉部. 道光九年, 畔墨西哥. 墨西哥征之六年不能服, 乃聽其自立爲國. 無國王, 推擇官司理事. 分爲二十七小部, 曰阿拉巴麻, 曰巴剌塞里亞, 曰哥羅拉多, 曰古曼治, 曰哥里牙, 曰公薩勒, 曰阿黎斯不里, 曰厚斯敦, 曰倭斯卑爾, 曰非勒孫, 曰剌巴加, 曰黎卑爾的, 曰麻的痾爾達, 曰迷郎, 曰迷蘭, 曰米那, 曰那哥多士, 曰勒黎委爾, 曰勒夫日約, 曰薩比那, 曰三達古斯的音, 曰三當多尼亞, 曰桑非里卑, 曰桑巴的黎西約, 曰達那哈, 曰達拉委, 曰瓦盛敦. 都城曰奧斯的音, 建於巴拉索河濱, 貿易頗盛. 土產以木料爲主.

危地馬拉, 在墨西哥之東南, 地形愈狹, 亙隔於兩海之間. 自西北而東南, 長約三千六百里, 廣處約千里. 地形中高外坦, 安達斯山通貫如脊. 火峰甚多, 有晝夜不熄者, 有忽吐忽熄者. 西境炎熱, 人多患瘴. 東境溫平可居, 惟地震頻仍, 時虞覆壓. 地本屬西班牙, 迨墨西哥畔西班牙, 危地馬拉附墨西哥. 後墨西哥廢國王, 危地馬拉於道光四年, 自立爲國, 不屬於墨西哥. 近年分爲五國, 各推官司理事, 不立國王.

日危地馬拉國, 長約一千里, 廣約四百里, 會城名新危地馬拉. 曰桑薩爾瓦多耳國, 地形曲折, 難計里數, 會城與國同名. 曰哄都拉斯國, 長約一千二百餘里, 廣約五百里, 會城名哥麻牙瓜. 曰尼加拉瓜國, 長廣皆一百八十里, 會城名良. 曰哥斯德爾黎加國, 東西約六百里, 南北約四百里, 會城名桑若塞. 五國土皆膏腴, 穀果豐碩, 產金·銀·珍珠·琥珀·雲母·木料·顏料·香料·藥材·牛皮. 危地馬拉濱海諸山, 產材木極堅緻, 價甚貴. 英人結隊入山搜采, 業此者四千餘人.

危地馬拉之東南, 爲南北亞墨利加連界之地, 名巴拿馬, 地屬可倫比亞. 以一綫界隔兩海, 闊僅六十里. 泰西人謂, 能將此土開爲海道, 則東西兩洋混爲一水, 挂帆而西, 直抵中國之東界, 便捷甚矣. 然石梗山脊, 疏鑿不易, 泰西人亦僅存其說, 未能興此大役也.

按歐羅巴至中國, 道途之紆遠, 阻於阿非利加·紅海·地中海之間, 隔蘇爾士旱路一百七十里, 若疏爲海道, 則水程減二萬里. 米利堅至中國, 道途之紆遠, 阻於巴拿馬片土. 若疏爲海道, 則西行而抵中國之東, 水程當減三萬餘里. 兩土之人, 謀疏鑿者, 非一日矣. 然開河道易, 開海道難. 且兩地之限隔, 天地之所以界畫東西也. 今欲以人力鑿之, 不亦傎乎!

〚 남아메리카 각국 〛

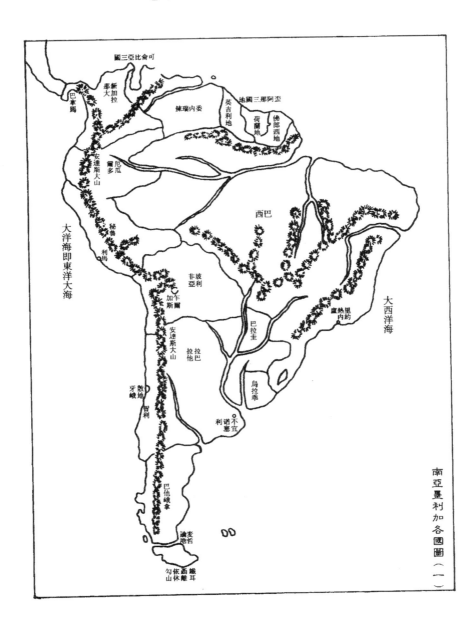

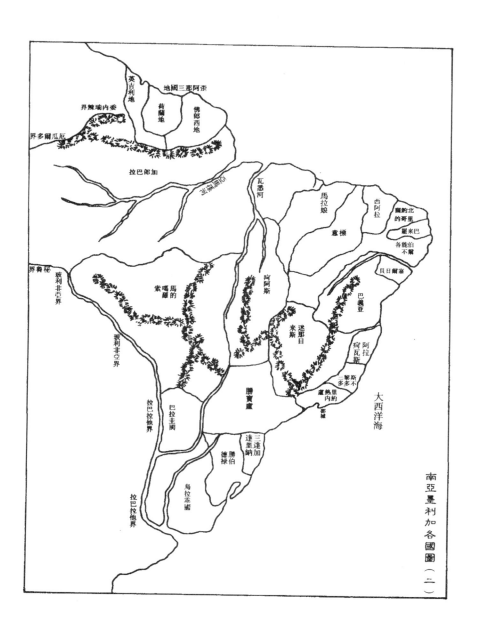

南亞墨利加各國圖（二）

英吉利地

地國三郎阿歪

荷蘭地

佛郎西地

界礉瑞內委

界多爾瓜厄

拉巴郎加

瓦悉河

馬拉娘

西阿拉

北哥里的約爾

各能伯不屬

羅来巴

意橫

貝日爾豪

界魯秘

玻利非亞界

馬的索麗

枸阿斯

巴義亞

阿拉

玻利非亞界

迷那日来斯

狗瓦斯

斯不三多里約內部城

勝寶廬

拉巴拉他界

巴拉圭國

三達加達里納

勝伯德祿

烏拉歪國

拉巴拉他界

大西洋海

남아메리카 각국 지도(1)

가륜비아삼국(哥侖比亞三國) : 콜롬비아(Colombia) 3개국이다.

파나마(巴那馬) : 지금의 파나마 지협이다.

신가랍나대(新加拉那大) : 누에바 그라나다(Nueva Granada)이다.

위내서랄(委內瑞辣) : 지금의 베네수엘라(Venezuela)이다.

왜아나삼국지(歪阿那三國地) : 가이아나(Guyana) 3개국 속지이다.

-불랑서지(佛郞西地) : 프랑스령

-하란지(荷蘭地) : 네덜란드령

-영길리지(英吉利地) : 영국령

액과이다(厄瓜爾多) : 지금의 에콰도르(Ecuador)이다.

안달사대산(安達斯大山) : 지금의 안데스산맥이다.

파서(巴西) : 지금의 브라질(Brazil)이다.

비로(秘魯) : 지금의 페루(Peru)이다.

리마(利馬) : 지금의 리마(Lima)이다.

파리비아(玻利非亞) : 지금의 볼리비아(Bolivia)이다.

사이가사(乍爾加斯) : 지금의 추키사카(Chuquisaca)이다.

대양해(大洋海) : 지금의 태평양이다.

대서양해(大西洋海) : 지금의 대서양이다.

리약열내로(里約熱內盧) : 지금의 리우데자네이루(Rio De Janeiro)이다.

파랍규(巴拉圭) : 지금의 파라과이(Paraguay)이다.

랍파랍타(拉巴拉他) : 지금의 라플라타(La Plata)이다.

오랍괴(烏拉乖) : 지금의 우루과이(Uruguay)이다.

불의낙새리(不宜諾塞利) : 지금의 부에노스아이레스(Buenos Aires)이다.

산지아아(散地牙峨) : 지금의 산티아고(Santiago)이다.

227

지리(智利) : 지금의 칠레(Chile)이다.

파타아나(巴他峨拿) : 지금의 파타고니아(Patagonia)이다.

맥철륜항(麥哲論港) : 지금의 마젤란해협(Strait of Magellan)이다.

철이섭리의휴구산(鐵耳聶離依休勾山) : 지금의 티에라델푸에고섬
(Tierra del Fuego Island)이다.

남아메리카 각국 지도(2)

왜아나삼국지(歪阿那三國地) : 가이아나 3개국 속지이다.
-불랑서지(佛郞西地) : 프랑스령
-하란지(荷蘭地) : 네덜란드령
-영길리지(英吉利地) : 영국령

위내서랄계(委內瑞辣界) : 베네수엘라 강역이다.

액과이다계(厄瓜爾多界) : 에콰도르 강역이다.

가랑파랍(加郞巴拉) : 지금의 파라(Para)이다.

아마손하(亞馬孫河) : 지금의 아마존강(Rio Amazonas)이다.

와실하(瓦悉河) : 상프란시스쿠강(Rio São Francisco)으로, 본문에는 범
실하(凡悉河)로 되어 있다.

마랍낭(馬拉娘) : 지금의 마라냥(Maranhao)이다.

서아랍(西阿拉) : 지금의 세아라(Cearáe)이다.

북리약가란적(北里約哥蘭的) : 지금의 히우그란지두노르치(Rio
Grande do Norte)이다.

파래파(巴來罷) : 지금의 파라이바(Paraiba)이다.

백이능불각(伯爾能不各) : 지금의 페르남부쿠(Pernambuco)이다.

표의(標意) : 지금의 피아우이(Piaui)이다.

새이일패(塞爾日貝) : 지금의 세르지페(Sergipe)이다.

파의아(巴義亞) : 지금의 바이아(Bahia)이다.

가아사(痾阿斯) : 지금의 고이아스(Goyaz)이다.

마적갈라색(馬的噶羅索) : 지금의 마투그로수(Mato Grosso)이다.

비로계(秘魯界) : 페루 강역이다.

파리비아계(玻利非亞界) : 볼리비아 강역이다.

미나일래사(迷那日來斯) : 지금의 미나스제라이스(Minas Gerais)이다.

아랍가와사(阿拉痾瓦斯) : 지금의 알라고아스(Alagoas)이다.

사불려다삼다(斯不黎多三多) : 지금의 이스피리투산투(Espirito Santo)이다.

리약열내로(里約熱內盧) : 지금의 리우데자네이루(Rio De Janeiro) 수
도이다.

승보로(勝寶盧) : 지금의 상파울루(Sao Paulo)이다.

파랍규국(巴拉圭國) : 지금의 파라과이이다.

랍파랍타계(拉巴拉他界) : 라플라타 강역이다.

삼달가달리납(三達加達里納) : 지금의 산타카타리나(Santa Catarina)이다.

승백덕록(勝伯德祿) : 지금의 파라나(Paraná)이다.

오랍괴국(烏拉乖國) : 우루과이 강역이다.

콜롬비아(Colombia) 일명 가륜파(可侖巴), 금가서랍(金加西蠟)이라고도 한다. 는 남
아메리카 최북단에 위치한다. 서북쪽으로는 파마나 지협에 이르러 과테말
라와 인접해 있고, 북쪽으로는 대서양에, 서쪽으로는 태평양에 이르며, 동
쪽으로는 영국의 신대륙과, 동남쪽으로는 브라질과, 서남쪽으로는 페루

와 경계하며, 남북의 길이와 동서의 너비는 모두 약 5천 리에 이른다. 서쪽 경내에는 안데스산맥이 우뚝 솟아 있으며 2백여 길에 이르는 높은 봉우리도 있다. 또한 화산이 있는데 수시로 연기와 불꽃을 토해 낸다. 동쪽 강역은 평원이 광활하게 펼쳐져 있고, 하천이 동서남북 사방으로 흐르고 있는데, 오리노코강(Rio Orinoco)[1]과 마그달레나강(Rio Magadalena)[2]이 가장 크다. 해변은 찌는 듯이 뜨겁고 더워 풍토에 적응하기 힘들다. 내지는 지대가 높아질수록 날씨가 따뜻해서 거주하기에 좋다. 명나라 홍치 15년(1502)에 스페인은 신하 콜럼버스를 보내 신대륙을 찾으면서 먼저 이 땅을 차지하고는 나라를 누에바 그라나다(Nueva Granada),[3] 금가서랍(金加西蠟)으로, 누에바 그라나다의 와전이다. 카라카스(Caracas),[4] 키토(Quito)[5]로 삼분하고, 각각 관리를 두어 다스렸다. 가경 15년(1810)에 베네수엘라 사람 시몬 볼리바르(Simón Bolívar)[6]가 사람들을 통솔해 누에바 그라나다, 카라카스, 키토를 다스리는 스페인 관리들을 몰아내면서 8년 동안 공방전을 벌였다. 스페인이 그 땅을 수복하

---

1 오리노코강(Rio Orinoco): 원문은 '아리낙(阿利諾)'으로, 아리나가강(阿利挪加江), 과륵낙가하(科勒諾哥河), 오리낙과하(奧里諾科河)라고도 한다.

2 마그달레나강(Rio Magdalena): 원문은 '마가타(馬加他)'로, 마격달래납하(馬格達萊納河)라고도 한다.

3 누에바 그라나다(Nueva Granada): 원문은 '신가랍나대(新加拉那大)'로, 신액나타(新額那他), 신격림납달(新格林納達)이라고도 한다. 지금의 콜롬비아의 전신이다.

4 카라카스(Caracas): 원문은 '가랍가(加拉架)'로, 가랍갑(加拉甲), 가랍가사(加拉加斯)라고도 한다. 지금의 베네수엘라의 수도로, 베네수엘라의 원주민인 카라카스족의 추장 카시쿠 과이카이푸로와 그의 부족 카라카스족을 기념하기 위해 베네수엘라 독립이후 도시의 이름을 카라카스로 부르게 되었다.

5 키토(Quito): 원문은 '기다(基多)'로, 지금의 에콰도르의 수도이다.

6 시몬 볼리바르(Simón Bolívar): 원문은 '파리와이(波里瓦爾)'이다. 볼리바르(1783~1830)는 산 마르틴과 함께 무장투장을 통해 라틴 아메리카의 해방을 주도한 인물이다.

지 못하자 마침내 자립하여 콜롬비아를 건국했다. 도광 11년(1831)에 예전의 세 왕국은 누에바 그라나다, 에콰도르(Ecuador),[7] 베네수엘라(Venezuela)[8] 세 개의 나라로 분리되었으며, 각 지역은 따로 수장을 두어 다스리면서 서로 간섭하지 않았다. 인구는 많지 않고, 그 중의 반은 스페인에서 온 이주민이다. 사람들이 게으르고 도박을 좋아해서 집과 밭을 탕진해도 후회하지 않는다. 남녀 모두 흰 옷을 입으며 부부사이가 아주 돈독하다. 아녀자들은 다른 사람에게 자신의 얼굴을 내보이려 하지 않았으며, 누가 훔쳐보기라도 하면 칼을 들고 원수 대하듯 한다. 원주민들은 따로 종족을 이루고 사는데, 천성적으로 사납고 음흉하다. 이 땅에서는 커피·백설탕·담배·인디고(Indigo)[9]가 나며, 산에서는 은과 구리가 난다. 네 개의 은광이 있는데, 은을 채굴해도 끝없이 나온다. 강에서는 사금·진주·보석이 난다.

누에바 그라나다는 서북쪽 강역에 위치하며 파나마지협에서부터 북아메리카와 연결되어 있고, 남북의 길이는 약 3천 리에 달하고 동서의 너비는 약 2500리에 이른다. 기후는 습하고 더우며, 북쪽 지역이 더 심하다. 땅이 비옥해서 물산이 아주 풍부하다. 이 나라는 18개 주로 구분되는데, 보고타(Bogotá)[10]는 안데스산맥의 고원 분지에 건설된 콜롬비아의 수도이자, 쿤디나마르카주(Cundinamarca)의 주도이다. 안티오키아주(Antioquia)[11]는 주도가

---

7   에콰도르(Ecuador): 원문은 '액과이다(厄瓜爾多)'로, 액과다이(厄瓜多爾)라고도 한다.

8   베네수엘라(Venezuela): 원문은 '위내서랄(委內瑞辣)'로, 위내서랍(委內瑞拉), 위니소랍(威尼穌拉)이라고도 한다.

9   인디고(Indigo): 원문은 '전병(靛餠)'으로, 쪽 물감을 말한다.

10   보고타(Bogotá): 원문은 '파가대(波哥大)'로, 파아타(巴峨他)라고도 한다.

11   안티오키아주(Antioquia): 원문은 '안적육기아(安的育基亞)'로, 안체오기아(安蒂奧基亞)라고도 한다.

메데인(Medellín)[12]이다. 네이바(Neiva)[13]는 주도 역시 [네이바로] 주의 이름과
같다. 마리퀴타(Mariquita)[14]는 주도가 혼다(Honda)[15]이다. 포파얀(Popayan)[16]과 파
스토(Pasto)[17]는 주도 역시 [포파얀과 파스토로] 주의 이름과 같다. 부에나벤
투라(Buenaventura)[18]는 주도가 이스쿠안데(Iscuandé)[19]이다. 초코(Choco)[20]는 주도
가 키브도(Quibdó)[21]이다. 파나마는 주도 역시 [파나마로] 주의 이름과 같다.
베라과스(Veraguas)[22]는 주도가 산티아고데베라과스(Santiago de Veraguas)[23]이다.
카르타헤나(Cartagena),[24] 몸폭스(Mompox),[25] 산타마르타(Santa Marta),[26] 리오아

---

12 메데인(Medellín): 원문은 '묵덕령(墨德零)'으로, 맥덕림(麥德林)이라고도 한다.

13 네이바(Neiva): 원문은 '내파(內巴)'로, 내와(內瓦)라고도 한다.

14 마리퀴타(Mariquita): 원문은 '마려제대(馬黎濟大)'로, 마리기탑(馬里基塔)이라고도 한다.

15 혼다(Honda): 원문은 '홍대(紅大)'로, 지금의 산 바르톨로메 데 혼다(San Bartolomé de Honda)이다.

16 포파얀(Popayan): 원문은 '파파언(波巴焉)'으로, 파파양(波帕揚)이라고도 한다.

17 파스토(Pasto): 원문은 '파사다(巴斯多)'로, 파사탁(帕斯托)이라고도 한다. 공식 이름은 산후안
    데파스토(San Juan de Pasto)이다.

18 부에나벤투라(Buenaventura): 원문은 '불애나온도랍(不哀那溫都拉)'으로, 포애나온도랍(布挨那
    溫都拉)이라고도 한다.

19 이스쿠안데(Iscuandé): 원문은 '의사관덕(義斯官德)'이다.

20 초코(Choco): 원문은 '설각(說各)'으로, 교과(喬科)라고도 한다.

21 키브도(Quibdó): 원문은 '기파다(基波多)'로, 기포다(基布多)라고도 한다.

22 베라과스(Veraguas): 원문은 '위랍과(委拉瓜)'로, 패랍과사(貝拉瓜斯)라고도 한다.

23 산티아고데베라과스(Santiago de Veraguas): 원문은 '삼적아가위랍과(三的亞哥委拉瓜)'이다.

24 카르타헤나(Cartagena): 원문은 '가이달일나(加爾達日那)'로, 가타의나(加他義那), 잡탑혁납(卡
    塔赫納)이라고도 한다.

25 몸폭스(Mompox): 원문은 '몽파사(蒙波士)'이다.

26 산타마르타(Santa Marta): 원문은 '삼달마이대(三達麻爾大)'로, 성마이탑(聖馬爾塔)이라고도 한다.

차(Riohacha),[27] 투바(Tuba),[28] 팜플로나(Pamplona),[29] 소코로(Socorro)[30]는 주도 역시 [카르타헤나, 몸폭스, 산타마르타, 리오아차, 투바, 팜플로나, 소코로로] 주의 이름과 같다. 카사나레(Casanare)[31]는 주도가 포레(Pore)[32]이다.

에콰도르는 누에바 그라나다 남쪽에 위치하며, 남쪽으로는 페루와 경계하고, 동쪽으로는 브라질과 인접하며, 남북의 길이와 동서의 너비는 모두 3천 리 남짓이다. 서쪽 강역에는 안데스산맥[33]이 있고, 나머지는 대부분 평야이다. 기후가 온화하고 토지가 비옥하며 무역이 활발하게 이루어지고 있다. 나라는 8개 주로 구분되는데, 피친차(Pichincha)[34]는 수도인 키토가 주도로, 산골짜기에 건설되었다. 침보라소(Chimborazo)[35]는 주도가 리오밤바(Riobamba)[36]이다. 임바부라(Imbabura)[37]는 주도가 이바라(Ibarra)[38]이다. 과야스(Guayas)[39]는 주도 역시 [과야스로] 주의 이름과 같다. 마나비(Manabi)[40]는 주도

27   리오아차(Riohacha): 원문은 '리약합랍(里約合拉)'으로, 리약합사(里約合沙), 리오아사(里奧阿查)라고도 한다.

28   투바(Tuba): 원문은 '동일(冬日)'로, 통합(通哈)이라고도 한다.

29   팜플로나(Pamplona): 원문은 '방불라나(邦不羅那)'로, 반보락납(潘普洛納)이라고도 한다.

30   소코로(Socorro): 원문은 '색각라(索各羅)'로, 색과라(索科羅)라고도 한다.

31   카사나레(Casanare): 원문은 '가살나륵(加薩那勒)'으로, 잡살납뢰(卡薩納雷)라고도 한다.

32   포레(Pore): 원문은 '파륵(波勒)'으로, 파뢰(波雷)라고도 한다.

33   안데스산맥: 원문은 '연산(連山)'이다.

34   피친차(Pichincha): 원문은 '비진사(比晉乍)'로, 피흠사(皮欽査)라고도 한다.

35   침보라소(Chimborazo): 원문은 '정파랍색(井波拉索)'으로, 흠박랍색(欽博拉索)이라고도 한다.

36   리오밤바(Riobamba): 원문은 '약리방파(約里邦巴)'로, 리오반파(里奧班巴)라고도 한다.

37   임바부라(Imbabura): 원문은 '영아불랍(英亞不拉)'으로, 인파포랍(因巴布拉)이라고도 한다.

38   이바라(Ibarra): 원문은 '의파랍(義巴拉)'이다.

39   과야스(Guayas): 원문은 '과아기이(瓜亞基爾)'이다.

40   마나비(Manabi): 원문은 '마나비(馬那比)'로, 마납비(馬納比)라고도 한다.

가 포르토비에호(Portoviejo)⁴¹이다. 쿠엥카(Cuenca),⁴² 로하(Loja),⁴³ 하엔(Jaen)⁴⁴은 주도 역시 [쿠엥카, 로하, 하엔으로] 주의 이름과 같다.

베네수엘라는 누에바 그라나다와 에콰도르의 동쪽에 위치하고, 남쪽으로는 브라질과 경계하며, 남북의 길이는 약 3500리이고, 동서의 너비는 2500리이다. 큰 강이 나라 가운데를 가로 걸쳐 흐르며, 강의 북쪽은 평원이 많고 아주 뜨거운데 반해, 강의 남쪽은 산이 많고 기후가 따뜻해 사람이 살기에 좋다. 토지가 비옥해 물산이 풍부하다. 나라는 모두 12개 주로 구분되며, 카라카스는 이 나라의 수도로 산골짜기에 건설되었으며, 수도지구(Distrito Capital)⁴⁵의 주도이기도 하다. 카라보보(Carabobo)⁴⁶는 주도가 발렌시아(Valencia)⁴⁷이다. 마라카이보(Maracaibo),⁴⁸ 코로(Coro),⁴⁹ 트루히요(Trujillo),⁵⁰ 메리다(Merida),⁵¹ 바리나스(Barinas)⁵²는 주도 역시 [마라카이보, 코로, 트루히요,

---

41　포르토비에호(Portoviejo): 원문은 '파이다유야약(波爾多維也若)'이다.

42　쿠엥카(Cuenca): 원문은 '관가(官加)'로, 곤잡(昆卡)이라고도 한다.

43　로하(Loja): 원문은 '라사(羅沙)'로, 락합(洛哈)이라고도 한다.

44　하엔(Jaen): 원문은 '왜음(倭音)'으로, 유음(稜音), 합은(哈恩)이라고도 한다. 지금의 페루에 위치한다.

45　수도 지구(Distrito Capital): 베네수엘라의 수도 카라카스를 관할하는 지역으로, 주도는 카라카스이다.

46　카라보보(Carabobo): 원문은 '가랍파파(加拉波波)'로, 잡랍옥옥(卡拉沃沃)이라고도 한다.

47　발렌시아(Valencia): 원문은 '와릉서아(瓦棱西亞)'이다.

48　마라카이보(Maracaibo): 원문은 '마랍해파(馬拉該波)'로, 마랍개파(馬拉開波)라고도 한다.

49　코로(Coro): 원문은 '가라(哥羅)'로, 과라(科羅)라고도 한다. 공식명칭은 산타아나데코로(Santa Ana de Coro)이다.

50　트루히요(Trujillo): 원문은 '도로시라(都廬詩羅)'로, 특로희략(特魯希略)이라고도 한다.

51　메리다(Merida): 원문은 '미려달(美黎達)'로, 매리달(梅里達)이라고도 한다.

52　바리나스(Barinas): 원문은 '와려나(瓦黎那)'로, 파리납사(巴里納斯)라고도 한다.

메리다, 바리나스로] 주의 이름과 같다. 아푸레(Apure)[53]는 주도가 아차과스(Achaguas)[54]이다. 가이아나(Guyana)[55]는 주도가 앙고스투라(Angostura)[56]이다. 쿠마나(Cumana),[57] 바르셀로나(Barcelona)[58]는 주도 역시 [쿠마나, 바르셀로나로] 주의 이름과 같다. 마르가리타섬(Isla de Margarita)[59]은 주도가 라아순시온(La Asunción)[60]이다.

페루(Peru)[61] 일명 비로(庀路), 패로(孛路), 백로(佰路), 배로(北盧)라고도 한다. 는 남아메리카의 이름난 나라이다. 과거에는 볼리비아(Bolivia)[62]와 한 나라였으나, 지금은 분리되어 있다. 북쪽으로는 콜롬비아와, 동쪽으로는 브라질과, 남쪽으로는 볼리비아와 경계하고, 서쪽으로는 태평양에 이르며, 남북의 길이는 약 5300리이고, 동서의 너비는 약 2600여 리이다. 안데스산맥이 서북쪽에서 뻗어 와서 이 나라의 서쪽을 띠처럼 둘러싸고 있다. 안데스산맥의

---

53 아푸레(Apure): 원문은 '아불륵(亞不勒)'으로, 아보뢰(阿普雷)라고도 한다.

54 아차과스(Achaguas): 원문은 '아사과(亞沙瓜)'로, 지금의 아푸레 서쪽에 위치한다.

55 가이아나(Guyana): 원문은 '과아나(瓜牙那)'이다.

56 앙고스투라(Angostura): 원문은 '앙가사도랍(昂哥斯都拉)'으로, 안과사도랍(安戈斯圖拉)이라고도 한다.

57 쿠마나(Cumana): 원문은 '고마나(古麻那)'로, 고마납(庫馬納)이라고도 한다.

58 바르셀로나(Barcelona): 원문은 '파이새라(巴爾塞羅)'로, 파새라나(巴塞羅那)라고도 한다.

59 마르가리타섬(Isla de Margarita): 원문은 '마이가려대(馬爾加黎大)'로, 마가리탑도(馬加里塔島)라고도 한다. 지금의 누에바에스파르타주(Estado Nueva Esparta)로, 누에바에스파르타라는 이름은 베네수엘라 독립 전쟁 당시에 주민들의 영웅적인 행동이 고대 그리스의 도시국가인 스파르타의 병사들을 연상시킨 데서 붙여진 것이다.

60 라아순시온(La Asunción): 원문은 '아송상(亞松桑)'으로, 아손웅(阿孫雄)이라고도 한다.

61 페루(Peru): 원문은 '비로(秘魯)'로, 비로(比魯), 백로(伯路), 배로(北路)라고도 한다.

62 볼리비아(Bolivia): 원문은 '파리비아(玻利非亞)'로, 파리위국(破利威國), 파리유아(玻利維亞)라고도 한다.

서쪽은 모래흙이 바다에 가라앉아 있어 척박하고 풀이 자라지 않는다. 반면에 산의 동쪽은 들쭉날쭉 뻗은 산봉우리를 개척해 평원으로 만들어, 간혹 평지보다 1백여 길이나 높은 곳도 있다. 그래서 산 아래는 찌는 듯이 덥고, 산봉우리에는 항상 얼음과 눈이 쌓여 있다. 그 사이에 있는 옥토에서는 야채와 곡식이 모두 잘 자란다. 이 땅에서 금은이 나는 관계로 온 나라가 광산을 개발해서 먹고살고 농사일은 내팽개쳐 항상 기근으로 고생한다. 이 땅은 예로부터 원주민들이 나라를 세워 생활했으며, 풍속은 멕시코, 콜롬비아와 비슷하다. 스페인은 콜롬비아를 차지하고 나서 페루에 은광이 특히 많다는 말을 듣고 가정(嘉靖)[63] 3년(1524)에 프란시스코 피사로 곤살레스(Francisco Pizarro González)[64]와 디에고 데 알마그로(Diego de Almagro)[65] 등에게 명해 군대를 데리고 깊숙이 진입케 했다. 군사들 중에 일부는 바위가 층층이 쌓인 절벽 아래로 떨어져 죽기도 하고 일부는 길을 잃고 굶어죽기도 했지만, 큰 수익만을 생각하며 한사코 그만두려 하지 않았다. 얼마 뒤에 페루의 수도에 도착했는데, 왕이 전투를 몰라 그저 포화에 떨며 달아나 숨어 싸우려 하지 않았기 때문에 나라는 결국 스페인의 차지가 되었다. 스페인 사람들이 떼로 몰려와 광산을 개발하면서 인구가 날로 늘어나자 총독을 두어 진수했으며 매년 금은을 거둬들여 왕실세수가 늘어났는데, 멕시코에서보다 더 많이 거둬들였다. 가경 13년(1808)에 스페인이 프랑스의 공

---

63 가정(嘉靖): 명나라 제11대 황제 세종 주후총(朱厚熜)의 연호(1522~1566)이다.

64 프란시스코 피사로 곤살레스(Francisco Pizarro González): 원문은 '비살라(比薩羅)이다. 피사로 (1471? 1476?~1541)는 잉카 제국을 정복했으며, 지금의 페루 수도인 리마를 건설했다.

65 디에고 데 알마그로(Diego de Almagro): 원문은 '아이마가라(亞爾馬哥羅)'이다. 알마그로 (1475?~1538)는 친구 피사로와 함께 페루 정복에 주도적인 역할을 한 것으로 알려져 있다.

격을 받아 혼란에 빠지자 속지의 대부분에서 반란이 일어났다. 페루 역시 반란을 일으키려 했지만, 스페인의 많은 군사를 두려워하며 이러지도 저러지도 못했다. 도광 원년(1820)에 칠레의 군사들과 힘을 합쳐 마침내 스페인 총독을 몰아내고 자립하여 나라를 세웠다. 국왕을 세우지 않고 국민들이 스스로 장관을 세워 정사를 다스리게 했다. 사람들은 모두 스페인의 후예로 멀리서 온 손님들을 잘 접대하고 너그러우며 예의도 밝았지만, 노동을 꺼리고 안일함에 빠져 도박을 일삼았으며, 풍속은 콜롬비아와 비슷하다. 무역 등의 일은 모두 타국에 부탁해 처리한다. 원주민들은 스페인의 제재를 받는 통에 먹고 살기가 힘들다. 술을 잘 빚어 종일토록 술에 취해 있다. 이 땅에서는 금은 이외에 구리·납·수은·후추·사탕수수·면화·약재·생고무·안료·향료가 난다. 이 땅은 모두 7개 주로 구분되는데, 리마(Lima)[66]는 주의 이름인 동시에 이 나라의 수도로 리막(Rio Rímac)[67] 강변에 건설되었다. 아레키파(Arequipa),[68] 푸노(Puno),[69] 쿠스코(Cuzco)[70]는 주도 역시 [아레키파, 푸노, 쿠스코로] 주의 이름과 같다. 아야쿠초(Ayacucho)[71]는 주도가 우아망가

---

66   리마(Lima): 원문은 '리마(利馬)'로, 리마성(里馬城)이라고도 한다.

67   리막강(Rio Rímac): 원문은 '리마하(利馬河)'로, 리마각하(利馬各河), 리마극하(利馬克河)라고도 한다.

68   아레키파(Arequipa): 원문은 '아륵기파(阿勒基巴)'로, 아뢰기파(阿雷基帕)라고도 한다.

69   푸노(Puno): 원문은 '불낙(不諾)'으로, 보낙(普諾)이라고도 한다.

70   쿠스코(Cuzco): 원문은 '고사각(古斯各)'으로, 고사과(庫斯科)라고도 한다.

71   아야쿠초(Ayacucho): 원문은 '아아고설(阿牙古說)'로, 아아고교(阿牙庫喬)라고도 한다.

(Huamanga)[72]이다. 후닌(Junin)[73]은 주도가 우아누코(Huánuco)[74]이다. 라리베르타
드(La Libertad)[75]는 주도가 트루히요이다.

볼리비아 일명 마리위나(摩里威那), 파리유아(波里維亞)라고도 한다. 는 어퍼페루
(Upper Peru)[76]라고도 하며, 페루의 동남쪽에 위치한다. 동북쪽으로는 브라질
과, 동남쪽 모서리는 파라과이(Paraguay)[77]와, 남쪽으로는 라플라타(La Plata)[78]
와, 서남쪽 모서리는 칠레와 경계하고, 서쪽으로는 태평양에 이르며, 남북
의 길이와 동서의 너비는 모두 약 3천 리에 이른다. 안데스산맥이 서쪽 경
내까지 뻗어 오다가 줄기가 갈라져 동쪽 경내로 들어간다. 서쪽 경내는 화
염이 꺼지지 않는 반면, 동쪽 경내는 가파른 절벽이 하늘을 찌르고 있고 늘
얼음과 눈이 쌓여 있다. 서쪽은 토지가 척박하고 동쪽은 비옥하며, 기후와
풍속, 물산은 페루와 비슷하다. 볼리비아는 과거에는 페루와 하나의 나라
로, 민간에서는 어퍼페루라고 불렀고 페루는 로어페루(Lower Peru)[79]라고 불
렀다. 도광 5년(1825)에 따로 볼리비아를 건국하고 자체적으로 장관을 뽑아
나라를 다스리면서 국왕을 세우지 않았다. 나라는 6개 주로 구분되는데,

---

72   우아망가(Huamanga): 원문은 '과망가(瓜忙加)'이다.

73   후닌(Junin): 원문은 '입응(入凝)'으로, 입녕(入寧), 호녕(胡寧)이라고도 한다.

74   우아누코(Huánuco): 원문은 '화노가(華奴哥)'로, 와노과(瓦奴科)라고도 한다.

75   라리베르타드(La Libertad): 원문은 '리비이달(利卑爾達)'이다.

76   어퍼페루(Upper Peru): 원문은 '고비로(高秘魯)'이다.

77   파라과이(Paraguay): 원문은 '파랍규(巴拉圭)'로, 파랍괴국(巴拉乖國)이라고도 한다.

78   라플라타(La Plata): 원문은 '랍파랍타(拉巴拉他)'로, 나패랍달(那孛臘達), 패랍달(孛臘達), 랍보
      랍탑(拉普拉塔), 파랍대하합중국(巴拉大河合衆國)이라고도 한다. 지금의 아르헨티나(Argentina)
      이다.

79   로어페루(Lower Peru): 원문은 '하비로(下秘魯)'이다.

추키사카(Chuquisaca)[80]는 이 나라의 수도로 평원에 건설되었으며, 차르카스 (Charcas)[81]라고도 불린다. 라파스(La Paz)[82]는 주도가 라파스 데 아야쿠초(La Paz de Ayacucho)[83]이다. 오루로(Oruro),[84] 포토시(Potosi),[85] 코차밤바(Cochabamba),[86] 산 타크루즈(Santa Cruz)[87]는 주도가 [오루로, 포토시, 코차밤바, 산타크루즈로] 주의 이름과 같다. 포토시는 은광이 가장 많아, 스페인 사람들이 처음 은광 을 개발해서 지금에 이르기까지 은 7만 2천만 냥 남짓을 거둬들였다.

살펴보건대 패로(孛露) **페루이다.** 는 남아메리카의 이름난 나라로 서양인들의 기록에 따르면 일찍부터 부유함으로 명성이 났는데, 바로 '금광' 때문이다. 이 나라 사람들은 땅 에 보물이 있어서 농사는 지을 가치도 없다고 여겼기 때문에 땅은 잡초더미가 되고 금을 끌어안은 채 굶주려 우는 상황이 되었다. 미국은 곡식과 면화를 생산하는데도 부유하기 로 이름나 있는 반면, 페루는 금과 은이 나지만 가난하다고 알려져 있다. '금과 옥은 보물 이 아니고 농작물이 보배이다.'라는 옛 가르침이 확연히 드러나거늘, 변방이라 한들 어찌 다를 수 있겠는가?

---

80 추키사카(Chuquisaca): 원문은 '주기살가(朱基薩加)'로, 가갑성(加甲城), 구기살잡(丘基薩卡)이라 고도 한다.

81 차르카스(Charcas): 원문은 '사이가사(乍爾加斯)'이다.

82 라파스(La Paz): 원문은 '파사(巴斯)'이다.

83 라파스 데 아야쿠초(La Paz de Ayacucho): 원문은 '파사달아고숙(巴斯達牙古叔)'으로, 아아고교 화평성(阿亞庫喬和平城)이라고도 한다. 후에 이름을 줄여 라파스라고 했는데, 지금의 볼리 비아 행정수도이다.

84 오루로(Oruro): 원문은 '아로라(痾魯羅)'로, 오로라(奧魯羅)라고도 한다.

85 포토시(Potosi): 원문은 '파다서(波多西)'로, 파탁서(波托西)라고도 한다.

86 코차밤바(Cochabamba): 원문은 '가사방파(哥沙邦巴)'로, 과흡반파(科恰班巴)라고도 한다.

87 산타크루즈(Santa Cruz): 원문은 '삼달고로사(三達古盧斯)'로, 성극로사(聖克魯斯)라고도 한다.

칠레[智利] 일명 제리(濟利), 치리(治里)라고도 한다. 는 볼리비아의 서남쪽에 위치하고, 동쪽으로는 안데스산맥을 끼고 라플라타와 인접해 있으며, 서쪽으로는 태평양에 이르고, 동남쪽으로는 파타고니아(Patagonia)[88]와 인접해 있으며, 지형이 띠처럼 좁고 길며 남북의 길이는 약 4500리이고, 동서의 너비는 약 4백여 리 정도 된다. 동쪽은 고산준령이 구름을 가르고 있고, 고지대는 항상 눈과 얼음이 쌓여 있다. 화산이 몇 군데 있는데, 지진이 자주 발생해 해안가 위아래는 지형이 수시로 바뀐다. 이곳 산에는 금광·은광·구리광산이 있는데, 매년 은 80여만 냥어치를 거둬들인다. 황금의 경우는 은 50여만 냥어치가 생산되며, 홍동(紅銅)은 더욱 많이 난다. 안데스산맥 서쪽 연해일대는 토지가 비옥해 오곡백과와 채소가 모두 잘 된다. 사람들은 광산을 개발해 먹고 사는 이가 많지만 농사일도 중요하게 여기기 때문에 일찍부터 부유하기로 이름났는데, 이는 본업을 내팽개치고 지엽을 쫓는 페루와는 다르다. 처음에 스페인이 페루를 차지하고 난 뒤 가정 15년(1536)에 알마그로 등에게 명해 칠레를 치게 했으나, 원주민들이 항전하며 항복하려 하지 않았다. 4년 뒤에 다시 페드로 데 발디비아(Pedro de Valdivia)[89]에게 명해 침공하게 했으나 소득이 거의 없었다. 가정 30년(1551)에 발디비아가 아라우카니안(Araucanian)[90]에게 피살되자 스페인은 관할지를 페루에게 돌려주

---

88 파타고니아(Patagonia): 원문은 '파타아나(巴他峨拿)'로, 파달과니아(巴達科尼亞), 파탑가니아(巴塔哥尼亞)라고도 한다.

89 페드로 데 발디비아(Pedro de Valdivia): 원문은 '와이적유아(瓦爾的維亞)'로, 파이적유아(巴爾迪維亞)라고도 한다. 발디비아는 스페인 사람으로 칠레를 정복했으며, 스페인령 칠레의 초대 총독(재임 1540~1547)과 제3대 총독(재임 1549~1553)을 지냈다.

90 아라우카니안(Araucanian): 원문은 '아로간(阿老干)'으로, 아랍오아나(亞拉烏亞那), 아로잡니아(阿勞卡尼亞)라고도 한다. 이들은 바로 마푸체(Mapuche)로, 현재의 남아메리카 칠레 중남부

었다. 아라우카니안은 칠레의 한 부족으로 가장 강한 원주민이다. 건륭 38년(1773)에 이르러서야 스페인이 비로소 칠레를 멸망시키고 전역을 차지했지만, 아라우카니아 한 주만은 끝내 항복하지 않았다. 칠레는 페루의 주들에 비교가 되지 않을 정도로 면적은 협소하지만, 토지가 비옥해 광물이 많이 났는데, 스페인만이 이런 칠레를 소중하게 여겼다. 가경 15년(1810)에 스페인이 프랑스의 공격을 받아 혼란에 빠지자 아메리카의 속지 대부분에서 반란이 일어났으며, 칠레 역시 국경을 봉쇄하며 자립했다. 후에 스페인이 대군을 이끌고 칠레를 정벌하자 전쟁에서 패한 칠레는 라플라타에게 도움을 청했다. 라플라타가 원병을 보내 칠레를 도와주자 스페인이 그제야 물러났다. 사람들은 온화하고 손님 접대를 좋아하며, 여자들은 용모가 빼어나고 음악에 뛰어나다. 이 땅은 모두 8개 주로 구분된다. 산티아고(Santiago)[91]는 이 나라의 수도로, 토포칼마강(Rio Topocalma)[92] 기슭의 삼림에 건설되었으며, 산티아고 수도주(Región Metropolitana de Santiago)의 주도이기도 하다. 아콩카과(Aconcagua)[93]는 주도가 산펠리페(San Felipe)[94]이다. 코킴보

와 아르헨티나의 파타고니아 지방에 걸쳐 살고 있는 아메리카 대륙의 원주민이다. 이들은 스페인의 콩키스타도르에 의해 아라우카니안이라고 불렸다.

91 산티아고(Santiago): 원문은 '산지아아(散地牙峨)'로, 산저아아(山底阿俄), 삼적아아(三的亞俄), 산지아아(散地亞俄), 성지아가(聖地亞哥)라고도 한다.

92 토포칼마강(Rio Topocalma): 원문은 '다파가이마하(多波加爾馬河)'로, 마파교하(馬波喬河)라고도 한다. 바로 마포초강(Rio Mapocho)을 가리킨다.

93 아콩카과(Aconcagua): 원문은 '아공가과(阿公加瓜)'로, 아군가위(亞君加危), 아공가과(阿空加瓜)라고도 한다. 1826년부터 1976년까지 존재했던 칠레의 주이름이다.

94 산펠리페(San Felipe): 원문은 '상비리비(桑菲里卑)'로, 성비력포(聖菲力脯)라고도 한다.

(Coquimbo)[95]는 주도가 [코킴보로] 주의 이름과 같다. 콜차과(Colchagua)[96]는 주도가 쿠리코(Curicó)[97]이다. 마울레(Maule)[98]는 주도가 카우케네스(Cauquenes)[99]이다. 콘셉시온(Concepción)[100]과 발디비아(Valdivia)[101]는 주도가 [콘셉시온, 발디비아로] 주의 이름과 같다. 칠로에(Chiloe)[102]는 주도가 산카롤로스(San Carlos)[103]이다.

살펴보건대 지금 서양 여러 나라에서 유통되는 번은(番銀) 중에 순도가 높은 것은 유럽과 인도에서 주조한 것이다. 통상적으로 유통되는 번은은 멕시코, 페루, 볼리비아, 칠레산 네 종류로 나뉘는데, 광동 사람들은 순도의 높고 낮음을 분별할 수 있지만, 복건 사람들은 분별하지 못하면서 그저 스페인 번은 또는 프로이센[104] 번은이라고 한다.

라플라타[拉巴拉他] 패랍달(孛臘達), 파랍대하(巴拉大河), 유내적박랍문사사(由乃的

---

95 코킴보(Coquimbo): 원문은 '가고영파(哥固英波)'로, 귀음파(貴音破), 과김박(科金博)이라고도 한다.

96 콜차과(Colchagua): 원문은 '가이사과(哥爾乍瓜)'로, 곡가위(谷加危), 과이사과(科爾查瓜)라고도 한다.

97 쿠리코(Curicó): 원문은 '고려각(古黎各)'이다.

98 마울레(Maule): 원문은 '묘륵(卯勒)'으로, 모리(毛利)라고도 한다.

99 카우케네스(Cauquenes): 원문은 '고급니사(高給尼斯)'로, 고극내사(考克內斯)라고도 한다.

100 콘셉시온(Concepción): 원문은 '공새상(公塞桑)'으로, 강새보서옹(康塞普西翁)이라고도 한다.

101 발디비아(Valdivia): 원문은 '와이적유아(瓦爾的維亞)'로, 와이적유아(瓦爾迪維亞)라고도 한다. 칠레의 정복자인 페드로 데 발디비아의 이름에서 유래되었다.

102 칠로에(Chiloe): 원문은 '제로애(濟盧埃)'로, 기락애(奇洛埃)라고도 한다.

103 산카롤로스(San Carlos): 원문은 '상가이로사(桑加爾盧斯)'로, 성잡락사(聖卡洛斯)라고도 한다.

104 프로이센: 원문은 '응자(鷹仔)'로, 깃발에 매가 그려진데서 이렇게 부른 것으로 추정된다.

樸拉文士士)라고도 한다. 는 칠레의 동쪽에 위치하는데, 안데스산맥을 사이에 두고 있으며, 북쪽으로는 볼리비아를, 동쪽으로는 우루과이(Uruguay)[105]와 파라과이를, 서남쪽으로는 파타고니아를 경계로 하고, 동남쪽으로는 대서양에 이르며, 남북의 길이는 약 4500리이고, 동서의 너비는 약 3천 리이다. 경내에 흐르는 큰 강은 라플라타강으로 강 이름이 나라 이름과 같다. 필코마요강(Río Pilcomayo)[106]과 베르메호강(Río Bermejo)[107]은 모두 라플라타강에서 합류해 동남쪽을 거쳐 대서양으로 들어가는데, 해구의 너비가 90리에 달한다. 서북쪽은 산봉우리가 있지만, 나머지 지역은 지세가 모두 숫돌처럼 평평하다. 과거에는 본래 야만족이 살고 있는 부락이었는데, 명나라 정덕 4년(1509)에 스페인에서 후안 디아스 데 솔리스(Juan Díaz de Solís)[108]를 보내 이 나라를 쳐서 차지하고는 총독을 두어 진수했다. 이 땅은 끝없는 잡초에 가시덤불과 정글이 뒤섞여 있다. 스페인 사람들이 처음 이 땅에 와서 암소와 황소 수십 마리를 들판에 풀어놓았는데, 시간이 흐르면서 번식해 몇 천억 마리인지 모를 정도로 그 수가 불어났다. 사방에 온통 들소이며 인구는 70만 명이다. 농사짓는 사람은 드물고 그저 소 잡는 일을 해서 먹고 살았는데, 소고기는 먹고 소가죽은 깔고 자며, 소뼈로는 그릇을 만들었다. 이 땅에도 말이 있는데, 말을 타고 초원을 달리며 소를 몰고 다녔다. 해구에서는

---

105 우루과이(Uruguay): 원문은 '오랍괴(烏拉乖)'로, 오로위(烏路危), 오랍규(烏拉圭)라고도 한다.

106 필코마요강(Río Pilcomayo): 원문은 '배리가마약하(北里可馬若河)'로, 피과마약하(皮科馬約河)라고도 한다.

107 베르메호강(Río Bermejo): 원문은 '백묵약하(佰默若河)'로, 패이매곽하(貝爾梅霍河)라고도 한다.

108 후안 디아스 데 솔리스(Juan Díaz de Solís): 원문은 '색리사(索利斯)'이다. 솔리스(1470~1516)는 포르투갈의 탐험가로, 라플라타강과 아르헨티나를 발견한 최초의 유럽인이다.

통상이 활발해, 수입과 수출로 매년 수 천 만원의 이익을 올리는데 모두 소
가죽으로 무역한다. 가경 13년(1808)에 사람들이 스페인 관리를 몰아내고
자립해서 나라를 세우고 미국을 본받아 대통령을 뽑고는 남아메리카합중
국[109]이라 칭했다. 그러나 법제도 세우지 않고, 규모도 별 볼일 없어 끝내 미
개한 오랑캐 나라에 지나지 않을 따름이었다. 이 나라는 모두 14개의 주로
구분된다. 부에노스아이레스(Buenos Aires)[110] 포낙애륵(捕諾愛勒)이라고도 한다. 는
이 나라의 수도로, 라플라타강(Río de la Plata)[111] 강변에 건설되었으며, 부에노
스아이레스 연방특별구의 주도이기도 하다. 엔트레리오스(Entre Ríos)[112]는 주
도가 파라나(Paraná)[113]이다. 코리엔테스(Corrientes),[114] 산타페(Santa Fe),[115] 코르도
바(Córdoba),[116] 산티아고델에스테로(Santiago del Estero),[117] 투쿠만(Tucumán),[118] 살타

---

109 남아메리카합중국: 원문은 '겸섭아묵리가국(兼攝亞墨利加國)'이다. 라플라타 합중국으로,
지금의 아르헨티나에 해당한다.

110 부에노스아이레스(Buenos Aires): 원문은 '불의낙새리(不宜諾塞利)'로, 포의낙새리(布宜諾塞利),
선애륵읍(善愛勒邑), 포의낙사애리사(布宜諾斯艾利斯)라고도 한다.

111 라플라타강(Río de la Plata): 원문은 '파랍대하(巴拉大河)'로, 랍보랍탑하(拉普拉塔河)라고도
한다.

112 엔트레리오스(Entre Ríos): 원문은 '음덕륵리약사(音德勒里約斯)'로, 은특뢰리오사(恩特雷里奧
斯)라고도 한다.

113 파라나(Paraná): 원문은 '파사대(巴沙大)'로, 파랍나(巴拉那)라고도 한다.

114 코리엔테스(Corrientes): 원문은 '가련덕(哥連德)'으로, 과련특사(科連特斯)라고도 한다.

115 산타페(Santa Fe): 원문은 '삼달비(三達非)'로, 성비(聖非)라고도 한다.

116 코르도바(Córdoba): 원문은 '가이다와(哥爾多瓦)'로, 과이다와(科爾多瓦)라고도 한다.

117 산티아고델에스테로(Santiago del Estero): 원문은 '삼적아가니사덕라(三的牙哥尼斯德羅)'이다.

118 투쿠만(Tucumán): 원문은 '도고만(都古曼)'으로, 도고만(圖庫曼)이라고도 한다.

(Salta),[119] 네우켄(Neuquén),[120] 카타마르카(Catamarca),[121] 라리오하(La Rioja),[122] 산후안(San Juan),[123] 산루이스(San Luis),[124] 멘도사(Mendoza)[125]는 주도가 [코리엔테스, 산타페, 코르도바, 산티아고델에스테로, 투쿠만, 살타, 네우켄, 카타마르카, 라리오하, 산후안, 산루이스, 멘도사로] 주의 이름과 같다.

파라과이[巴拉圭] 파랍괴(巴拉乖), 파랍오애(巴拉吾愛)라고도 한다. 는 남아메리카의 작은 나라이다. 브라질과 라플라타 사이에 위치하고 남북의 길이는 약 1700~1800리 정도 되며 동서의 너비는 약 8백 리에 달한다. 지형이 깎아지른 듯 험준해 내지에 평원을 넓히고, 강과 호수의 물을 끌어들여 관개하고 있어 토지가 대부분 비옥하다. 명나라 가정 5년(1526)에 이탈리아 사람 세바스티안 캐벗(Sebastian Cabot)[126]이 처음으로 이 땅을 개척했다. 9년 뒤에 스페인이 이 땅을 차지한 뒤 천주교 선교사를 보내 관할하면서 관리를 따로 두지 않았다. 건륭 32년(1767)에 천주교 선교사를 몰아낸 뒤 라플라타에 예속되었다. 라플라타가 스페인에 반란을 일으킬 때 파라과이도 자립하여

---

119 살타(Salta): 원문은 '살이달(薩爾達)'로, 살이탑(薩爾塔)이라고도 한다.

120 네우켄(Neuquén): 원문은 '여예(如銳)'로, 내오긍(內烏肯)이라고도 한다.

121 카타마르카(Catamarca): 원문은 '가달마이가(加達馬爾架)'로, 잡탑마잡(卡塔馬卡)이라고도 한다.

122 라리오하(La Rioja): 원문은 '리약왜(里約倭)'로, 리약유(里約稜), 랍리오합(拉里奧哈)이라고도 한다.

123 산후안(San Juan): 원문은 '상약한(桑若漢)'으로, 성호안(聖胡安)이라고도 한다.

124 산루이스(San Luis): 원문은 '상로의사(桑盧意斯)'로, 성로이사(聖路易斯)라고도 한다.

125 멘도사(Mendoza): 원문은 '문다살(門多薩)'이다.

126 세바스티안 캐벗(Sebastian Cabot): 원문은 '새파사덕앙가파(塞巴斯德央加波)'이다. 캐벗(1476?~1557)은 잉글랜드와 스페인 왕실의 위임을 받아 수차례 항해를 나섰으며, 1497년 영국 최초의 북아메리카 항해 때 아버지 존 캐벗을 수행했다고 한다.

나라를 세웠다. 당시 유럽 출신의 한 문인이 파라과이에 거주하고 있어서 파라과이 사람들은 그를 집정관으로 추대했다. 악랄하고 술수에도 뛰어난 그가 난폭하고 간사한 이를 벌하고 제거하자 사람들은 그를 두려워하며 따랐다. 이 나라는 비록 강역은 작지만 세력이 강해 이웃 국가에서 감히 침범하지 않는다. 이 땅은 20개의 작은 주로 구분되어 있다. 주의 이름은 자세히 알려져 있지 않다. 이 땅에서는 코치닐·사탕수수·면화·인디고·담배·꿀·대황(大黃)·혈갈(血竭)[127]·계피가 난다. 또한 파라과이에서 나는 토차(土茶)는 마시면 사람을 취하게 할 수 있다.

우루과이는 파라과이의 남쪽에 위치하며, 동쪽으로는 브라질과 경계하고, 남쪽으로는 대서양에 이르며, 서쪽과 북쪽 양쪽으로는 라플라타와 경계하고, 남북의 길이는 1250리이고, 동서의 너비는 1300리이다. 남쪽은 산과 구릉이 구불구불 이어져 있고, 북쪽은 평원이 드넓게 펼쳐져 있으며, 네그로강(Río Negro),[128] 세볼라티강(Río Cebollati),[129] 라플라타강, 우루과이강(Río Uruguay)[130] 등이 서로 관통해 흐르고 있어 토지가 비옥하고 물산이 아주 풍부하다. 과거에는 본래 라플라타의 영토였으나, 후에 브라질의 차지가 되면서 시스플라티나(Cisplatina)[131]라 불렸다. 도광 6년(1826)에 사람들이 브라질

---

127   혈갈(血竭): 덩굴식물인 기린수(麒麟樹)의 열매와 줄기에서 채취한 수지로 색이 붉다. 악성 종기나 어혈을 풀어주는데 사용하는 약재이다.

128   네그로강(Río Negro): 원문은 '내가라하(內哥羅河)'로, 내격라하(內格羅河)라고도 한다.

129   세볼라티강(Río Cebollati): 원문은 '새파랍적하(塞波拉的河)'로, 새파랍지하(塞波拉地河), 새박랍체하(塞博拉蒂河)라고도 한다.

130   우루과이강(Río Uruguay): 원문은 '오랍괴하(烏拉乖河)'이다.

131   시스플라티나(Cisplatina): 원문은 '석사파랍적나(昔斯巴拉的那)'이다. 우루과이는 1822년 브라질이 독립하면서 브라질 제국의 일부가 되어 브라질의 시스플라티나주로 편입되었다.

에 반란을 일으켜 자립해서 국가를 세웠으며 관리를 뽑아 나라를 다스렸다. 이 땅은 9개의 주로 구분된다. 몬테비데오(Montevideo)[132]는 이 나라의 수도이다. [그 이외에] 말도나도(Maldonado),[133] 카넬로네스(Canelones),[134] 산호세(San Jose),[135] 콜로니아(Colonia),[136] 소리아노(Soriano),[137] 파이산두(Paysandu),[138] 두라스노(Durazno),[139] 세로라르고(Cerro Largo)[140]가 있다.

브라질[巴西] 일명 파실(巴悉), 백이서(伯爾西), 파랍서리(巴拉西利), 포랍열이(布拉熱爾)라고도 한다. 은 남아메리카의 대국이다. 남아메리카 대륙의 절반을 차지하고 있으며, 북쪽과 동쪽으로는 대서양에 이르고 서북쪽으로는 콜롬비아와, 서쪽으로는 페루·볼리비아와, 서남쪽으로는 파라과이·우루과이와 경계하며, 면적은 사방 약 9천 리에 이른다. 지세가 평탄하며 간간이 산봉우리가 구불구불 이어져 있지만, 그다지 높지는 않다. 강과 하천이 많으면서

1825년에 독립하면서 지금의 명칭인 우루과이로 바뀌었다.

132 몬테비데오(Montevideo): 원문은 '몽덕유파(蒙德維罷)'로, 몽득유파(蒙得維罷), 산위다(山威多), 문지위다성(文地威多城), 몽득유적아(蒙得維的亞)라고도 한다.

133 말도나도(Maldonado): 원문은 '마이다나다(馬爾多邪多)'로, 말이다납다(馬爾多納多)라고도 한다.

134 카넬로네스(Canelones): 원문은 '가내라내사(加內羅內斯)'로, 잡내락내사(卡內洛內斯)라고도 한다.

135 산호세(San Jose): 원문은 '상약새(桑若塞)'로, 성하새(聖何塞)라고도 한다.

136 콜로니아(Colonia): 원문은 '가라니아(哥羅尼亞)'로, 과락니아(科洛尼亞)라고도 한다.

137 소리아노(Soriano): 원문은 '색려아노(索黎亞奴)'로, 색리아낙(索里亞諾)이라고도 한다.

138 파이산두(Paysandu): 원문은 '백삼도(白三都)'로, 파상두(派桑杜)라고도 한다.

139 두라스노(Durazno): 원문은 '도랍각노(都拉各奴)'로, 도랍사낙(都拉斯諾)이라고도 한다.

140 세로라르고(Cerro Largo): 원문은 '새로랍이가(塞盧拉爾痀)'로, 새로랍이과(塞盧拉爾科), 새라랍이과(塞羅拉爾戈)라고도 한다.

도 긴데 가장 큰 것은 아마존강(Rio Amazonas)[141]으로, 서쪽에서 동쪽으로 흐르며 해구가 바다처럼 넓다. 상프란시스쿠강(Rio São Francisco)[142]은 남쪽에서 북쪽으로 흐른다. 우루과이강[143]은 북쪽에서 남쪽으로 흐른다. 두 강은 아마존강에 버금갈 정도로 크며 모두 대서양으로 유입된다. 그 나머지 작은 강들도 수를 셀 수 없을 만큼 많다.

명나라 홍치 13년(1500)에 포르투갈인 페드루 알바르스 카브랄(Pedro Álvares Cabral)[144]이 이 땅을 발견한 뒤 토양이 비옥하고 광활한 것을 보고는 포르투갈 사람들을 이주시켜 개간했다. 후에 포르투갈이 스페인에 합병되자 브라질 역시 네덜란드의 차지가 되었으며, 50여 년 동안 그 지배하에 있었다. 포르투갈은 나라를 수복한 뒤 정예병을 이끌고 바다를 건너와 네덜란드인을 몰아내고 더욱 영토를 확장했다. 아프리카 흑인 노예를 사들여 경작하면서 사람들을 육성하고 나라를 부강하게 만든 지 2백여 년 만에 서양의 큰 나라가 되었다. 이 땅에서는 면화·백설탕·담배·커피·카카오[145] 커피와 카카오는 열매 이름으로 음료로 대용할 수 있다.·홍목·소가죽·약재가 나며, 사금·금강석·각종 보석도 난다. 땅이 비옥해 온갖 곡식이 모두 잘되지만,

---

141 아마존강(Rio Amazonas): 원문은 '아마손하(亞馬孫河)'로, 아맥송강(亞脈松江), 마랍낭하(馬拉娘河)라고도 한다.

142 상프란시스쿠강(Rio São Francisco): 원문은 '범실하(凡悉河)'로, 성불란서사과하(聖弗蘭西斯科河)라고도 한다. 지도에는 와실하(瓦悉河)로 표기되어 있다.

143 우루과이강: 원문은 '오로우애하(烏路愚愛河)'이다.

144 페드루 알바르스 카브랄(Pedro Álvares Cabral): 원문은 '백득록아이와리사(伯得祿阿爾瓦利斯)'이다. 카브랄(1468?~1520)은 포르투갈의 항해자로, 바스쿠 다가마에 이어 1500년에 왕명을 받고 인도로 항해하는 도중에 브라질을 발견하고 이곳을 포르투갈령으로 만들었다.

145 카카오: 원문은 '가가(可可)'로, 가가(葭葍)라고도 한다.

애석하게도 인구가 많지 않고 농사에 힘쓰지 않는다. 개간된 토지 20~30%를 제외하면 나머지는 잡초가 수북하고 정글이 무성하며, 기이한 짐승과 이름 모를 새, 괴이하게 생긴 벌레와 뱀이 그 사이에서 날아다니고 출몰한다. 진기한 산물이 황무지에 묻혀 있다 하더라도 스스로 드러날 방법이 없어 서양인들은 이를 몹시 안타깝게 여겼다. 가경 연간에 포르투갈 국왕이 프랑스의 왕 나폴레옹(Napoleon)[146]에게 쫓겨 브라질로 도망쳐 왔다. 포르투갈 국왕은 프랑스 군사가 퇴각하자 포르투갈로 돌아갔지만 얼마 지나지 않아 죽었다. 그의 아들 돈 페드로(Don Pedro)[147]가 브라질에 남아서 왕 노릇하면서 딸을 고국으로 보내 포르투갈을 다스리게 했다. 왕이 브라질의 풍속을 알지 못하자 브라질 사람들은 왕을 포르투갈로 돌려보내고, 세자를 왕으로 세우며 귀족들이 그를 도와 나라를 다스렸다. 이로부터 브라질은 대서양의 대국이 되어 포르투갈의 지배를 받지 않게 되었다. 브라질은 도광연간에 와서 인구가 약 4백만 명 정도 되었는데, 포르투갈인이 80만 명, 혼혈인 백인과 흑인이 결혼해서 태어난 사람 이 40만 명, 흑인이 15만 명, 흑인 노예의 후손들 중에 속량해서 평민이 된 경우이다. 흑인노예가 1백여만 명, 원주민과 타국에서 온 사람이 70여만 명이다. 포르투갈 사람들은 대부분 행락철이 되면 놀러다니면서 즐겼다. 노동은 모두 흑인들이 했는데, 그들에게 아주 잘 대해주었기 때문에 달아나는 노예가 없었다. 이 땅은 18개의 주로 구분된다. 리우데자네이루(Rio De Janeiro)[148] 일명 아닉라(牙匿羅)라고도 한다. 는 이

---

146 나폴레옹(Napoleon): 원문은 '나파륜(拿破侖)'으로, 나파리임(那波利稔)이라고도 한다.

147 돈 페드로(Don Pedro): 원문은 '백덕록(伯德祿)'으로, 패덕라(佩德羅)라고도 한다.

148 리우데자네이루(Rio De Janeiro): 원문은 '리약열내로(里約熱內盧)'로, 아니라도(牙尼羅都), 서위라부(西危羅部)라고도 한다.

나라의 수도로 해변에 건설되었으며, 리우데자네이루 특별구의 주도이기도 하다. 왕궁이 웅장하고 화려하며, 시가지가 빙 둘러 있고 만물이 넘쳐난다. 학교와 병원이 모두 갖추어져 있고 인구는 150만 명이며, 상선이 개미처럼 몰려들어 이 나라 최대의 부두가 되었다. 해구가 넓고 경치가 상당히 아름다워서 상인과 여행객들은 유토피아라며 부러워한다. 상파울루(Sao Paulo)[149]는 주도가 [상파울루로] 주의 이름과 같다. 산타카타리나(Santa Catarina)[150]는 주도가 데스테루(Desterro)[151]이다. 파라나(Paraná)[152]는 주도가 폰타그로사(Ponta Grossa)[153]이다. 마투그로수(Mato Grosso),[154] 고이아스(Goyaz)[155]는 주도가 [마투그로수, 고이아스로] 주의 이름과 같다. 미나스제라이스(Minas Gerais)[156]는 주도가 오루프레투(Ouro Preto)[157]이다. 이스피리투산투(Espirito

---

149 상파울루(Sao Paulo): 원문은 '승보로(勝寶盧)'로, 성보로(聖寶盧), 성보라(聖保羅)라고도 한다.

150 산타카타리나(Santa Catarina): 원문은 '삼달가달리납(三達加達里納)'으로, 성잡탑리나(聖卡塔利娜), 성잡탑림납(聖卡塔林納)이라고도 한다.

151 데스테루(Desterro): 원문은 '덕사덕라(德斯德羅)'로, 지금의 플로리아노폴리스(Florianópolis)이다. 플로리아노폴리스는 1542년 스페인 사람들이 처음 개척했으나, 1675년 포르투갈인이 이 땅을 차지하면서 1700년에 데스테루를 세웠다. 후에 브라질 대통령 플로리아누 비에이라 페이쇼투(Floriano Vieira Peixoto)에게 경의를 표하기 위해 지금의 이름으로 개명했다.

152 파라나(Paraná): 원문은 '승백덕록(勝伯德祿)'으로, 파랍납(巴拉納)이라고도 한다.

153 폰타그로사(Ponta Grossa): 원문은 '백이달륵급륵(伯爾達勒給勒)'으로, 봉탑격라살(蓬塔格羅薩)이라고도 한다.

154 마투그로수(Mato Grosso): 원문은 '마적갈라색(馬的噶羅索)'으로, 마덕갈라색(馬德葛羅索), 마탁격래색(馬托格萊索)이라고도 한다.

155 고이아스(Goyaz): 원문은 '가아사(痂阿斯)'로, 과아사(科阿斯), 과아사(戈亞斯)라고도 한다.

156 미나스제라이스(Minas Gerais): 원문은 '미나일래사(迷那日來斯)'로, 미납사길랍사(米納斯吉拉斯)라고도 한다.

157 오루프레투(Ouro Preto): 원문은 '액라불뢰다팔(額羅不雷多八)'이다.

Santo)[158]는 주도가 비토리아(Vitória)[159]이다. 바이아(Bahia)[160]는 주도가 [바이아로] 주의 이름과 같으며, 역시 큰 부두로 일찍부터 부유하기로 이름났다. 사람들이 도박을 즐기는 풍속이 있어 도적들은 닥치는 대로 약탈하면서 가끔씩 야간에 살인을 저지른다. 세르지페(Sergipe)[161]는 주도가 상크리스토방(São Cristóvão)[162]이다. 알라고아스(Alagoas)[163]는 주도가 [알라고아스로] 주의 이름과 같다. 페르남부쿠(Pernambuco)[164]는 주도가 레시페(Recife)[165]로, 인구는 7만 명이며, 땅은 드넓고 평평하며 풀이 무성하고 잡목이 우거져 있다. 사람들은 말을 타고 들소를 잡아 생활하는데, 라플라타와 풍속이 비슷하다. 파라이바(Paraiba)[166]는 주도가 [파라이바로] 주의 이름과 같다. 히우그란지두

---

158 이스피리투산투(Espirito Santo): 원문은 '사불려다삼다(斯不黎多三多)'로, 성애사피리도(聖埃斯皮里圖)라고도 한다.

159 비토리아(Vitória): 원문은 '유다리아(維多里亞)'이다.

160 바이아(Bahia): 원문은 '파의아(巴義亞)'로, 파이아(巴伊亞)라고도 한다.

161 세르지페(Sergipe): 원문은 '새이일패(塞爾日貝)'로, 새이일패(塞耳日貝), 새이희배(塞爾希培)라고도 한다.

162 상크리스토방(São Cristóvão): 원문은 '승기리사다망(勝基利斯多望)'으로, 성극리사탁와이(聖克里斯托瓦爾)라고도 한다.

163 알라고아스(Alagoas): 원문은 '아랍가와사(阿拉痂瓦斯)'로, 아랍과와사(阿拉科瓦斯), 아랍과사(阿拉戈斯)라고도 한다.

164 페르남부쿠(Pernambuco): 원문은 '백이능불각(伯爾能不各)'으로, 백이능포각(伯爾能布各), 백남포가(伯南布哥)라고도 한다.

165 레시페(Recife): 원문은 '륵서비(勒西非)'이다.

166 파라이바(Paraiba): 원문은 '파래파(巴來罷)'로, 파랍이파(帕拉伊巴)라고도 한다.

251

노르치(Rio Grande do Norte)[167]는 주도가 나타우(Natal)[168]이다. 세아라(Cearáe)[169]는 주도가 [세아라로] 주의 이름과 같다. 피아우이(Piaui)[170]는 주도가 오에이라스(Oeiras)[171]이다. 마라냥(Maranhao)[172]은 주도가 상루이스(São Luís)[173]이다. 파라(Para)[174]는 주도가 벨렘(Belém)[175]이다. 브라질의 내지에는 사금·금강석·보석이 나는데, 사람들은 산을 오르고 물에 빠지면서 금광을 찾아다니느라 농사에 힘쓰지 않아 종종 식량이 떨어져 굶어죽기도 한다. 원주민들은 짐승처럼 사납고 그 수가 매우 적다.

브라질의 북쪽 경내 해안가에 위치한 가이아나(Guyana)[176] 고아나(古牙那)라고도 한다. 는 3개국이 개척한 신천지이다. 프랑스가 차지한 새 강역은 동부에 있는 기아나(Guyane)[177]로, 남북의 길이는 약 1600리이고, 동서의 너비는 약 1100리이며, 이 땅에서는 정향(丁香)과 번목(番木)이 난다. 이 지역은 나무가 빽빽하게 우거져 있고 장독이 아주 심해 이곳에 오는 사람들이 종

---

167 히우그란지두노르치(Rio Grande do Norte): 원문은 '북리약가란적(北里約哥蘭的)'으로, 북리오격랑덕(北里奧格朗德), 북리약격랑덕(北里約格朗德)이라고도 한다.

168 나타우(Natal): 원문은 '달나리(達那里)'로, 납탑이(納塔爾)라고도 하는데, 지금의 나탈이다.

169 세아라(Cearáe): 원문은 '서아랍(西阿拉)'으로, 새아랍(塞阿臘)이라고도 한다.

170 피아우이(Piaui): 원문은 '표의(標意)'로, 피오이(皮奧伊)라고도 한다.

171 오에이라스(Oeiras): 원문은 '아멸랄사(荷滅辣斯)'로, 오애랍사(奧埃拉斯)라고도 한다.

172 마라냥(Maranhao): 원문은 '마랍냥(馬拉娘)'으로, 마랍량(馬拉良), 마랍니양(馬拉尼昂)이라고도 한다.

173 상루이스(São Luís): 원문은 '승로의사(勝盧義斯)'로, 성로이사(聖路易斯)라고도 한다.

174 파라(Para): 원문은 '가랑파랍(加郎巴拉)'으로, 파랍(巴拉), 파랍(帕拉)이라고도 한다.

175 벨렘(Belém): 원문은 '백령(伯零)'으로, 패륜(貝侖)이라고도 한다.

176 가이아나(Guyana): 원문은 '왜아나(歪阿那)'로, 기아나(器亞那), 위아나(危亞那), 왜아나(圭亞那)라고도 한다.

177 기아나(Guyane): 원문은 '가야나(加夜那)'로, 규아나(圭亞那), 가음니(加音尼), 잡연(卡宴)이라고도 한다.

종 풍토병에 걸려 죽는다. 프랑스[178]는 사형을 면한 죄수들을 이곳으로 유배 보냈다. 네덜란드가 차지한 새 강역은 중부에 위치한 수리남(Suriname)[179]으로, 남북의 길이는 약 750리이고, 동서의 너비는 약 650리이며, 수도는 파라마리보(Paramaribo)[180]이다. 이 땅은 진펄이 많고 설탕과 커피가 나며 무역이 아주 활발하다. 흑인 노예들은 대부분은 달아나 산속으로 들어가 원주민을 꼬드겨 도적질을 하게 만들었다. 영국이 차지한 새 강역은 서부에 위치하며 콜롬비아와 인접해 있는데, 남북의 길이는 약 1천 리이고, 동서의 너비는 380리이다. 원래는 네덜란드에 의해 개척되었으나, 영국인이 빼앗아 차지했다. 이 땅은 데메라라(Demerara),[181] 에세키보(Essequibo),[182] 버비스(Berbice)[183] 세 개의 주로 구분한다. 토양이 비옥하기는 하지만 절반이 진흙탕이다. 영국인이 아프리카 흑인을 모집해 이곳으로 데려와서 밭을 일구었으나, 노임이 너무 많이 들어가 수익이 거의 없다. 이 땅에서도 설탕과 커피가 난다.

파타고니아[巴他峨拿] 일명 팔적가니아(八的哥尼阿), 지가(智加), 파라미나(巴羅彌那)라고도 한다. 는 남아메리카 최남단에 위치하는데, 바로 세상에서 전하는

---

178 프랑스: 원문은 '불국(佛國)'이다.

179 수리남(Suriname): 원문은 '소리남(蘇利南)'으로, 소리남(蘇里南), 소리낭(蘇里囊)이라고도 한다.

180 파라마리보(Paramaribo): 원문은 '파랍마리파(巴拉馬利波)'로, 파랍마리성(巴拉馬利城), 파랍마리박(帕拉馬里博)이라고도 한다.

181 데메라라(Demerara): 원문은 '특묵랍랍(特黙拉拉)'으로, 덕미랍리(德美拉利), 지마랍리(地馬拉利), 덕랍매매(德拉梅梅)라고도 한다. 지금의 가이아나 수도인 조지타운(Georgetown)이다.

182 에세키보(Essequibo): 원문은 '의사급파(義斯給波)'로, 익귀파(益貴破), 애새규박(埃塞奎博)이라고도 한다.

183 버비스(Berbice): 원문은 '배이피새(北爾彼塞)'로, 배이비새(北爾比塞), 백비사(伯比斯)라고도 한다.

거인국이다. 지형이 양말처럼 생겼으며, 북쪽으로는 라플라타, 칠레와 경계하고, 동쪽으로는 대서양에, 서쪽으로는 태평양에 이르며, 남쪽으로는 남대서양[184]에 이른다. 남북의 길이는 약 3천여 리이고, 동서의 너비는 그 절반 정도 된다. 이 땅은 초목이 황폐하고 사람들은 모두 야만족으로, 몸집이 장대해 일반 사람의 한 배 반 정도 되고 온 몸에 털이 자라나 있다. 들짐승을 잡아먹으면서 부락을 형성하지 못했으며, 역시 다른 나라와도 왕래하지 않았다. 기후는 북아메리카 북쪽 강역처럼 몹시 춥고 또한 별다른 산물도 나지 않기 때문에 유럽의 각국이 지나가면서도 들러 관심을 보인 적이 없다. 최남단 바닷가에 임해 있는 땅은 늘 얼음과 눈이 얼어 있다. 티에라델푸에고섬과 마주보고 있는데, 그 사이에 마젤란해협(Strait of Magellan)[185]이 있다. 과거 칠레와 페루로 가려는 상선들은 마젤란해협을 거쳐 서쪽으로 갔다. 마젤란해협 내에 암초가 많아서 최근에는 주로 티에라델푸에고섬의 남쪽 길을 통해 간다. 광풍이 휘몰아치고 안개가 자욱하게 끼며 세찬 파도가 아프리카의 희망봉(Cape of Good Hope)[186]보다 배로 사납다. 배가 이곳을 통과하면 사람들은 모두 손을 이마에 대고 안도하며 다시 살아난 것처럼 즐거워한다.

살펴보건대, 서양인이 기록한 4대 원주민 중에 파타고니아 사람들만은 다른 종족과 다르게 몸집이 장대하다. 그렇지만 일반 사람의 한 배 반 정도 큰 것에 불과해, 몸이 이랑

184 　남대서양: 원문은 '남해(南海)'이다.
185 　마젤란해협(Strait of Magellan): 원문은 '맥철륜(麥哲論)'이다.
186 　희망봉(Cape of Good Hope): 원문은 '대랑산(大浪山)'으로, 호망각(好望角)이라고도 한다.

을 가로 지르고 눈썹이 수레 앞턱 가로나무 사이로 보이는 장적(長狄)과 비교하면[187] 되레 현격하게 차이가 난다. 이 이외에 아프리카 흑인처럼 까무잡잡하고 동남양 각 섬의 야만 족처럼 못생기긴 했지만, 희고 검고, 예쁘고 못생긴 차이만 있을 뿐 용모와 사지육신은 크게 다르지 않다. 이에 장이민(長耳民)·비견민(比肩民)[188]이나 비두국(飛頭國)·관흉국(貫 胸國)은 옛사람들이 일부러 괴상하게 과장해서 꾸며낸 말임을 알겠지만, 세상에서 간혹 이를 따르고 믿는 이들이 있으니 역시 시비가 전도된 것이 아닌가!

---

187 몸이…비교하면: 『춘추곡량전(春秋穀梁傳)』 「문공(文公)11년」에 보면, "장적(長狄)의 몸은 누 웠을 때 9무(畝)이고, 머리를 베어 수레에 실으니 수레 앞턱으로 눈썹이 보였다(長狄身橫九 畝, 載其頭, 眉見於軾)"라는 문장이 있다. 장적은 춘추시대 적족(狄族)의 한 일파로, 거인이었 다고 한다.

188 비견민(比肩民): 신체 일부가 붙은 상태로 태어나는 샴쌍둥이를 말한다.

[南亞墨利加各國]

哥侖比亞, 一作可倫巴, 又作金加西臘. 南亞墨利加極北境也. 西北至巴拿馬, 與危地馬拉接壤, 北距大西洋海, 西距大洋海, 東界英吉利新地, 東南界巴西, 西南界秘魯, 縱橫皆約五千里. 西境安達斯大山疊峙, 有高峰二百餘丈. 又有火峰, 時吐烟焰. 東境平原廣坦, 河道縱橫, 以阿利諾·馬加他爲最大. 海濱酷熱, 水土不馴. 內地漸高, 溫平可居. 明弘治十五年, 西班牙遣其臣可倫尋新地, 先取此土, 建三部, 曰新加拉那大, 金加西臘, 卽新加拉那大之訛. 曰加拉架, 曰基多, 各置大酋領之. 嘉慶十五年, 部人波里瓦爾, 率衆逐西班牙三部守臣, 構兵八年. 西班牙不能克復, 遂自立爲可倫比亞國. 道光十一年, 仍舊三部, 分爲三國, 曰新加拉那大, 曰厄瓜爾多, 曰委內瑞辣, 各有酋長, 不相統屬. 戶口不繁, 半皆西班牙流寓. 俗偸情, 好賭博, 田屋蕩盡勿悔. 男女皆衣素, 伉儷最篤. 婦女不許人面, 或窺觀, 則挾刃相仇. 土人別爲種族, 性悍獷而陰狠. 地產加非·白糖·烟葉·靛餅, 山產銀·銅. 銀有四坑, 取之不竭. 河產金沙·珍珠·寶石.

新加拉那大國, 在西北境, 由巴拿馬一綫, 與北亞墨利加相連, 長約三千里, 廣約二千五百里. 地氣濕熱, 北方爲甚. 田土腴沃, 物產豐饒. 地分十八部, 曰波哥大, 都城建於平原, 與部名同. 曰安的育基亞, 會城名墨德零. 曰內巴, 會城同名. 曰馬黎濟大, 會城名紅大. 曰波巴焉, 曰巴斯多, 會城皆同名. 曰不哀那溫都拉, 會城名義斯官德. 曰說各, 會城名基波多. 曰巴拿馬, 會城同名. 曰委拉瓜, 會城名三的亞哥委拉瓜. 曰加爾達日那, 曰蒙波士, 曰三達麻爾大, 曰里約合拉, 曰冬日, 曰邦不羅那, 曰索各羅, 會城皆同名. 曰加薩那勒, 會城名波勒.

厄瓜爾多, 在新加拉那大之南, 南界秘魯, 東接巴西, 縱橫皆約三千里. 西界有連山, 餘多平壤. 地氣溫平, 土田腴沃, 貿易繁盛. 地分八部, 曰比晉乍, 都城建山谷中, 名基多. 曰井波拉索, 會城名約里邦巴. 曰英巴不拉, 會城名義巴拉. 曰瓜亞基爾, 會城同名. 曰馬那比, 會城名波爾多維也若. 曰官加, 曰維沙, 曰倭音, 會城皆同名.

委內瑞辣, 在二國之東, 南界巴西, 長約三千五百里, 廣約二千五百里. 大河橫帶國中, 河北多平, 炎熱殊甚, 河南多山, 溫和可居. 土田膄厚, 物產極豐. 地分十二部, 曰加拉架, 都城建山谷中, 與部名同. 曰加拉波波, 會城名瓦棱西亞. 曰馬拉該波, 曰哥羅, 曰都盧詩羅, 曰美黎達, 曰瓦黎那, 會城皆同名. 曰亞不勒, 會城名亞沙瓜. 曰瓜牙那, 會城名昂哥斯都拉. 曰古麻那, 曰巴爾塞羅那, 會城皆同名. 曰馬爾加黎大, 會城名亞松桑.

秘魯, 或作它魯, 一作孛露, 又作佰路, 又作北盧. 南亞墨利加名國也. 舊與玻利非亞合為一國, 今分. 北界可侖比亞, 東界巴西, 南界玻利非亞, 西距大洋海, 長約五千三百里, 廣約二千六百餘里. 安達斯大山自西北來, 環國之西界如帶. 山以西, 浮沙浸海, 斥磧不毛. 山以東, 橫嶺錯出, 拓為平原, 或高於平地百餘丈. 故山下炎蒸, 而嶺上恒積冰雪. 其間膏腴之土, 蔬穀皆宜. 因地產金銀, 舉國以攻礦為業, 農事全荒, 恒苦饑饉. 其地自古為土番建國, 風俗與墨西哥·可侖比亞同. 西班牙既得可侖比亞, 聞秘魯銀礦尤王, 嘉靖三年, 命比薩羅·亞爾馬哥羅等, 懸軍深入. 軍士或顛墜層崖, 或失路餓死, 顧以大利所在, 堅不肯捨. 已而抵其國都, 番王不識戰鬥, 懾於砲火, 竄伏不敢與爭, 國遂為西班牙所據. 西人群來攻礦, 生聚日繁, 鎮以大酋, 歲收金銀益國用, 所得多於墨西哥. 嘉慶十三年, 西班牙為佛郎西所困, 屬藩多畔. 秘魯欲畔, 而畏西班牙兵多, 猶豫不決. 道光元年, 與智利合兵, 逐西班牙守者, 遂自立為國. 推擇長官理事, 不立國王, 居民皆西人苗裔, 善待遠客, 溫藹可親, 惟好逸好賭, 與可侖比亞同俗. 貿易諸事, 倩他國人爲之. 土人爲西人所制, 艱於衣食. 能釀酒, 終日沉醉. 其物產, 金銀之外, 兼產銅·鉛·水銀·胡椒·甘蔗·棉花·藥材·樹膠·顏料·香料. 地分七部, 曰利馬, 都城建於利馬河濱, 與部名同. 曰阿勒基巴, 曰不諾, 曰古斯各, 會城皆同名. 曰阿牙古說, 會城名瓜忙加. 曰入凝, 會城名華奴哥. 曰利卑爾達, 會城名都盧詩羅.

玻利非亞, 一作摩里威那, 又作波里維亞. 又名高秘魯, 在秘魯之東南. 東北界巴西, 東南隅界巴拉圭, 南界拉巴拉他, 西南隅界智利, 西距大洋海, 縱橫皆約三千里. 安達斯山大幹走西界, 別支分歧入東界. 在西界者, 火峰不熄, 在東界者, 峭削參天, 常積冰雪. 土壤西瘠東腴, 地氣風俗物產, 與秘魯同. 其地與秘魯舊本一國, 俗名高秘魯, 而呼秘魯爲下秘魯. 道光五年, 乃別立爲玻利非亞國, 自推擇長官, 不立國王. 分六部, 曰朱基薩加, 都城建於平原, 名乍爾加斯. 曰巴斯, 會城名巴斯達牙古叔. 曰疴魯羅, 曰波多西, 曰哥沙邦巴, 曰三達古盧斯, 會城皆同名. 波多西, 銀礦最王, 自西人初開至今, 得銀七萬二千萬有奇.

按: 孛露 卽秘魯. 爲南亞墨利加著名之國, 泰西人著書, 早艷稱之, 以其爲'金穴'也. 其民謂地中有寶, 不屑耕稼, 故土壤鞠爲茂草, 有懷金而啼飢者. 米利堅產穀棉而以富稱, 秘魯諸國產金銀而以貧聞. "金玉非寶, 稼穡維寶." 古訓昭然, 荒裔其能或異哉?

智利, 一作濟利, 又作治里. 在玻利非亞之西南, 東阻安達斯大山, 鄰拉巴拉他, 西距大洋海, 東南接巴他峨拿. 地形狹長如帶, 南北約四千五百里, 東西約四百餘里. 東面峻嶺橫雲, 高處常積冰雪. 有火峰數處, 多地震, 海岸高下, 時時易形. 山產金·銀·銅礦, 每歲得銀八十餘萬兩. 得黃金値銀五十餘萬兩, 紅銅尤多. 山西沿海一帶, 土田肥沃, 五穀·蔬菜·果實皆宜. 其民雖多攻礦, 而以農功爲重, 故夙稱富庶, 異於秘魯之荒本逐末. 初, 西班牙既獲秘魯, 嘉靖十五年, 命亞爾馬哥羅進攻智利, 土人拒戰不肯降. 越四載, 復命瓦爾的維亞進攻, 得地無幾. 嘉靖三十年, 瓦爾的維亞爲阿老干人所殺, 西班牙以其所得之地附秘魯. 阿老干者, 智利別部之最強者也. 乾隆三十八年, 西班牙始滅智利, 得其全土, 而阿老干一部, 始終未附. 智利幅員褊小, 非秘魯諸國比, 然土沃礦旺, 西班牙獨珍視之. 嘉慶十五年, 西班牙爲佛郎西所困, 亞墨利加諸藩部皆畔, 智利亦閉境自專. 後西班牙以大隊伐之, 智利兵敗, 求援於拉巴拉他. 拉巴拉他助以兵力, 西班牙始退去. 其民俗溫和好客, 女有姿容, 善音樂. 地分八部. 曰散地牙哦, 都城建於多波加爾馬河岸深林之中, 與部名同. 曰阿公加瓜, 會城名桑非里卑. 曰哥固英波, 會城同名. 曰哥爾乍瓜, 會城名古黎各. 曰卯勒, 會城名高給尼斯. 曰公塞桑, 曰瓦爾的維亞, 會城皆同名. 曰濟盧哀, 會城名桑加爾盧斯.

按: 西洋諸國行用番銀, 成色高者, 歐羅巴·印度所鑄. 其常行者分四種, 曰墨西哥, 曰秘魯, 曰玻利非亞, 曰智利, 成色高下不同, 粤東人能辨之, 閩人不能辨也, 但稱爲呂宋番, 又稱鷹仔番.

拉巴拉他, 一作孛臘達, 又作巴拉大河, 又作由乃的樸拉文士士. 在智利之東, 隔以安達斯山, 北界玻利非亞, 東界巴拉圭·烏拉乖, 東南距大西洋海, 西南界巴他峨拿, 長約四千五百里, 廣約三千里. 境內有大江, 與國同名. 北里可馬若·佰默若兩河匯之, 由東南入大西洋海, 海口闊九十里. 西北有山嶺, 餘皆蕩平如砥. 舊本野番部落, 明正德四年, 西班牙命索利斯攻取之, 鎮以大酋. 其地荒草無垠, 雜以荆棘叢林. 西班牙人初至其地, 以牝牡牛數十, 縱之於野, 歲久孳息,不知幾千萬億. 四境之内皆野牛, 居民七十萬. 耕作者少, 但以捕牛爲業, 食其肉, 寢其皮, 制其骨爲器皿. 地亦有馬, 騎馬馳草莽中以逐牛. 海口通商甚廣, 出入貨價, 每歲以數千萬圓計, 皆牛皮所交易也. 嘉慶十三年, 部人逐西班牙守者, 自立爲國, 效米利堅推擇統領, 稱兼攝亞墨利加國. 然法制不立, 規模草草, 亦終於蠻荒而已. 地分十四部. 曰不宜諾塞利, 一作捕諾愛勒. 都城建於巴拉大河濱, 與部名同. 曰音德勒里約斯, 會城名巴沙大. 曰哥連德, 曰三達非, 曰哥爾多瓦, 曰三的牙哥尼斯德羅, 曰都古曼, 曰薩爾達, 曰如銳, 曰加達馬爾架, 曰里約倭, 曰桑若漢, 曰桑盧意斯, 曰門多薩, 會城皆同名.

巴拉圭, 或作巴拉乖, 又作巴拉吾愛. 南亞墨利加小國也. 間於巴西·拉巴拉他之間, 長約一千七八百里, 廣約八百里. 地形斗絶, 内拓平原, 湖河淤灌, 土多腴沃. 明嘉靖五年, 意大里人塞巴斯德央加波初開其地. 越九載, 爲西班牙所奪, 畀天主教師管理, 不設官. 乾隆三十二年, 逐天主教師, 隷於拉巴拉他. 迨拉巴拉他畔西班牙, 巴拉圭亦自立爲國. 時有歐羅巴文士居巴拉圭, 巴拉圭人推爲酋長. 其人陰鷙有權略, 詰暴除奸, 土人畏服. 國雖小而張甚, 鄰不敢侵. 地分二十小部. 部名未詳. 產牙蘭米·甘蔗·棉花·藍靛·烟葉·蜂蜜·大黃·血竭·桂皮. 又產土茶, 啜之能醉人.

烏拉乖, 在巴拉圭之南, 東界巴西, 南距大西洋海. 西北兩面界拉巴拉他, 長一千二百五十里, 廣一千三百里. 南方山阜紆蟠, 北方則平原坦闊, 内哥羅·塞波拉的·巴拉大·烏拉乖諸河交貫, 田土肥饒, 物產極豐. 舊本拉巴拉他地, 後爲巴西所奪, 名曰昔斯巴拉的那. 道光六年, 部人畔巴西, 自立爲國, 推擇官司理事. 分九部. 曰蒙德維罷, 其都城也. 曰馬爾多那多, 曰加内羅内斯, 曰桑若塞, 曰哥羅尼亞, 曰索黎亞奴, 曰白三都, 曰都拉各奴, 曰塞盧拉爾疴.

巴西, 一作巴悉, 又作伯爾西, 又作巴拉西利, 又稱布拉熱爾. 南亞墨利加大國也.

地居南亞墨利加一洲之半, 北東兩面距大西洋海, 西北界可侖比亞, 西界秘魯・玻利非亞, 西南界巴拉圭・烏拉乖, 縱橫皆約九千里. 地勢平曠, 間有山嶺紆盤, 亦不甚高. 江河多而長, 最大者曰亞馬孫, 自西而東, 口門似海. 曰凡悉, 自南而北. 曰烏路愚愛, 自北而南. 兩河之大, 亞於亞馬孫, 皆流入大西洋海. 其餘小河不可勝數.

明弘治十三年, 葡萄牙人伯得祿阿爾瓦利斯探得其地, 見其土沃而曠, 徙國人墾闢之. 後葡萄牙爲西班牙所并, 巴西亦爲荷蘭所奪, 鳩居五十餘年. 葡萄牙復國後, 悉銳渡海, 逐荷蘭人, 益開阡陌. 買阿非黑奴助耕作, 生聚二百餘年, 遂爲海西大部. 產棉花・白糖・烟葉・加非・可可 二物果名, 可代茶飲. ・紅木・牛皮・藥材, 又出金沙・金剛鑽・各色寶石. 地力甚厚, 百穀皆宜, 惜戶口未繁, 農作不力. 已墾之土, 不過十之二三, 餘則蓬蒿雜沓, 林莽陰翳, 奇形之獸, 不知名之鳥, 恢譎之蟲蛇, 飛走出没於其間. 雖有珍異之產, 掩於穢墟, 無由自獻, 西人惜之. 嘉慶年間, 葡萄牙王爲佛郎西王拿破侖所逼, 逃至巴西. 佛師退, 歸國, 尋卒. 其子伯德祿留王巴西, 遣女歸王葡. 王不諳巴俗, 巴西人迫王歸葡, 立其世子爲王, 國之貴人相助爲理. 由是別爲海西大國, 不屬於葡萄牙. 其國至道光年間, 戶口約四百萬, 葡人八十萬, 雜類四十萬, 白黑人嫁娶所生. 黑民十五萬, 黑奴子孫贖爲民者. 黑奴百餘萬, 土人暨遠方各國之人七十餘萬. 葡人多及時行樂, 游燕自娛. 力作皆黑民爲之, 養之甚厚, 故無叛逃. 地分十八部. 曰里約熱內盧, 一作牙匿羅. 都城建於海濱, 與部名同. 廷廟峻麗, 市廛環匝, 百貨塡溢. 學館・醫院皆備, 人戶一百五十萬, 商船蟻集, 爲通國大埔頭. 海門廣闊, 風物清美, 商旅湊爲樂土. 曰勝寶盧, 會城同名. 曰三達加達里納, 會城名德斯德羅. 曰勝伯德祿, 會城名伯爾達勒給勒. 曰馬的噶羅索, 曰疴阿斯, 會城皆同名. 曰迷那日來斯, 會城名額羅不雷多八. 曰斯不黎多三多, 會城名維多里亞. 曰巴義亞, 會城同名, 亦大埔頭, 夙稱富庶. 居民好賭成俗, 盜賊肆行, 時殺人於昏夜. 曰塞爾日貝, 會城名勝基利斯多望. 曰阿拉疴瓦斯, 會城同名. 曰伯爾能不各, 會城名勒西非, 居民七萬, 地平坦, 豐草叢林相雜. 其民騎馬獵野牛爲生, 與拉巴拉他同俗. 曰巴來罷, 會城同名. 曰北里約哥蘭的, 會城名達那里. 曰西阿拉, 會城同名. 曰標意, 會城名疴滅辣斯. 曰馬拉娘, 會城名勝盧義斯. 曰加郎巴拉, 會城名伯零. 巴國腹地, 產金沙·金鋼鑽·寶石, 其民陟巇没河, 搜尋寶藏, 不務農功, 往往絕糧餓死. 土人悍獷近獸, 戶口甚稀.

巴西北境濱海, 地名歪阿那, 一作古牙那. 有三國所闢新地. 佛郎西新地在東, 曰加夜那, 長約一千六百里, 廣約一千一百里, 產丁香·番木. 其地叢林密匝, 瘴氣最毒, 到者輒染病死. 佛國免死罪人, 流徙於此. 荷蘭新地在中, 曰蘇利南, 長約七百五十里, 廣約六百五十里, 會城曰巴拉馬利波. 地多水澤, 產白糖·加非, 貿易頗盛. 黑奴多逃入山林, 誘土番爲盜劫. 英吉利新地在西, 與可侖比亞連界, 長約一千里, 廣約三百八十里. 本荷蘭所闢地, 英人奪而有之. 分三部, 曰特默拉拉, 曰義斯給波, 曰北爾彼塞. 土雖沃而半屬塗泥. 英人募阿非黑人, 來此修田, 工費太巨, 獲利無幾. 亦產白糖·加非.

巴他峨拿, 一作八的哥尼阿, 又作智加, 又作巴羅彌那. 南亞墨利加之極南境, 卽世所傳之長人國. 地形如襪, 北界拉巴拉他·智利, 東距大西洋海, 西距大洋海, 南距南海. 南北約三千餘里, 東西半之. 其地草木荒穢, 人皆野番, 肢體長大, 如常人一身有半, 遍體生毛. 攫食野獸, 不成部落, 亦不與他國往來. 地氣嚴寒, 如北亞墨利加之北境, 又別無物產, 故歐羅巴諸國括地至此, 未嘗過而一問也. 極南臨海之地, 冰雪常凝. 對峙一島, 曰鐵耳聶離依休勾, 中隔一港, 曰麥哲論. 昔時商船駛往智利·秘魯者, 由麥哲論港西行. 因港內多礁, 近年率取道於鐵耳聶離之南. 狂風迅烈, 昏霧迷漫, 濤瀧之猛惡, 倍於大浪山. 舟過,人人額手, 喜若更生.

按: 泰西人所記, 四大土人民, 惟巴他峨拿土番肢體長大, 異於別種. 然亦不過高於常人一身之半, 較長狄之身橫畝 · 眉見軾者, 猶相懸萬萬也. 此外黝黑如阿非利加, 醜怪如東南洋各島野番, 亦不過白黑姸媸之別, 而五官四體要無大異. 乃知長耳比肩之民 · 飛頭貫胸之國, 古人故爲恢奇之說, 而世或從而信之, 不亦愼乎!

〚 카리브제도(Caribbean) 〛

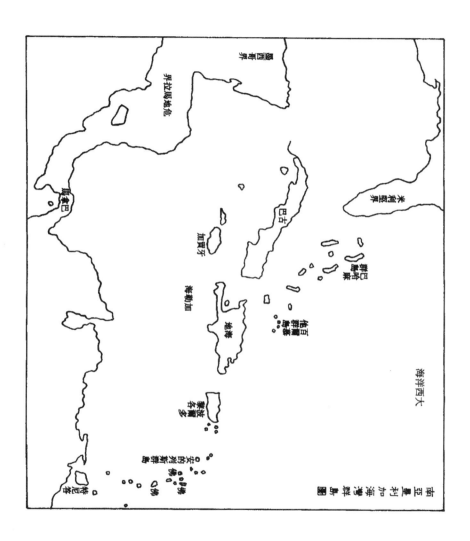

남아메리카 카리브제도 지도

남북아묵리가해만군도(南北亞墨利加海灣群島) : 카리브제도(Caribbean)로, 서인도제도라고도 한다.

대서양해(大西洋海) : 지금의 대서양이다.

미리견계(米利堅界) : 미국 강역이다.

파합마군도(巴哈馬群島) : 지금의 바하마제도(Bahamas Islands)이다.

백이모타군도(百爾慕他群島) : 지금의 버뮤다제도(Bahamas Islands)이다.

안적렬사군도(安的列斯群島) : 지금의 앤틸리스제도(Antilles Islands)이다.

파이다려각(波爾多黎各) : 지금의 푸에르토리코(Puerto Rico)이다.

해지(海地) : 지금의 아이티(Haïti)이다.

고파(古巴) : 지금의 쿠바(Cuba)이다.

아매가(牙買加) : 지금의 자메이카(Jamaica)이다.

가륵해(加勒海) : 지금의 카리브해(Caribbean Sea)이다.

특니답(特尼答) : 지금의 트리니다드섬(Island of Trinidad)이다.

파나마(巴那馬) : 지금의 파나마 지협이다.

묵서가계(墨西哥界) : 멕시코 강역이다.

위지마랍계(危地馬拉界) : 과테말라 강역이다.

북아메리카 남쪽과 남아메리카 북쪽은 파나마지협으로 연결되어 있으며, 서북쪽에서부터 동남쪽으로는 둥근 만(灣)이 밖으로 향하는 형세를 하고 있다. 그 동북쪽에 크고 작은 수백 개의 섬이 별처럼 늘어서있고 바둑알

265

처럼 퍼져 있다. 서북쪽으로 미국 플로리다준주(Florida)[1]의 동남쪽 모퉁이에서 시작해 동남쪽으로 콜롬비아의 동북쪽 모퉁이에 이르기까지는 둥근 만이 안으로 향하는 형세를 하고 있다. 두 만의 중간에 있는 바다가 카리브해(Caribbean Sea)[2]이다. 명나라 중엽에 스페인에서 콜럼버스에게 배를 타고 가서 신대륙을 찾게 했다. 콜럼버스는 땅에는 주인이 없고, 일찍부터 해외에 오인도가 있다고 들어서 오인도에 가보고 싶다고 했다. 서쪽으로 수개월을 갔을 때 갑자기 섬들이 보여, 왁자지껄 좋아하며 인도에 도착했다고 생각해 마침내 서인도라고 불렀지만, 인도가 동방에 위치해서 이곳과 무관함을 알지 못했다. 스페인 선박이 처음 도착했을 때 카리브제도 중에 비옥한 땅을 골라 부두를 세우고 원주민을 꾀어내 개간하려고 했다. 후에 원주민이 어리석고 또한 강제로 부릴 수 없음을 알고, 결국 무력으로 한 명도 남김없이 없애버리고는 별도로 아프리카의 흑인 노예를 사서 밭을 개간하고 곡식을 심게 하니, 농사가 점차 번성해졌다. 그 뒤로 다시 멕시코·페루 등의 대국을 차지하고 해마다 금은 수억만을 얻게 되면서 카리브제도는 헌 짚신짝처럼 여기며 경영하지 않았다. 한참 후에 해적이 이곳을 차지해 출몰하면서 노략질을 하자 상인들이 이를 근심했다. 얼마 뒤에 유럽 여러 나라가 줄지어 서쪽으로 와서 다투어 섬들을 차지하면서 결국 각각 소유하게 되었다. 스페인 이외에 영국, 프랑스, 네덜란드, 덴마크,[3] 스웨덴[4]이 그들 나라이다. 카리브제도는 기후가 아시아 남해의 섬처럼 매우 습하다. 큰

---

1 플로리다준주(Florida): 원문은 '불륵이륵리부(佛勒爾勒厘部)'로, 불라리달(佛羅里達)이라고도 한다.
2 카리브해(Caribbean Sea): 원문은 '가륵(加勒)'으로, 가륵비해(加勒比海)라고도 한다.
3 덴마크: 원문은 '련국(嗹國)'이다.
4 스웨덴: 원문은 '서국(瑞國)'이다.

섬의 경우에는 대부분 화산이 있어, 용암이 수시로 흘러넘치고 지진이 자주 일어난다. 가을 겨울이면 폭풍이 자주 일어나고 모래와 돌이 날아다닌다. 이 땅에서는 면화·술·설탕·커피·카카오 열매[5]가 난다.

스페인령 섬인 쿠바(Cuba)[6]는 플로리다주 남쪽에 위치한다. 지형이 좁고 길며, 동서의 너비는 2700리이고, 남북의 길이는 약 5백 리이며, 카리브 제도 중에서 가장 크다. 산등성이와 구릉지가 첩첩이 쌓여 있고, 토양이 비옥해 물산이 풍부하다. 스페인 사람들이 과거에는 그다지 염두에 두지 않았으나, 최근에 속국들이 모두 반란을 일으켜 독립하고 이 섬만이 남게 되자 배로 소중하게 여기고 보호하면서 해외의 교두보로 삼았다. 인구는 70만 명으로, 흑인 노예 28만 명이 포함되어 있다. 이 땅에서는 설탕·커피·술·담배·금·은·동·철·수정·흡철석(吸鐵石)이 난다. 매년 화물의 수출액은 2천만 원이다. 이 땅은 세 개의 주로 구분된다. 서부주(西部)는 주도가 아바나(La Habana)[7]로, 인구는 10만 명이며, 이곳에서 만든 담배는 향이 아주 진해서 다른 나라에서 다투어 구매한다. 중부주(中部)는 주도가 산타마리아(Santa Maria)[8]이다. 동부주(東部)는 주도가 산티아고(Santiago)[9]이다.

---

5 카카오 열매: 원문은 '가가자(可可子)'로, 가가자(柯柯子), 가려극(呵黎勒), 장청과(藏靑果), 가자(呵子), 양가자(洋子), 가리극(訶梨勒)이라고도 하는데, 설사나 이질, 기침, 곽란 등을 치료하는데 효과가 있다.

6 쿠바(Cuba): 원문은 '고파(古巴)'이다.

7 아바나(La Habana): 원문은 '합와나(哈瓦那)'로, 합와나(合瓦那), 합와나(哈瓦拏)라고도 한다.

8 산타마리아(Santa Maria): 원문은 '삼달마리아(三達馬里亞)'로, 성마려아(聖瑪麗亞)라고도 한다. 지금의 산티아고데쿠바주(Santiago de Cuba)이다.

9 산티아고(Santiago): 원문은 '삼적아액(三的牙額)'으로, 성지아가(聖地亞哥)라고도 한다.

또 푸에르토리코(Puerto Rico)[10]는 부유한 항구[貴港口]라고도 하는데, 아이티(Haïti)[11] 동쪽에 위치해 있으며, 남북의 길이는 약 5백 리이고, 동서의 너비는 약 150리이다. 강역은 넓지 않지만 물산이 아주 풍부하며 일은 하는 사람은 모두 백인이고, 흑인노예는 아주 적다. 매년 화물의 수출액은 은 240만 냥에 이른다.

영국령 섬인 자메이카(Jamaica)[12]는 꽤 크며 쿠바의 남쪽에 위치한다. 섬에 산이 있고 산자락에 흐르는 시냇물은 관개를 대기에 충분하며, 토양 또한 비옥하기 때문에 이 땅에서는 농업이 매우 번성하다. 구수도가 지진과 태풍으로 파괴되자 수도 킹스턴(Kingston)[13]을 새로 건설했다. 서쪽에 위치한 바베이도스(Barbados)[14]는 백인들이 거주하고 있으며 토양이 척박하다. 동쪽에 있는 섬은 앤틸리스제도(Antilles Islands)[15]라고 한다. 앤티가섬(Antigua)[16]과 케이맨제도(Cayman Islands)[17]는 과거 영국인이 다스렸다. 도미니카(Dominica)[18]와

---

10 푸에르토리코(Puerto Rico): 원문은 '파이다려각(波爾多黎各)'이다.

11 아이티(Haïti): 원문은 '해지도(海地島)'로, 히스파니올라섬(La Española) 서부에 위치한 도서 국가이다.

12 자메이카(Jamaica): 원문은 '아매가(牙買加)'로, 아매가(牙賣加), 유매가(稴買加)라고도 한다.

13 킹스턴(Kingston): 원문은 '경돈(京敦)'으로, 금사돈(金斯敦)이라고도 한다.

14 바베이도스(Barbados): 원문은 '파파돌도(巴巴突島)'로, 파파다사도(巴巴多斯島), 파이파덕(巴爾巴德)이라고도 한다.

15 앤틸리스제도(Antilles Islands): 원문은 '안적렬사군도(安的列斯群島)'로, 안지(安地)라고도 한다.

16 앤티가섬(Antigua): 원문은 '안지우아(安地禺亞)'로, 안적각아(安的各阿), 안제과도(安提瓜島), 안지위아주(安地危亞州)라고도 한다.

17 케이맨제도(Cayman Islands): 원문은 '길(吉)'이다. 카리브제도에 위치한 영국 속령인 케이맨제도로 추정된다.

18 도미니카(Dominica): 원문은 '다미니가(多米尼加)'로, 지금의 도미니카 공화국을 말한다.

토바고(Tobago)[19]는 영국이 새로 건설했다. 트리니다드섬(Island of Trinidad)[20]은 꽤 크며, 인근에 콜롬비아 동북쪽 모퉁이가 있다. 이 이외에도 인근에 작은 섬들이 상당히 많이 있는데, 영국인이 요충지로 사용하면서 지키고 있다. 각 섬은 물산이 풍부해 주민들의 대부분이 여유가 있어 다투어 누각을 세우고 때때로 연회를 연다. 북쪽으로 바하마제도(Bahamas Islands)[21]가 있고 또 동쪽으로 버뮤다제도(Bermuda Islands)[22]가 있는데, 크고 작은 섬들이 수백 개나 된다. 기후는 온화하고 화창하나 물산이 거의 나지 않아 무역을 할 수 없기 때문에 영국인들이 그다지 중시하지 않는다.

프랑스령 섬으로는 앤틸리스제도 내에 위치하는 마르티니크(Martinique)[23]와 과들루프(Guadeloupe)[24]가 있다. 이 두 섬이 가장 크며, 이 이외에도 8개의 섬이 있다. 물산이 풍부하고 무역이 매우 번성해 매년 화물의 수출액이 약 2백여만 냥에 이른다. 이곳은 산이 푸르고 물이 맑으며 이름난 꽃과 기이한 새가 많아 풍경이 아름답기로는 서인도제도에서 최고이다.

아이티는 쿠바의 동쪽에 위치하며 동서의 너비는 약 1500리이고, 남북의 길이는 약 5백 리에 달한다. 명나라 홍치 5년(1492)에 스페인에서 콜럼버

---

19 토바고(Tobago): 원문은 '다파아(多巴峨)'로, 다파가(多巴可)라고도 한다.

20 트리니다드섬(Island of Trinidad): 원문은 '특니답도(特尼答島)'로, 덕린달적(德獜達的), 특적니달도(特的尼達島)라고도 한다.

21 바하마제도(Bahamas Islands): 원문은 '파합마군도(巴哈馬群島)'로, 파하마지군도(巴夏馬之群島)라고도 한다.

22 버뮤다제도(Bahamas Islands): 원문은 '백이모타군도(百爾慕他群島)'로, 배이모달사(北爾慕達斯), 백모대군도(百慕大群島)라고도 한다.

23 마르티니크(Martinique): 원문은 '마이적니가(馬耳的尼加)'로, 마이지닉(馬耳地匿), 마제니극도(馬提尼克島)라고도 한다.

24 과들루프(Guadeloupe): 원문은 '과타록(瓜他鹿)'으로, 과덕라보도(瓜德羅普島)라고도 한다.

스를 파견해 신천지를 찾게 했는데, 처음 이 섬에 이른 뒤 에스파뇰라섬(La Española)^{25}이라 불렀다. 후에 스페인이 그 동쪽 변경을 차지하고, 프랑스가 서쪽 변경을 차지해 주로 아프리카 흑인노예를 사들여 힘써 땅을 일구면서 시간이 흘러 부유해졌다. 흑인 노예는 무릇 40여만 명인데 반해 프랑스인은 겨우 1만여 명이다. 프랑스인이 흑인노예에게 야박하게 굴자 흑인들은 이를 원망했다. 건륭 56년(1791)에 프랑스에서 내란이 일어나자 교활한 흑인 노예가 봉기일을 약속하고 동시에 일어나 각자 주인을 살해했는데, 1만여 명의 프랑스인을 남김없이 모조리 죽였다. 서쪽 변경에 살고 있었던 스페인 사람들 역시 다른 곳으로 달아났다. 흑인들은 마침내 우두머리를 뽑아 수장으로 삼았다. 프랑스는 너무 멀리 떨어져 있고 또한 서쪽으로 정벌 나갈 여유도 없었다. 이 땅은 모두 6개 주로 구분되며, 수도는 포르토프랭스(Port-au-Prince)^{26}이다. [나머지 주로는] 과카나가릭스(Guacanagarix),^{27} 아르티보니트(Artibonite),^{28} 카프아이시앵(Cap-Haïtien),^{29} 산티아고, 생도맹그(Saint Domingue)^{30}가 있다. 도광 22년(1842)에 수도에 지진이 일어나 수천 명의 사

---

25 에스파뇰라섬(La Española): 원문은 '의사파니납랍(義斯巴尼納拉)'으로, 지금의 히스파니올라 섬이다.

26 포르토프랭스(Port-au-Prince): 원문은 '파이덕비(波爾德比)'로, 파이덕비령새(波爾德比零塞), 경항(京港), 태자항(太子港)이라고도 한다. 포르토프랭스는 프랑스어로 '왕자의 항구'를 의미한다.

27 과카나가릭스(Guacanagarix): 원문은 '가야사(加也斯)'이다. 1492년 유럽인들이 도착했을 당시 히스파니올라로 알려진 카리브해섬의 5개 타이노 섬 중 하나인 과카나가릭스로 추정된다.

28 아르티보니트(Artibonite): 원문은 '아이적파니적(亞爾的波尼的)'으로, 아이적파니덕(亞爾的波尼德), 아체박니특성(阿蒂博尼特省)이라고도 한다.

29 카프아이시앵(Cap-Haitien): 원문은 '가불애전(加不挨顚)'으로, 해지각(海地角)이라고도 한다.

30 생도맹그(Saint-Domingue): 원문은 '삼다명각사(三多明各斯)'로, 성다명과(聖多明戈), 성다명각(聖多明各)이라고도 한다. 지금의 도미니카 공화국 수도인 산토도밍고이다.

람이 압사당해 죽었다. 이 땅은 물산이 풍부해서 농사일은 힘써 하지 않는
다. 매년 화물의 수출액이 270만 냥에 이른다.

    살펴보건대 아프리카 흑인들은 사람을 유괴해 팔아넘기기를 좋아한다. 유럽 각국
은 아프리카 사람들이 나태하면서도 말을 잘 듣고 육체노동에 뛰어나다고 생각해 그들
을 다투어 사들여 노예로 삼았다. 유럽인들은 서쪽 아메리카 각 섬을 개간하면서 드넓은
땅을 충분히 이용하지 못하는 것을 꺼려해 본국에서 사람들을 데려왔지만 경작에 보탬
이 되지 않았고, 원주민들은 또한 사납고 부릴 수 없어 대부분 흑인노예를 사들여 밭으로
내몰아 우마처럼 부렸다. 포르투갈이 특히 흑인을 사들여 이익을 취한 지 수백 년이 되
었다. 흑인들은 비록 혼돈처럼 무지몽매했지만 유럽인들과 함께 산지 오래되면서 눈, 코,
입, 귀가 뚫리고 점차 의식이 생겨났다. 스페인과 포르투갈이 그들에게 인정스럽게 대했
기 때문에 일찍이 변란이 일어나지 않았다. 프랑스인은 천성이 고고해 흑인노예를 초개
처럼 보면서 거리낌 없이 그들을 유린했다. 흑인노예들이 분노해 그들의 뱃속에 칼을 꽂
으려고 마음먹은 것이 하루 이틀이 아니다. 그래서 프랑스에서 내란이 일어났다는 소
리를 듣자마자 수많은 사람들이 함께 창을 들고 일어나 프랑스인을 포위해 한 명도 남기
지 않고 다 잡아죽였다. "벌이나 전갈과 같은 작은 동물도 독을 가지고 있다"라고 하더니
진실로 그러하구나! 근년에 영국이 노예 매매 금지를 선포하고 많은 돈을 들여 흑인 노예
를 속량시켜 평민으로 만들었는데 전후로 은 수천만 원이 들어갔다. 또한 병선을 타고 해
상을 돌면서 노예를 판매하는 사람들을 체포했다. 미국 역시 대부분 속량해서 석방시켜
주고 또한 흑인노예의 옛 땅을 사들여 정착해서 살게 해주었다. 진실로 영국과 미국 두
나라는 덕을 베푸는 것을 좋아하는데, 아마도 프랑스인의 과오를 경계삼아 이민족에게
원망을 듣고 싶지 않아서 자애를 베푼다는 명성에 힘쓰고, 가까운 곳에서 생기는 변란을
막았으니, 그 계략이 진실로 심원하도다.

네덜란드령 섬 가운데 앤틸리스제도에 위치한 섬은 일곱 곳으로, 땅이 협소해 큰 힘이 되지 않는다. 다른 나라가 전쟁을 하느라 세금을 거둘 겨를이 없으면 이들 섬은 그 틈을 타 장사하면서 항상 몇 배의 이익을 벌어들였다.

덴마크령 섬 가운데 앤틸리스제도에 위치한 섬은 세 곳으로, 최근에 영국과 미국을 본받아 흑인노예를 석방시키고 덕치를 행했다.

스웨덴은 앤틸리스제도 내에 있는 작은 섬을 차지했는데, 바로 생바르텔르미(Saint-Barthélemy)[31]로, 땅이 협소하고 무역이 아주 미미하다.

살펴보건대 남북아메리카는 종횡으로 수만 리에 걸쳐 있다. 카리브제도에는 주먹만 한 크기의 섬이 많다. 그런데 쿠바와 아이티 두 섬은 중국의 대만(臺灣)이나 해남성(海南省)에 비할 만큼 크며, 나머지 각 섬 역시 대부분 토지가 비옥하다. 유럽인들은 온 마음을 다해 신천지를 찾아나서 작은 땅이라도 손에 넣으면 바로 경영하고 개간해서 마침내 오랜 세월 황무지로 있던 궁벽한 섬을 옥토로 만들어 놓았으니, 그 능력이 어찌 작다 할 수 있겠는가!

---

31 생바르텔르미(Saint-Barthelemy): 원문은 '상파이다라미(桑巴爾多羅美)'로, 성파태륵미도(聖巴泰勒米島)라고도 한다. 생바르텔레미는 1648년에 프랑스에 의해 소유권이 주장되었다가 1784년에 스웨덴에 팔렸으며, 1878년에 다시 프랑스령이 된 이후 지금에 이른다.

［ 南北亞墨利加海灣群島 ］

北亞墨利加之南, 南亞墨利加之北, 細峽相連, 自西北而東南, 作灣環外向之勢. 其東北有大小數百島, 星羅碁布. 西北起米利堅佛勒爾勒厘部之東南隅, 東南迄可侖比亞之東北隅, 作灣環內向之勢. 兩灣中間之海, 名曰加勒. 前明中葉, 西班牙遣可侖駕船覓新地. 地無主名, 凤聞海外有五印度國, 卽云欲到五印度. 西行數月, 忽睹群島, 嘩然以爲抵印度矣, 遂稱之曰西印度, 而不知印度在東方, 與群島無涉也. 西船初到時, 擇群島腴壤, 開設埠頭, 誘交土番謀墾闢. 後察知土番昏懵, 又強不可使, 遂以兵力剿鋤無子遺, 別買阿非利加黑奴, 墾田播穀, 農務漸興. 其後復得墨西哥・秘魯諸大國, 歲致金銀數十百萬, 視群島如敝屣, 不屑經營. 久之爲海盜所據, 出沒剽掠, 商旅患之. 已而歐羅巴諸國接踵西來, 紛紛爭據群島, 遂各有屬. 西班牙之外, 曰英吉利, 曰佛郎西, 曰荷蘭, 曰嗹國, 曰瑞國. 群島氣候極濕, 與亞細亞南海諸島相似. 島之大者, 多有火峰, 火漿時時迸流, 地震頻仍. 每秋冬, 暴風驟起, 沙石俱飛. 所產者棉花, 酒, 白糖, 加非, 可可子.

西班牙屬島曰古巴, 在佛勒爾勒厘之南, 地形狹長, 東西二千七百里, 南北約五百里, 群島之最大者. 岡陵重疊, 土壤腴厚, 物產豐盈, 西人昔時不甚措意, 近來藩國皆叛, 僅餘此島, 乃珍重培護, 倚爲外府. 居民七十萬, 內黑奴二十八萬. 產白糖, 加非, 酒, 煙, 金, 銀, 銅, 鐵, 水晶, 吸鐵石. 每年運出之貨, 値二千萬圓. 地分三部. 曰西部, 會城曰哈瓦那, 居民十萬, 所造之烟, 最香烈, 諸國爭購之. 曰中部, 會城曰三達馬里亞. 曰東部, 會城三的牙額.

又一島, 曰波爾多黎各, 又名貴港口, 在海地島之東, 長約五百里, 廣約一百五十里. 地不廣而物產尤豐, 力作皆白人, 黑奴甚少. 每歲運出之貨, 值銀二百四十萬兩.

英吉利屬島, 牙買加較大, 在古巴之南. 島有山, 山下溪澗縱橫, 足資灌漑, 土又膏腴, 故其地農功最盛. 舊會城遭地震風災而毀, 新立會城曰京敦. 迤西有巴巴突島, 白人所居, 其土磽瘠. 東方之島, 總名安的列斯群島, 曰安地禺亞, 曰吉, 英人舊所據守. 曰多米尼加, 曰多巴峨, 英人新創. 又特尼答島較大, 附近可命比亞東北隅. 此外附近各小島尙多, 英人擇要戍守. 各島物產饒裕, 居民多有餘貲, 競起樓閣, 時時宴飮. 北方有巴哈麻群島, 又迤東有百爾慕他群島, 大小凡數百島. 氣候溫晴, 而物產殊少, 無可貿遷, 故英人不甚重之.

佛郎西屬島, 在安的列斯羣島之中, 曰馬耳的尼加, 曰瓜他鹿. 兩島最大, 此外尙有八島. 物產豐饒, 貿易最盛, 每年出入貨價, 約二百餘萬兩. 其地山青水澈, 多名花異鳥, 風景之佳, 爲海西群島之冠.

海地島, 在古巴之東, 東西約一千五百裏, 南北約五百里. 明弘治五年, 西班牙遣可命探尋新地, 初抵此島, 名曰義斯巴尼納拉. 後西班牙據其東偏, 佛郎西據其西偏, 多賣阿非黑奴力作, 年久繁衍. 黑奴凡四十餘萬口, 而佛人僅萬餘. 佛人待黑奴寡恩, 黑人怨之. 乾隆五十六年, 佛有內難, 黑奴黠者, 約期同發, 各殺其主, 佛人萬餘, 殲戮無遺. 西班牙人居西偏者, 亦逃竄別土. 黑人遂推雄者爲酋. 佛以其窵遠, 亦未暇西討也. 地分六部, 曰波爾德比, 其都城也. 曰加也斯, 曰亞爾的波尼的, 曰加不挨巔, 曰三的亞額, 曰三多明各斯. 道光二十二年, 都城地震, 壓斃數千人. 其地物產豐厚, 農作不力, 每歲運出貨價, 值二百七十萬兩.

按: 阿非利加黑夷, 好略賣人口. 歐羅巴諸國, 以其慣而馴, 能力作, 競買爲奴. 迨歐人西闢亞墨利加諸島國, 苦於土滿, 本國流寓, 不足以資耕作, 土人又悍不受役, 於是多買黑奴, 驅之壟畝, 如牛馬然. 葡萄牙尤以販賣黑口爲利, 相沿數百年矣. 黑人雖混沌, 然與歐人雜居日久, 七竅亦已漸鑿. 西·葡諸國待之有恩, 故未生變. 佛人性高亢, 視之如草芥, 踐踏無忌. 黑奴之悁悁含忿, 欲俥刃於其腹中者, 非一日矣. 一聞內變, 操戈並起, 萬戶聚殲, 不遺噍類. 語云"蜂蠆有毒", 信哉! 近年永吉利嚴申厲禁, 以多金贖放於黑奴爲民, 前後費銀數千萬圓. 且以兵船巡海上, 捕販賣者. 米利堅亦多所贖放, 并於黑奴故土, 買地安插. 固兩國之好行其德, 抑亦有懲於佛人, 不欲斂怨於異族, 沽慈惠之聲, 弭肘腋之變, 其爲謀誠深遠矣.

　　荷蘭屬島, 在安的列斯者有七, 地褊狹無大權. 每遇諸國兵爭, 不瑕榷稅, 各島乘機販鬻, 恒獲倍蓰之利.
　　嗹國屬島, 在安的列斯者有三, 近年效英·米, 以釋放黑奴爲德政.
　　瑞國有小島, 在安的列斯群島中, 曰桑巴爾多羅美, 地褊狹, 貿易甚微.

　　按: 亞墨利加兩土, 縱橫數萬里. 海灣群島, 一拳石之多耳. 然古巴·海地兩大島, 比中國之臺·瓊, 其餘各島, 亦多腴壤. 歐羅巴人極意搜求, 得片土卽經營墾拓, 遂使萬古窮荒之僻島, 無不獻之精華, 其能事曷可少哉!

◆ 찾아보기

ㄱ

가나안 35

가다메스 44

가부 82

가이아나 235, 252

가이우스 두일리우스 51

감비아강 81

거인동상 153

격랍포사 174

고래 124

고레섬 82, 83

고이아스 250

곡물해안 80

곤다르 40

과나후아토주 210

과달라하라 211, 213

과들루프 269

과야스 233

과테말라 218

과테말라시티 218

과테말라주 218

곽용생 16

구람 41

그랜드케이프마운트 84

그리스 30, 35, 36

그린란드 124

급박 26

기니 81, 83

기르게 33

기아나 252

기자 32

기차 182

긴가 87

길목 35

ㄴ

나노 87

나레가 40

나마콰랜드 94

나미비아 92, 93

나이저강 67, 83

나일강 30, 38, 39, 41

나체스 171

나타우 252

나폴레옹 31, 102

남아메리카 115

남아메리카합중국 244

남아프리카 26, 92

내슈빌 169

네그렉트 32

276

네그로강 246

네덜란드 155

네우켄 245

네이바 232

노바스코샤 132

노발살 75

노스캐롤라이나주 161, 162

노아 33

노예해안 80

녹춘여 17

누미디아 43

누비아 38, 39, 41

누에바 그라나다 230, 231

누에보레온주 211

뉴네덜란드 155

뉴멕시코 준주 213

뉴브런즈윅 131

뉴올리언스 171, 172

뉴욕 155

뉴욕주 154

뉴잉글랜드 150

뉴저지주 156

뉴펀들랜드 130, 133

뉴포트 151

뉴햄프셔주 147

뉴헤이븐 153, 154

니그로족 27

니그리티아 65, 67, 83

니카라과 219

니페 68

ㄷ

다곰바 68

다르푸르 65, 66, 69

다마라랜드 94

다만후르 32

다미에타 32

다호메이 84

달랍기사 45

달랍합 48

대니얼 분 166

대랑산 94

대마작 95

대진교 40

데메라라 253

데스테루 250

데이비드 아빌 16

덴틸리아 82

델라웨어강 119, 140

델라웨어주 158

도미니카 268

도버 158

돈 페드로 249

동골라 39

동아프리카 26, 72

두랑고주 211

찾아보기

디리만 68

디에고 데 알마그로 236

디트로이트시 166

ㄹ

라고스 84

라리베르타드 238

라리오하 245

라아순시온 235

라이베리아 85

라파스 239

라파스 데 아야쿠초 239

라플라타 241, 242, 245

라플라타강 120, 243, 244, 246

란사로테 103

람하 39

러시아 31

레굴루스 51

레시페 251

렉싱턴 167

로도스섬 152

로드아일랜드주 151, 152

로렌소마르케스 75

로마 30, 50, 53, 54, 55

로아노크강 161

로앙고 86

로어 기니 86

로어캐나다 131

로어페루 238

로저 윌리엄스 151

로키산맥 118, 140, 179, 207

로하 234

롤리 162

루이빌 167

루이지애나주 171

리마 237

리막 강변 237

리볼루 87

리오그란데강 119, 207

리오밤바 233

리오사비네강 208

리오아차 233

리우데자네이루 249

리치먼드 161

리틀록 174

ㅁ

마그달레나강 120, 230

마나비 233

마다가스카르섬 99

마라냥 252

마라카이보 234

마로타 93

마르가리타섬 235

마르켈루스 53, 54

마르티니크 269

마리퀴타 232

마린 75

마수아섬 99

마스카라 47

마시나 68

마울레 242

마젤란해협 254

마케도니아 30

마쿠아 74

마투그로수 250

마팔이 41

마피아섬 99

만수라 32

만팔루트 33

말라위 93

말린디 73, 75

매디터레니언 43, 49

매사추세츠주 149

매켄지강 119

맨스필드산 149

메데인 232

메르스엘케비르 32

메리그 32

메리다 212, 234

메릴랜드주 158

메소포타미아 33

메수라도 강 85

메이슨 148

메인주 146, 147

메크네스 48

멕시코 117, 118, 206, 208, 209, 210, 214, 215, 218

멕시코주 210

멘도사 245

멜리야 102

멤피스 34

모가디슈 74

모노무타파 72, 75

모로코 47, 48

모리셔스섬 101

모바일강 140

모빌 170

모잠비크 72, 74

모카랑가 75

몬테레이 211

몬테비데오 247

몬트필리어 149

몸바사 73, 75

몸폭스 232

몽누무기 74

몽클로바 211

무함마드 37

믈루파 86

미국 118, 139, 184, 209, 271

미나스제라이스 250

미냐 33

미누프 32
미스라임 34
미시간주 165
미시간호 141
미시시피강 118, 140, 170
미시시피주 170
미주리강 140
미주리주 174
미초아칸주 211
미트가므르 32
미합중국 145, 146, 183, 184
밀리지빌 164

ㅂ
바그에르메 67
바난 68
바니야스 49
바다그리 84
바라 66
바라와 73
바람굴 166
바르셀로나 235
바르카 44
바리나스 234
바베이도스 268
바야돌리드 211
바올 82
바이아 251

바일룬도 87
바하마제도 269
반달리아 173
발디비아 242
발렌시아 234
밤부크 82
배핀 패리 125
밴쿠버섬 180
버몬트주 149
버뮤다제도 269
버비스 253
버지니아주 159
베냉 68
베네수엘라 234
베니수에프 32
베라과스 232
베라크루스 213
베라크루스주 212
베르구 67
베르메호강 243
베르베르 47
베자 39
베추아나랜드 94
베츠미사라카 100
베타니메나 100
벨렘 252
벵겔라 87
보고타 231

보르 68

보르구 68

보르누 67

보스턴 142, 150

복건 16

본두 81

볼리비아 238

볼티모어 159

부르봉섬 101

부시먼랜드 94

부에나벤투라 232

부에노스아이레스 244

북부 데번 124

북아메리카 115, 128

북아프리카 26, 29, 41, 42

브라조스강 215

브라질 117, 118, 247, 249

블루리지산맥 160, 161, 163

비리가달이마 93

비스코밤바라 68

비야데피틱 211

비에주 87

비토리아 251

빌베이스 32

ㅅ

사르데냐 50

사산 85

사우스캐롤라이나주 163

사이스 35

사카테카스주 211

사칼라바스 100

사하라 사막 65

산루이스 245

산루이스포토시주 212

산카롤로스 242

산타마르타 232

산타마리아 267

산타카타리나 250

산타크루즈 239

산타페 213, 244

산티아고 212, 241, 267

산티아고데베라과스 232

산티아고델에스테로 244

산펠리페 241

산호세 219

산후안 245

살라 86

살룸 82

살타 244

상가라 67

상루이스 252

상부 이집트 31

상아해안 80

상윈 84

상크리스토방 251

상투메섬 102

상파울루 250

상프란시스쿠강 119, 248

새크라멘토 213

생루이 82

생바르텔르미 272

샬럿타운 133

샘플레인호 149

서배너강 164

서스쿼해나강 157

서아프리카 27, 79, 87

서인도 266

서인도제도 269

선베리 157

세계7대 불가사의 38, 152

세나 75

세네갈강 81

세네감비아 80, 81

세르지페 251

세메라 40

세바스티안 캐벗 245

세볼라티강 246

세소스트리스 36

세아라 252

세우타 103

세인트로렌스강 119, 129

세인트존스 133

세인트헬레나섬 101

센나르 39

셀라 87

셈 34

소노라강 208

소노라주 211

소말리아 72

소코로 233

소코트라섬 99

소팔라 75

솔리마나 84

쇼나족 27, 93

수니파 이슬람 47

수단 67

수리남 253

수스 48

수에즈 26, 41, 42

수에즈 지협 220

슈피리어호 141

슐레프 47

스와지 93

스키피오 53, 54

스페인 209, 210, 214, 231, 240, 241, 243, 271

시길메사 48

시라쿠사 53

시리아 54

시몬 볼리바르 230

시베 32

시스플라티나 246

시에라리온 85

시칠리아 50

신 82

신당서 73, 74, 75

ㅇ

아구스틴 데 이투르비데 209

아구아요 212

아나폴리스 159

아덴 41

아라비아 30

아라우카니안 240

아레키파 237

아르드라 84

아마존강 119, 248

아메노피스 2세 36

아메리카 115, 145

아모사 174

아바나 267

아산티 84

아시우트 33

아야쿠초 237

아이오와준주 175

아이티 269, 272

아차과스 235

아카풀코 213

아칸소주 173

아케타텐 34

아콩카과 241

아테나이 36

아테네 36

아트피 32

아틀라스산맥 47

아파랑 34, 35

아팔라치코라강 140

아푸레 235

아프리카 26, 271

안데스산맥 119, 207, 218, 230, 235, 238

안드라마시나 100

안테바 100

안티오코스 3세 54

안티오키아주 231

알라고아스 251

알렉산드로스대왕 33, 36, 50

알렉산드리아 32, 33, 146

알루세마스 102

알마그로 240

알아랍강 66

알제 47

알제리 45

알타밤바라 68

알프스산맥 52

암하라 40

앙고스투라 235

앙고트 40

앙골라 87

앙코베르 40

앙파적미내 100

애팔래치아산맥 118, 140, 169

액일다 29

앤티가섬 268

앤틸리스제도 268, 272

앨라배마강 164, 169

앨라배마주 169

야리바 68

야벳 34

야우리 68

어퍼캐나다 131

어퍼페루 238

에르난 코르테스 209

에브로강 52

에세키보 253

에스나 33

에스파뇰라섬 270

에콰도르 233

에티오피아 39, 41

엔트레리오스 244

엘리자베스 1세 160

엘미나 85

엘살바도르 218

엘오베이드 66

엘파셰르 66

연산 207

영국 31, 118, 128, 141, 142, 155, 271

오거스타 147

오기치강 164

오대 17

오루로 239

오루프레투 250

오리건준주 179

오리노코강 119, 230

오스만 제국 55

오스틴 217

오악사카주 212

오에이라스 252

오자크산맥 173

오하이오주 165

온두라스 218

온타리오호 140, 141

올버니 156

와술로 68

요크 공 155

용동 160

우루과이 246

우루과이강 246, 248

우아누코 238

우아로 82

우아망가 237

우아즈 100

울리 82

워싱턴 146

워싱턴 D. C. 145

월터 롤리 162

위니페소키호 148

위스콘신준주 175

윌리엄 펜 157

유가가랍 100

유럽 271

유카탄주 212

유피테르 52

은데벨레 93

음폰도 92

응야니 81

이냠바느 75

이리호 129, 141

이바라 233

이스쿠안데 232

이스피리투산투 250

이슬람 46

이슬람교 37, 43

이집트 29, 30, 31, 33, 34, 37, 41, 55

이탈리아 55

인디애나주 172

인디애나폴리스 172

인디언 120, 175, 176, 179, 180

인디언준주 177

일리노이주 173

임바부라 233

ㅈ

자메이카 268

잔지바르 72, 73, 75

잔지바르섬 99

잘로프 82

잠베지아 74

잭슨 171

적내하 44

제임스 1세 160

제임스타운 160

제퍼슨시티 174

조로아스터교 40

조지 2세 164

조지아주 163

조지 워싱턴 129, 142, 143, 144, 145, 146, 181, 209, 215

조지타운 146

준주 145

중부 이집트 31

중앙아프리카 27, 65

지브롤터 해협 42

지중해 49

진자포 17

짐바브웨 92, 93

ㅊ

차르카스 239

찰스턴 162

찰적로마 34

천주교 40

청나일강 39

청동 거인상 153

체서피크만 158

초코 232

추키사카 239

치아파스주 212

치와와주 211

칠레 237, 240, 241

칠로에 242

침보라소 233

ㅋ

카나리아제도 103

카드모스 35

카라보보 234

카라카스 230, 234

카르타 82

카르타고 43, 49, 50, 53, 54, 55

카르타헤나 232

카리브제도 116, 266, 267, 272

카리브해 266

카발리 84

카보베르데제도 102

카사나레 233

카산예 86

카소 81

카요르 82

카우케네스 242

카이로 32

카타마르카 245

카프라리아 92

칼라나 68

칼리우브 32

캄비세스 2세 36

캄차카 125

캉칸 68

캐나다 130

캐롤라이나 162

캘리포니아 준주 213

컬럼비아 146, 163

컬럼비아강 140

컬럼비아준주 179

컬럼비아특별구 145

케나 33

케냐 72, 73

케네벡 147

케레타로주 210

케이맨제도 268

케이프타운 92, 94

케크롭스 35

켄터키주 166

켈리마네 74

코네티컷강 150, 153

코네티컷주 153

코라나랜드 94

코로 234

코르도바 244

코르시카 50

코르테스 117

코리엔테스 244

코마야과 219

코비 66

코사 92

코스타 디 오이로 85

코스타리카 219

코아우일라주 211, 215

코차밤바 239

코킴보 241

콘셉시온 242

콜럼버스 165

콜로라도강 207, 217

콜롬비아 121, 229, 231

콜리마주 213

콜차과 242

콩 68

콩고 81, 86

콩고강 86

콩고드 148

콩고왕국 86

콩산맥 83

콩스탕틴 47

콩코벨라 86

쿠란코 84

쿠르두판 65, 69

쿠리코 242

쿠마나 235

쿠바 267, 272

쿠스코 237

쿠아 68

쿠엥카 234

쿠타토 87

쿤디나마르카주 231

쿤힝가 87

퀘벡 131

퀴사마 87

퀴쿠아 87

크리스토퍼 콜럼버스 116, 208, 230, 266

크리스티안보르 85

클래런던 162

키림바스제도 74

키브도 232

키토 230

키토가 233

킬리만자로산 67

킬와 73

킬와섬 99

킹스턴 268

E

타마울리파스주 211

타바스코주 212

타필랄트 48

탄타 32

탐바 87

탤러해시 168

터키 31

테네리페 103

테네시주 168

테노치티틀란 210

테베 34, 49

테이블산 94

텍사스 215

텐다 82

템부 92

토라 49, 50, 53, 54

토론토 131

토바고 269

토칸틴스강 119

토포칼마강 241

투바 233

투쿠만 244

툭스틀라구티에레스 212

튀니스호수 45

튀니지 45

트렌턴 156

트로이 156

트루히요 234, 238

트리니다드섬 269

트리폴리 44

트리폴리타니아 44

틀락스칼라 준주 213

티그레이 40

티니스 34

티에라델푸에고 121, 213

티테리 47

팀매니아 84

팀북투 68

ㅍ

파나마 219, 220

파나마지협 115, 265

파라과이 245, 246

파라나 244, 250

파라마리보 253

파라이바 251

파비우스 막시무스 53, 54

파샤 31

파세익강 156

파수 179

파스토 232

파이윰 32

파타고니아 121, 253, 254

팜플로나 233

패로 239

페뇽데벨레스데라고메라 102

페니키아 43, 49, 55

페드로 데 발디비아 240

페드루 알바르스 카브랄 248

페루 235, 237

페르남부쿠 251

페르디난도 고르헤스 경 148

페르디난트 페르비스트 37, 152

페르시아 30, 31, 40

페스 48

페잔 44

펜실베이니아주 157

펨바 86

펨바섬 99

포레 233

포르토비에호 234

포르토프랭스 270

포르투갈 248, 249, 271

포츠머스 148

포토맥강 119, 160

포토시 239

포파얀 232

폰타그로사 250

폰투스 43

푸노 237

푸에르토리코 268

푸에블라주 212

푸와 32

푸타잘롱 81

푸타토로 81

풀라니 82

풀라도 81

프란시스코 피사로 곤살레스 236

프랑스 31, 128, 270, 271

프랭크퍼트 167

프레더릭턴 132

프로비던스 151

프린스에드워드섬 132

프린시페섬 102

프삼티크 3세 36

프톨레마이오스 36

플랫헤드족 180

플로리다준주 167

피디강 163

피라미드 38

피레네산맥 52

피아우이 252

피친차 233

필라델피아 157

필라도리아 215

필코마요강 243

ㅎ

하문 16

하밀카르 52

하밀카르 바르카 51

하부 이집트 31

하엔 234

하트퍼드 153, 154

한니발 52, 53, 54

한서 95

할리스코주 211

함 34

해국문견록 42

핼리팩스 132

허드슨강 154

헤러즈버그 167

헨리에타 마리아 159

호국 87

호메 86

호텐토트족 27, 94

혼다 232

홀로호 87

화기국 139

화륜선 42, 182

화이트산맥 148

황금해안 80, 85

후닌 238

후안 디아스 데 솔리스 243

후안 폰세 데 레온 167

휴런호 129, 140

희망봉 26, 42, 94, 95

히우그란지두노르치 251

저자 소개

서계여(徐繼畬, 1795~1873)

청대 정치가, 계몽 사상가이다. 자는 건남(健男), 호는 송감(松龕)으로, 산서성(山西省) 오대현(五臺縣) 사람이다. 1826년 진사에 급제한 뒤 한림원(翰林院) 편수(編修)로서 관계에 발을 들여놓은 뒤 주로 양광(兩廣), 복건(福建) 등지에서 관리 생활을 했다. 1840년 아편 전쟁 발발 직후 하문(廈門)과 복주(福州)의 통상 업무를 보면서 세계와 서구를 바라보는 인식의 변화를 느끼고, 서구에 대한 정보를 수집하기 시작해 1848년에 『영환지략』을 편찬했다. 주요 저작으로는 『퇴밀재시문집(退密齋時文集)』, 『고시원비주(古詩源批注)』, 『오대신지(五臺新志)』, 『거우집(擧隅集)』 등이 있다.

역주자 소개

이민숙(李玟淑)

한국외국어대학교에서 중국고전소설로 박사학위를 받았으며, 현재 한림대학교 인문학연구소 학술연구교수로 재직 중이다. 고서적 읽는 것을 좋아해서 틈틈이 중국 전통 시대의 글을 번역해 출간하고 있다. 특히 필기문헌에 실려 있는 중국 전통문화를 이해하고 재구성하는 것에 관심이 많다. 저서로는 『한자 콘서트』(공저), 『중화미각』(공저), 『중화명승』(공저), 역서로는 『태평광기』(공역), 『우초신지』(공역), 『풍속통의』(공역), 『강남은 어디인가: 청나라 황제의 강남 지식인 길들이기』(공역), 『임진기록』(공역), 『녹색모자 좀 벗겨줘』(공역), 『열미초당필기』, 『해국도지』(공역) 등이 있다.

정민경(鄭暋暻)

중국사회과학원에서 중국문학 전공으로 박사학위를 받았으며, 현재 제주대학교 중문과 부교수로 재직 중이다. 중국소설과 필기를 틈틈이 읽고 있으며 중국 지리와 외국과의 문화 교류에도 관심이 많다. 저서로는 『옛이야기와 에듀테인먼트 콘텐츠』(공저), 『중화미각』(공저), 『중화명승』(공저)이 있고, 역서로는 『태평광기』(공역), 『우초신지』(공역), 『풍속통의』(공역), 『명대여성작가총서』(공역), 『강남은 어디인가: 청나라 황제의 강남 지식인 길들이기』(공역), 『사치의 제국』(공역), 『(청 모종강본) 삼국지』(공역), 『해국도지』(공역) 등이 있다.